U0867387

国际关系学院“中央高校基本科研业务费”专项资助

21世纪初

地缘政治变动中的俄印关系

李 渤 / 雷丽平◎著

Early 21st Century Russia–India Relations in the Geopolitical Changes

时 事 出 版 社
北京

图书在版编目（CIP）数据

21世纪初地缘政治变动中的俄印关系/李渤，雷丽平著．—北京：时事出版社，2018.5

ISBN 978-7-5195-0204-1

Ⅰ.①2… Ⅱ.①李… ②雷… Ⅲ.①国际关系—研究—俄罗斯、印度 Ⅳ.①D851.22②D835.12

中国版本图书馆CIP数据核字（2018）第049765号

出版发行：时事出版社
地　　址：北京市海淀区万寿寺甲2号
邮　　编：100081
发行热线：（010）88547590　88547591
读者服务部：（010）88547595
传　　真：（010）88547592
电子邮箱：shishichubanshe@sina.com
网　　址：www.shishishe.com
印　　刷：北京朝阳印刷厂有限责任公司

开本：787×1092　1/16　印张：18　字数：280千字
2018年5月第1版　2018年5月第1次印刷
定价：98.00元
（如有印装质量问题，请与本社发行部联系调换）

国际关系学院（2015 年度）
“中央高校基本科研业务费”专项资助
(3262015T74)

目录

contents

前　言

进入21世纪以来，伴随着国际金融危机的持续发展，全球战略与经济重心的位移，世界上主要国家或集团进一步深化其地缘战略的调整，地缘政治学家关注的经典地缘政治板块都已发生剧烈变化，导致地区安全环境也处于持续变动之中。俄罗斯与印度所面临的地区——欧亚大陆内部及边缘地带，特别是印度所处南亚及俄罗斯所处亚太地区，安全形势趋于紧张，其周边安全压力进一步增强。俄、印所处上述地区内的一些国家也更加倾向寻求域外大国的安全保护或介入，加剧了地区安全问题的国际化与复杂化。受诸多因素影响，处于现代化转型中的俄印两国，其内外需求、对外战略走向都发生了转变，俄印关系也逐渐发生变化。

当代俄罗斯，虽然因其经济持续不振，成为一个“区域利益”突出与维护自身“文明利益”为重的国家，但因其丰富的历史文化遗产，以及雄厚的军事实力、相当的国际影响力与未来两次复兴的潜在实力，它仍是国际关系发展进程中不可或缺的因素。而已经正式加入核武器国家俱乐部、身为亚欧大陆南缘的地区大国、正在强力崛起中、力争要在21世纪实现其世界大国地位战略目标的印度，也日益成为21世纪国际关系体系构建中不可忽视而又难以确定的变量。因此，两国关系的现实发展与未来走向越来越受到相关国家，尤其是其他大国的关注。

但是，进入21世纪以来，俄罗斯在遭受西方集团地缘政治扩张的排斥的同时，还经受着原苏联地区地缘政治空间的持续动荡，印度所处环印度洋周边地区的地缘政治形势也一直处于动荡不安之中。当此国际社会新一轮调整转变期，国际关系日趋多元化，与此同时，主要大国地缘战略调整都已基本完成，进而导致国家间关系，尤其是大国间关系出现新的重大变化，变量增多。而且，俄罗斯相对“弱化”，印度实力快速增长，两国国际影响力发生变化，其地缘政治需求、地缘安全战略也发生了变化，因而印度对俄罗斯或俄罗斯对印度能否在实现自己的全球战略中真正起到“支撑”或“倾力”支持作用，彼此“放心不下”。因此，具有较“密切”关系历程的俄罗斯与印度未来关系的发展也存在着诸多麻烦因素和变数，具有相当程度的不确定性，甚至潜伏着危机。在当代世界，俄印又没有加入任何国际安全集团或国家同盟，经常是独自应对地区安全环境变动所产生的压力或影响，因此两国关系的变化与发展将对各自所处地区安全环境的改善及世界和平稳定产生重要影响。

俄罗斯、印度是与中国山水相连，并对中国周边地缘安全环境变化及中国经济社会建设有着重要意义与影响的两大邻邦。所以，值此国际关系转型、新的干扰因素与难题频生时期，俄罗斯与印度关系发展的实质内涵与趋势对中国对外政策的调整有着重要的作用和影响。

本课题研究的主要目的，即基于地缘政治学、国际政治学理论并借鉴运用社会心理学、民族心理学等学科理论方法，结合对进入 21 世纪以来，世界地缘政治形势的发展变化的全面考察与概括，以及俄印所处的亚欧大陆内部及边缘地带——南亚、印度洋地区及亚洲东部与太平洋地区地缘安全环境的状况与变化的分析，探讨俄印周边地缘安全环境的现实与变化对现代化转型中的俄印两国关系的积极与消极影响，并在深化对当代俄印关系的认识同时，进一步深入认识和把握中国周边环境的发展态势。

吉林大学东北亚研究院的雷丽平教授一直对我的专业教学与学术探讨予以支持，在本课题立项、研究及写作过程中，雷丽平教授再次给予俄文资料支持并撰写部分内容，在此深致谢忱！

感谢国际关系学院对本课题研究及成果出版所给予的支持、资助，以及时事出版社、本成果出版责任编辑的帮助。

在课题的探讨与写作过程中，参考、引用了国内外许多专业研究者的成果，在此付梓之际，一并致谢！

李渤谨识

北京市顺义杨镇一中教师公寓

2018 年 1 月 3 日

第一章

21 世纪初变动中的地缘政治形势

进入 21 世纪以来，随着世界进入新一轮的民族分离主义高潮期，特别是在多民族国家或地区，民族、宗教矛盾日益复杂化、尖锐化，民族、宗教冲突频发，恐怖主义活动猖獗，潜在的核危机因素，伴随着国际金融危机的持续发展，全球战略与经济重心的位移，世界上主要国家或集团进一步深入调整其地缘战略，地缘政治学家关注的经典地缘政治板块都已发生剧烈变化，导致全球地缘政治环境极其不确定、紧张、动荡、复杂，西方一手建立并声称全球适用的秩序正处在一个转折点上。①

第一节　大陆形势

占地球表面 29% 的陆地是人类赖以栖居、繁衍的基础，人类发展史上发生的绝大多数战争也是源于对土地的争夺。近代以来，大陆上的地缘政治形势变化是影响国际体系或格局演变的主要因素。陆权论认为，从长远的观点来看，由于陆权国家人力和物力资源丰富，并且交通日益改善，海权国家终将被陆权国家所压制。海权论的创始人马汉也认为，“陆上环境也制约着海权的使用，使其不再是一个独立的因素，而

① ［美］亨利 · 基辛格，胡利平等译：《世界秩序》，北京：中信出版社，2015 年版，第 477 页。

在性质上受制于陆权的大小强弱”。①

一、欧亚大陆

欧亚大陆占据欧洲与亚洲面积的90%以上，占有世界陆地的2/5，囊括了世界人口的9/10且资源丰富的欧亚大陆，是人类文明的发源地，这里持续演绎着各民族、各文明之间的交流或冲突。欧亚大陆也是近代以来世界地缘政治角斗的中心舞台及世界政治经济格局演变的主要推动者，“主导世界事务达五百年之久”。如今，“欧亚大陆集中了世界上大多数在政治上非常自信和富有活力的国家”。② 欧亚经济的发展与繁荣、不断升温的“文明冲突”及其大国地缘政治战略的较量或所谓欧亚大陆的整合与治理，使得欧亚大陆对于现实及世界政治经济形势的走向及未来新格局的形成，控制整个欧亚大陆仍是成为取得全球主导地位的主要基础。③

（一）欧洲的整合

第二次世界大战后，在紧张的两极对峙状态中，西部欧洲开始探索以经济共同体模式疗治战争的创伤，并且通过有意识地创建欧洲的文化象征，为一种大众层次上的泛欧洲的经验与记忆、传统与价值的出现创造了条件，努力建构一种真正的“欧洲文化认同”，增强“超越经济范畴的文化凝聚力”。④ 由此，维护了欧洲持续的政治稳定与经济繁荣，使其发展成为国际舞台上一个重要角色，进而努力塑造出一个统一的地

---

① ［美］马汉，萧伟中等译：《海权论》，北京：中国言实出版社，1997年版，第223页。

② ［美］兹比格纽·布热津斯，中国国际问题研究所译：《大棋局：美国的首要地位及其地缘战略》，上海：上海人民出版社，1998年版，第41、42页。

③ ［美］兹比格纽·布热津斯，中国国际问题研究所译：《大棋局：美国的首要地位及其地缘战略》，上海：上海人民出版社，1998年版，第52页。

④ 张旭鹏：“论欧洲一体化的文化认同建构”，《云南民族大学学报（哲学社会科学版）》2004年第2期，第92页；［德］尤尔根·哈贝马斯，曹卫东译：“欧洲是否需要一部宪法”，《读书》2002年第5期，第85页。

缘政治空间。自冷战结束，欧盟在加强政治一体化建设的同时，开始了持续的东扩进程，使得西欧与东欧结为“一体”，其实力迅速扩大。特别是进入21世纪以来，欧盟“逐步演进为一个全面广泛的联盟”,[①] 增强了欧洲人的归属感与统一性。在全球化深入发展的世界，“联盟”使得“中心权力”时代结束后的欧洲成功地以历史文化纽带整合了经济、社会实力，“欧盟成员国构成了世界上最大的贸易集团和外援捐赠者”,[②] 进而稳定了自己的权力地位，扩展了全球影响力。2002年，欧盟统一货币，推出了欧元，巩固成员国间的经济一体化成果。2004年，欧盟成员国在罗马签署了《欧盟宪法条约》，着力打造政治一体化。2009年12月1日，随着《里斯本条约》的生效，欧盟在外交、安全防务等领域的一体化进程也有所加快，欧盟向更高水平的专业一体化发展，越来越倾向“积极的外交行动主义”,[③] 努力打造其独立的地缘政治角色形象，增强其协调一致、“独立”表达意见与应对国际事务的能力。“欧盟在不断地扩大，实力也越来越强，可以预计，还会有更多的国家加入欧盟，欧盟的实力会变得更强，谁也说不清欧盟到底应该扩展到什么地方。以欧盟为主导的欧洲已经不再满足于现在的国际角色，它要在世界上发挥更大的影响，充分显示欧洲在国际上的重要性。欧盟不仅要承担领导责任，而且还要传播它的国家建设理念和民主价值观，要与美国建立真正意义上的平等伙伴关系。”[④]

但与此同时，排斥了庞大的俄罗斯所带来的现实或潜在安全风险、国际恐怖主义威胁、2008年全球性金融危机引发的社会政治动荡、乌克兰危机造成的地缘战略上的两难与欧洲国家间的分歧、民族分离主义与宗教极端主义组织活动的上升、难民危机激发的民族（种族）主义

---

① ［美］索尔·科恩，严春松译：《地缘政治学：国际关系地理学》（第2版），上海：上海人民出版社，2011年版，第194页。

② ［美］索尔·科恩，严春松译：《地缘政治学：国际关系地理学》（第2版），上海：上海人民出版社，2011年版，第195页。

③ ［法］罗朗·柯恩—达努奇，吴波龙译：《世界是不确定的：全球化时代的地缘政治》，北京：社会科学文献出版社，2009年版，第91页。

④ ［德］乌尔丽克·居罗特、安德烈亚·维特：“欧洲的新地缘战略”，《世界经济与政治》2005年第6期，第47、52页。

情绪的高涨，以及美国的欧洲地缘战略与北约的存在等，冲击着欧洲基于民族、文化认同及其“利益与身份”基础上的团结一致，也揭示出“欧洲能够专心营造具有足够美好价值（包容性、多样性、生活质量、深度游戏、可持续性、普遍人权、自然权利和全球和平）的欧洲梦，却无力提供有效的全球治理与发展的模式”。[①] 此外，持续扩大的欧盟内部的东西欧之别、南北欧之分，[②] 民族国家利益差异及其所引发的矛盾更加复杂；在英国退出联盟后，如果某个或某几个国家再退出联盟所带来的欧盟解体危险；“全球化、大西洋空间之外的新强国的出现、地缘政治的回归”，这些也都影响着在“许多经济及社会领域已领先于美国”的欧洲，作为一个没有“中央政权”的“全球性的力量”，将如何以“团结一致”的整体形态在国际舞台上发挥作用，不负公众舆论对它的期望，“扮演一个具有实质影响力的全球角色”。[③]

（二）亚洲的崛起

自冷战结束至今，经典地缘政治学家眼中亚洲大陆边缘地带人口众多、资源丰富的优越特性凸显出来。中国“成为世界工厂”、印度“成为信息业外包的首选之地”、韩国“成为生产电子设备的世界工厂”等，使得亚洲成为世界上发展最快、潜力最大的地区。[④] 据国际货币基金组织统计，自2008年国际金融危机爆发后5年间，亚洲对全球经济增长的贡献仍达2/3，亚洲区内贸易从8000亿美元增长到3万亿美元，贸易依存度超过50%。2015年，亚洲GDP占世界总量的40%，贸易规

---

① 吴海江、杜彦君：“国际比较视野下的美国梦、欧洲梦和中国”，《思想理论教育》2013年第6期（上），第15页。

② ［美］亨利·基辛格，胡利平等译：《世界秩序》，北京：中信出版社，2015年版，第109页。

③ 参见［美］索尔·科恩，严春松译：《地缘政治学：国际关系地理学》第2版，上海：上海人民出版社，2011年版，第215页；［法］罗朗·柯恩—达努奇，吴波龙译：《世界是不确定的：全球化时代的地缘政治》，北京：社会科学文献出版社，2009年版，第92页；张福昌：“欧洲政治一体化的发展与前瞻”，《欧洲研究》2012年第3期，第53页。

④ ［法］罗朗·柯恩—达努奇，吴波龙译：《世界是不确定的：全球化时代的地缘政治》，北京：社会科学文献出版社，2009年版，第45页。

模占世界贸易已达 1/3 左右，对世界经济增长贡献率达 44%。2016 年，中、日、韩三国 GDP 之和已与美国 GDP 总量相当。自 2013 年起，亚洲就已超越欧洲地区，成为重要的外资来源地；亚洲吸收外资额占比也由 2007 年的 10.7% 增至 2014 年的 22.3%，超过欧洲和北美地区，亚洲有望于 2018 年成为资本净输出地区，2020 年净对外直接投资额将超过 900 亿美元。① 亚洲国家经济的发展与繁荣成为全球经济增长的重要推动力。

近代以来，控制欧亚大陆，特别是控制亚洲成为能否取得及持续维护全球领导地位的关键，在布热津斯基的眼中，当代世界主要战略棋手与地缘政治支轴国家大多居于此。② 如今，亚洲经济实力的增长推动了世界经济重心的位移，改变了全球经济地图的划分。近些年来，“亚洲价值”“亚洲模式”和“亚洲世纪”不绝于耳，而从“东盟”的日益扩大、“中日韩自贸区”的打造，到“亚太经合组织”向前迈进，以及“亚洲基础设施投资银行”开始实际运行，亚洲国家正切实地将自己的思路、思想融进全球经济金融运行规则或在努力地重塑全球经济金融秩序，由此也给 21 世纪初的全球地缘政治带来了巨大的冲击。这是因为，中国、印度等亚洲一些新兴角色的崛起促使国际政治领域发生了全新的变化，特别是中国“完美地登上国际舞台”及其推行的“一带一路”倡议更是使西方感觉到地缘战略上的忧虑与震动。③

从文明史来看，亚洲崛起不仅超越了欧洲，也重新找回了亚洲在欧

① 刘振民：“坚持合作共赢携手打造亚洲命运共同体”，《国际问题研究》2014 年第 2 期，第 4 页；王丽颖：“亚洲新未来：博鳌视角”，《国际金融报》2016 年 3 月 28 日，第 2 版；张燕生：“解读‘2016 年亚洲经济前瞻指数’”，http：//economy. caijing. com. cn/20160323/4094302. shtml；“2016 全球各国 GDP 出炉！中国排名第二”，http：//www. sohu. com/a/127330829_ 551041。

② 布热津斯基在其划分的欧亚大陆新政治地图上认明法、德、俄、中、印 5 个主导和积极的地缘战略棋手，以及乌克兰 · 阿塞拜疆、韩国、土耳其、伊朗 5 个重要的地缘政治支轴国家，其中的中、印、阿塞拜疆、韩国、土耳其、伊朗都属亚洲国家。见［美］兹比格纽 · 布热津斯基，中国国际问题研究所译：《大棋局：美国的首要地位及其地缘战略》，上海：上海人民出版社，1998 年版，第 55 页。

③ ［法］罗朗 · 柯恩—达努奇，吴波龙译：《世界是不确定的：全球化时代的地缘政治》，北京：社会科学文献出版社，2009 年版，第 4 页。

亚大陆地缘格局中的位置。亚洲崛起更像一个历史轮回。1500年以来，全球政治经济权力中心经历了数次转移。大航海时代推动西欧快速崛起，世界的权力中心从中国、印度、波斯、奥斯曼帝国等传统东方农业帝国向欧洲民族国家转移。19世纪之后，权力中心继续向西转移到美洲新大陆。20世纪70年代的经济危机后，日本以及“亚洲四小龙”创造了东亚经济奇迹。而21世纪初，反恐战争、金融危机、欧债危机，进一步推动世界权力中心回到亚洲大陆。① 21世纪初，亚洲在国际体系中实力、地位的不断上升，导致区域外战略力量纷纷加大对其的关注和力量投放。美国认为，“亚洲重返世界事务中心是21世纪重大的权力转移”，因此为继续维持单极体系下的主导地位，防止出现对自身地位的任何挑战，美国将全球经济、安全和战略的重心转移至亚洲。欧盟、澳大利亚等也纷纷强化与亚洲国家的多方面关系。域外力量对亚洲地区战略投入的加大，推动了世界权力中心和战略互动持续向亚洲聚合。②

但是，进入21世纪后，两场海湾战争、“叙利亚危机”、“伊核危机”、“朝核危机”、各种极端主义组织活动的猖獗又向世人表明，除了各种战略力量的地区性竞争，亚洲又是个内部差异最为错综复杂的大陆，是充斥着国家、领土、民族、宗教分裂与冲突，以及核扩散形势严峻的地区。尤其是亚洲大陆内部在冷战结束后形成的“巴尔干地区”，其中的国家不仅政体不稳定，深陷于领土、种族或者宗教的暴力冲突之中，而且其所蕴含的丰富资源与重要的地缘战略位置还吸引和诱使较强大的邻国入侵，而入侵的每个大国又都决心反对任何一个其他大国主宰这个地区。因此，该地区不但激起了民族的野心，引发了集团的兴趣，唤起了帝国的理想，同时也激化了国际的争夺。③ 上述因素致使亚洲呈现出失序的趋势，成为当代世界上的一个极不稳定、充满“风险”的地区。

---

① 孙兴杰：“亚洲崛起给亚洲带来了哪些挑战”，《青年参考》2012年3月21日，第2版。

② 马荣久：“中美权力转移与亚洲地区体系”，《当代亚太》2014年第1期，第27页；高祖贵：“亚洲整体性崛起及其效应”，《国际问题研究》2014年第4期，第9—11页。

③ ［美］兹比格纽·布热津斯，中国国际问题研究所译：《大棋局：美国的首要地位及其地缘战略》，上海：上海人民出版社，1998年版，第163、164页。

总之，亚洲地区作为国际事务发生和国际关系运作的重要平台，不仅能够成为一些国家实施发展战略、发挥国际作用和提升国际形象的重要依托，而且有关国家在国际政治中的相对地位与作用也随之发生了变化。[①] 虽然这一过程充满着种种不可确知的“风险”，但亚洲的变化必定影响 21 世纪初的世界地缘政治形势及国际社会的和平与稳定，甚至还将影响整个 21 世纪全球的地缘战略平衡及国际秩序的演变。

二、非洲与美洲巨变

（一）非洲

20 世纪末以来，位于重要地缘战略位置的古老的非洲，因其丰富的资源储量——拥有全球 40% 的自然资源与全球 60% 未开垦的土地，[②] 一度相对稳定的政治环境和广阔的市场前景，吸引了大量外国直接投资，从而推动其经济快速发展。即使是在金融危机发生后、全球经济形势严峻的环境之下，非洲也仍然保持了较快的发展速度。与此同时，非洲地区的经济一体化步伐也在不断加快。东非共同体、西非国家经济共同体和南部非洲发展共同体对于区域内的经济合作与贸易发展起到了重要推动作用。[③] 根据世界银行的数据，在 2001 年，非洲仅有 15 个中等收入国家，其余都是低收入国家；到了 2014 年，非洲已有 2 个高收入国家，27 个中等收入国家。世界银行预计，2014—2019 年，非洲次撒哈拉地区经济平均增速为 5.7%，该地区也将成为世界上发展最快的地区之一，非洲未来发展潜力巨大，或将取代亚洲。非洲由冷战结束之初

① 马荣久：“中美权力转移与亚洲地区体系”，《当代亚太》2014 年第 1 期，第 31 页。

② “非洲经济发展为全球提供更多机遇”，http：//news. dahe. cn/2016/02—05/106423426. html。

③ “非洲正成为经济发展最快的大陆”，http：//finance. china. com. cn/roll/20130726/1672641. shtml。

的“失望大陆”变为国际社会普遍看好的“希望大陆”。①

进入21世纪以来，非洲的政治经济稳定与发展及其作为新兴的资源输出地持续受到世界主要国家或集团的关注，其地缘政治价值开始回升：2006年9月，俄罗斯总统开始了旨在重新恢复俄罗斯在非洲地区影响力的“破冰之旅”；2006年11月，中非合作论坛北京峰会开幕；2007年12月，第二届欧非峰会开幕；2008年2月，美国总统布什对非洲5国进行了访问；2008年4月，印非峰会召开；2008年5月，日非峰会举行。② 然而，这些国际要角之间的争夺也起到了加剧非洲政局动荡的作用，影响着21世纪初非洲地缘政治的变化。

如在非洲蕴藏的诸多资源中，石油、天然气储量与开采最为突出。非洲陆地油田约占2/3，海上油田约占1/3，油气资源的沉积盆地面积占非洲总面积的43%，约占世界的17.6%。其中，北非地区的克拉通带盆地、苏伊士裂变盆地约有440亿桶探明石油储量。由此，非洲被称为“第二个海湾地区”“能源新大陆”，已探明石油储量仅次于中东和拉丁美洲地区，加之新勘探技术的运用和新油田的发现，非洲石油储量还在不断增加。因此，非洲成为西方石油投资的热土。美国以其超级大国的力量带领西方阵营决定着非洲政局的走向。对于美国来说，把带有美国象征的民主带到这里，极力宣传一种互联网世界的自由，而且美国不仅干涉非洲各国的网络社交，更在某些方面以武力干预，使得非洲本已混乱的局势再掀波澜。③

而由于长期的发展落后所积累的经济社会问题难以在短时间得到根本解决，加之历史延续下来的领土争端、种族纠纷、宗教冲突及其引发

① “非洲多国经济发展迎来新机遇”，http：//news. 163. com/15/0822/02/B1JDU1TJ00014AED. html；“非洲经济发展为全球提供更多机遇”，http：//news. dahe. cn/2016/02—05/106423426. html。

② 韩继伟：“非洲‘热’背后的‘冷’思考——21世纪初大国对非洲经济外交背后的政治思考”，《黔西南民族师范高等专科学校学报》2009年第1期，第5页；研究生课程讲坛：“论题：非洲在世界体系中的地位”，《历史教学问题》2014年第6期。

③ 宋晨：《21世纪非洲政局变化对我国石油安全的影响及对策研究》，武汉工程大学硕士学位论文，2013年，第9、12页；“非洲大陆遭遇‘石油诅咒’”，http：//news. sohu. com/s2011/shijieguan－82/。

的内乱、战争不断，非洲国家的政局不时处于动荡之中，向世人呈现出不安与混乱的“碎片化”内部环境。非洲的综合实力也决定了其从来不是世界政治中的主要角色。由于没有坚实的经济基础，没有哪个非洲国家能够长期执行一项真正强有力的对外政策。① 又因其仍是世界大国的主要追逐与竞争之地，以及“阿拉伯之春”后的北非局势陷入持续混乱状态，似乎整个非洲都成为美国地缘政治学家索尔·柯恩所说的“世界地缘政治体系中最不成熟的地区”，特别是撒哈拉以南的非洲部分，“至今仍保持一个原子状的破碎地带”。②

（二）美洲

长期以来，人们都将美洲视为美国的“后院”。北美洲的两个国家——美国与加拿大早已经“确定了他们共同的地缘政治命运”。而除北美洲外，因经济、政治与美国的依赖度及受其干预度的不同，拉丁美洲又分为中美洲、加勒比海地区与南美洲三个部分。进入21世纪，较早融入资本主义市场体系，资源丰富与庞大的市场与区位优势，使得拉美地区的地缘政治地位日益上升，成为大国间政治经济较量的重要舞台。特别是美国临近的中美洲与加勒比海地区，对美国有着经济、文化及战略上的特别意义，其“命运一直紧密地与美国的抱负与政策联系在一起”。随着北美自由贸易区的形成与推进，美国与墨西哥之间建立了一套联系机制，从而形成一个地缘政治统一的北美洲；2015年7月，美国与古巴恢复大使级外交关系后，美国开始再度强化加勒比海地区与北美的关系，以消解其他地区或国家对这个对于美国东面与南面地区至关重要的安全门户的政治影响。③

---

① Olajide Aluko, “The Determinants of the Foreign Policies ofAfrican States”, in Olajide Aluko (ed.), *The Foreign Policies of African States*, Hodder & Stoughton, 1977, p. 3., 转引自钟伟云：“非洲在国际体系中的地位”,《西亚非洲》2002年第3期，第20页。

② ［美］索尔·科恩，严春松译：《地缘政治学：国际关系地理学》（第2版），上海：上海人民出版社，2011年版，第418、408页。

③ 参见［美］索尔·科恩，严春松译：《地缘政治学：国际关系地理学》（第2版），上海：上海人民出版社，2011年版，第137—156页。

南美洲与中美洲和加勒比海地区不同。20世纪末至21世纪初，由于国际体系的巨大变化，以及南美国家民主政治的进步与经济的稳定快速发展，该地区各国的政治独立性不断上升，加之南美国家联盟等带有较强政治性的一体化机制不断发展和完善，为维护各国政治发展进程的自主性提供了较有利的保障，① 因此南美国家中的反美情绪普遍增强。为了保护南美洲丰富的自然资源，防止任何直接干涉南美洲国家内政的图谋，执政的左翼政府顺应民众的呼声，制定了具有较强反美色彩的对内对外政策。在2005年至2007年期间，委内瑞拉、阿根廷等国为了摆脱美国对西半球的金融控制权，陆续提前偿还本国所欠的国际金融机构的债务。2008年3月，巴西总统卢拉提出了成立南美洲防务委员会的倡议，由该区域内的国家自行负责南美洲的防务政策，排除干扰，保护该地区的合法权益。2008年5月《南美洲国家联盟宪章》的签署，宣告了南美国家联盟政治一体化进程正式启动，而后南美国家联盟通过了《基多声明》，该声明呼吁加快区域一体化的进程，坚决反对外国军事势力干涉该地区的内部事务，标志着反美政治联盟的初步形成。② 同时，南美各国积极发展与域外国家的联系，域外势力纷纷进入南美，导致美国的政治影响力有所下降。2004年，在巴西等国家的倡导与努力下，美国主导的“迈阿密谈判”的美洲自由贸易区议程被巴西等国否决，预定2005年达成“美洲自由贸易区的协议”被迫搁浅，这一结局宣告了美国在西半球倡导的美洲自由贸易区的战略构想破产。③

然而换个角度来看，南美国家想用“一个声音”说话，“作为一个有力的整体融入世界经济”，④ 采取共同的行动维护自己的权益又绝非易事。“南美洲国家联盟实体机构将会完全满足巴西的利益需求”，但

---

① 刘波：《拉丁美洲政治发展进程研究》，中国社会科学院研究生院博士学位论文，2014年，第86页。

② 田蜜：《冷战后拉丁美洲的反美主义研究》，重庆师范大学硕士学位论文，2013年，第16、18页。

③ 田蜜：《冷战后拉丁美洲的反美主义研究》，重庆师范大学硕士学位论文，2013年，第18页。

④ 李紫莹：“从阿根廷视角看南方共同市场中的政治因素”，《拉丁美洲研究》2010年第1期，第42页。

拥有极强民族主义情绪的其他成员国却未必认为参与一体化就是解决困难的一剂良药。① 相似的历史遭遇和文化传统的外表难以掩盖纷繁的矛盾与各种“差异”。除边界、领土、资源的争端外，区域内的经贸往来也不够活跃。南美许多国家，其主要贸易伙伴都在区域之外，大多数国家间至今连一个双边自由贸易协定都没有谈判过。② 政治独立性增强的同时，各国间经济权益维护“个性化”与政治主张的分歧也极其明显。南美地区还没有一个国家能够胜任核心主导角色，并在短时期内消除“南美地缘政治上的分裂状态”。③

20 世纪晚期，巴西、阿根廷这两个南美大国经济快速发展，尤其是巴西一度成长为全球第六大经济体，组织了“巴西对话论坛”，加入了“G20 集团”“金砖四国”，积极参与全球谈判等，加之具有强大的国防军事实力，其地区与全球的影响力迅速扩展，使得外界普遍认为巴西将是该地区的主导者。然而 2008 年金融危机爆发以来，巴西同样遭受到南美国家普遍发生的经济社会问题的困扰：经济上，“荷兰病”、贸易条件恶化、经济非国有化和外资控制的固化、利润萎缩、对商品价格波动的脆弱反应、宏观经济政策适应经济周期的失败以及所导致的超支和高债务、采掘行业的低就业、不断增加的掠夺性寻租机会、经济多元化的失败；社会上，冲突增加、有组织犯罪活动的猖獗；政治上政局不稳定、国际信任缺失和处理民主转型的能力较弱等等，④ 加之区域地缘政治变化不定，都表明巴西还难以真正起到南美地区发展“领头羊”的作用；其进入 21 世纪以来在南美安全事务中扮演重要角色的决心与强化自己区域和全球性大国地位的努力也一直受到区域内其他国家的抵制，巴西一些潜在的“追随国”并未在其所孜孜以求的关键性目标上

---

① ［巴西］阿马多·路易斯·塞尔沃，陈迎春译：“巴西崛起与全球秩序”，《拉丁美洲研究》2011 年第 6 期，第 62、63 页。

② 徐世澄：“南美洲一体化迈出新一步”，《时事报告》杂志 2008 年第 7 期，第 58 页。

③ ［美］索尔·科恩，严春松译：《地缘政治学：国际关系地理学》（第 2 版），上海：上海人民出版社，2011 年版，第 167 页。

④ ［美］丽贝卡·霍伦德，李全喜译：“‘后增长’在南半球：拉丁美洲发展替代运动的出现”，《南京林业大学学报（人文社会科学版）》2016 年第 1 期，第 114 页；露希娅：《南美洲区域秩序的重建：从安全困境到安全共同体》，吉林大学博士学位论文，2013 年，第 II 页。

（比如巴西获得联合国安理会常任理事国席位）与其保持一致。[①] 因此，巴西能否崛起为南美各国认同的、并领导他们摆脱域外霸权控制的区域霸主，这还是个有待验证的问题，或许巴西现在仍然只是人们所说的“一个充满希望和潜力的大国”。

美国一直视包括南美在内的整个拉美为对其国土安全具有极其重要地缘政治意义的地区，美国在持续加大对该地区整合力度的同时，也进一步巩固和促进在整个美洲的霸权利益。[②] 在全球化日益发展的今天，因存在着广泛的合作诉求和愿望，[③] 南美国家也很难脱离与美国在政治、外交、经济方面的密切联系，抵制美国的霸权。如哥伦比亚、秘鲁等国实行“亲美路线”，他们支持建立美洲自由贸易区，密切与美国的经贸关系，借美国的投资发展经济。而巴西卢拉政府实行“温和左派”政策，强调在独立自主发展本国经济的同时，与美国保持正常的经贸关系。2010 年 4 月，巴西还与美国签订了多项军事合作协议。在南美洲国家联盟宣布正式成立后不久，玻利维亚总统莫拉莱斯就指责秘鲁为了与美国建立自由贸易关系而不惜牺牲安第斯共同体的完整性。他表示，如果安共体中有成员国与美国建立自由贸易关系，玻利维亚将考虑退出该组织。莫拉莱斯还说：“我见到加西亚总统胖了，但反对美帝国主义的理念却消瘦了。”[④] 而美国重建第四舰队并重启在哥伦比亚的 7 个航空基地，都是美国作为地区霸权国对南美虚无缥缈的安全自治所做出的

---

① Andres Malamud, “A Leader Without Followers? The Growing Divergence Between the Regional and Global Performance of Brazilian Foreign policy”, *Latin American Politics and Society*, Vol. 53, 2011, p. l., 转引自陈迎春：“巴西崛起与南美地区主义”，《和平与发展》2012 年第 6 期，第 26—31 页。

② 宋伟：“冷战后，美国的拉美一体化战略——霸权利益的视角”，《世界经济与政治》2015 年第 12 期，第 93 页。

③ 贺双荣、孙洪波：“拉美掀起反美浪潮”，http://ilas.cass.cn/u/heshuangrong/%7B9F29C5C0-B310-4F0A-AD72-766EA5B5CE0B%7D.pdf。

④ 徐世澄：“南美洲一体化迈出新一步”，《时事报告》杂志 2008 年第 7 期，第 59、60 页；［巴西］阿马多·路易斯·塞尔沃，陈迎春译：“巴西崛起与全球秩序”，《拉丁美洲研究》2011 年第 6 期，第 65 页。

回应。[①]

第二节　海洋政治

海洋是对人类文明进程产生重要影响的另一领域，海洋更是连接世界的伟大通道、人类社会赖以生存和发展的战略空间和资源宝库，海洋还是最方便快捷的军事交通线和最广阔的战略机动空间。在地缘政治学家眼里，海洋国家与大陆国家是天生殊异的地缘政治生命。[②] 谁能控制海洋，谁就掌握了巨大的政治和经济权力。[③] 正是基于海上力量曾经对历史产生过巨大的决定性影响，美国的阿尔弗雷德·塞耶·马汉提出了海权理论，即谁掌握了世界核心的咽喉航道、运河和航线，谁就掌握了世界经济和能源运输之门；谁掌握了世界经济和能源运输之门，就掌握了世界各国的经济和安全命脉；谁掌握了世界各国的经济和安全命脉，就（变相）控制了全世界。因此，近代以来，拥有海权一直是一个国家能否成为世界大国的重要标志，对主要海上航道的争夺与控制及海洋空间的拓展也始终是大国地缘战略的核心内容。

21 世纪是海洋世纪。在现代先进的通讯、造船技术的支撑下，遍布各大洋、连接各大洲的众多航线构成了全球经济一体化的大通道，海洋承载着国际贸易最活跃的部分并增强了世界各国之间的相互联系与依赖度；而海上恐怖主义、海上抢劫、海洋自然灾害、海洋环境污染等问题也日益成为突出的全球性安全挑战。“海上力量的历史，就是一部残

---

① ［巴西］阿马多·路易斯·塞尔沃，陈迎春译：“巴西崛起与全球秩序”，《拉丁美洲研究》2011 年第 6 期，第 60 页。

② ［英］杰弗里·帕克，刘从德译：《地缘政治学：过去、现在和将来》，北京：新华出版社，2003 年版，第 37 页。

③ 巩建华：“中国海洋形势分析与海洋政治战略评介”，http：//wenku. baidu. com/link?url = ItELal - fEh32CAPydH3u1x7XzUSl9CIDABHOP1ukrOwWDWC4DsZZ43Mi4c5nQ6Rwva30rh LehuUk5pAwbTKwGHxsizXKdCs7myD6E4znhdq。

酷的权益争夺史。”① 海洋资源、海洋通道、海洋国土等海洋利益更是成为21世纪世界上主要权力角色激烈争夺的目标或领域。

一、海上通道的控制

在全球经济高度相互依赖、全开放贸易的时代，世界上众多国家的生存与发展，尤其是国家的内外贸易越来越依赖海上通道的安全、顺畅、便捷通行。这些海上通道大多是海峡与运河，而且有些还是无法替代的海上贸易航线必经的节点。这样的海上通道有几十条，依据与国家利益的相关度或国家生存与发展对海上通道的需求、距离的远近与影响的大小，海洋与近海国家都有自己的海上通道类别的划分。如有人依据日均原油流通量与路线的长短，梳理出全球原油贸易八大海上要道：霍尔木兹海峡、马六甲海峡、好望角、曼德海峡、丹麦海峡、苏伊士运河、博斯普鲁斯海峡、巴拿马运河。由于集中度较高，一旦其中任何一条海上运输通道被破坏或者关闭，都会引发国际油价不可预测的波动。② 联合国秘书处曾列举了8个重要的国际海峡，其中有3个被称为无可替代的重要航路，它们是处于中东的黑海海峡、曼德海峡与霍尔木兹海峡，其余5个是位于东南亚地区的马六甲海峡、巽他海峡（爪哇与苏门答腊之间）、新加坡海峡、圣贝纳迪诺海峡（位于菲律宾东南部吕宋岛和萨马岛之间）、苏里高海峡（位于菲律宾的莱特岛和棉兰老岛之间）、望加锡海峡。③ 其中，马六甲海峡是全球最繁忙的航道之一，它承担着全球近1/3货运量和约50%石油运输量。位于新加坡的NMC机构发布的年度报告显示，2015年共有80980艘超过300总吨的船舶

① 张军社：“中国新型‘海洋观’透露何种新意”，http://opinion.haiwainet.cn/n/2014/0623/c232601-20770387.html；巩建华：“中国海洋形势分析与海洋政治战略评介”，http://wenku.baidu.com/link?url=ItELal-fEh32CAPydH3u1x7XzUSl9CIDABHOP1ukrOwWDWC4DsZZ43Mi4c5nQ6Rwva30rhLehuUk5pAwbTKwGHxsizXKdCs7myD6E4znhdq。

② 祁月：“全球原油贸易八大海上要道”，http://wallstreetcn.com/node/216198。

③ 王正毅：《边缘地带发展论——世界体系与东南亚的发展》，上海：上海人民出版社，1997年版，第28页。

(平均每天 222 艘) 通过了这条连接欧洲和亚洲的重要航道。[①] 而苏伊士运河 2015 年通过船只总量为 17483 艘,[②] 不到马六甲海峡通过船只总量的 1/4。

在仍为强权政治及各种麻烦、纠纷、威胁与冲突所困扰的当今世界，一切国家都有“与海洋交往的天然权利”的思想,[③] 因而难以形成“完全有效”、各类型船只“无限制”的通行规则，任一海上通道都不时会出现被关闭或被封锁与阻碍通行的可能。一旦发生，将导致某个或某些国家付出高昂的经济成本，特别是对于那些资源贫乏，极度依赖海外贸易的国家，其经济发展会遭受到严重打击。而且往往这些海上通道所处的地理环境也特别易于被封锁，如最为繁忙的马六甲海峡是位于马来半岛与苏门答腊岛之间的一条细长的水道，呈东南—西北走向，海峡全长约 1080 公里，西北部最宽达 370 公里，东南部最窄处只有 37 公里。还有位于苏门答腊岛和爪哇岛之间的巽他海峡，长约 120 公里，一般宽 22—110 公里，平均水深远远超过马六甲海峡，非常适于大型舰船通航，因此成为太平洋通往印度洋的重要战略通道之一。不仅来自东亚的航船经常通行于此，更由于海峡水深、峡底地形简单，而成为潜艇的水下航行黄金水道。然而苏门答腊岛和爪哇岛两岛距离较为接近，最窄处仅有 3. 3 公里。[④]

因此，那些关系到国家生存与发展安全的重要海上通道成为大国或与之利益攸关的国家关注的战略重点。近代俄罗斯帝国在其崛起过程中就不断与欧洲列强争夺着黑海海峡的控制权；1956 年，为收回苏伊士运河主权，埃及与英法打了一场引起整个国际社会关注的战争。今日的美国海军列出了 16 个制约美国海外战略利益的咽喉点：阿拉斯加湾、

---

① “每天 222 艘！2015 年马六甲海峡通航船舶数量再创新高”，http：//blog. sina. com. cn/s/blog_ 14754c1210102wc83. html。

② 商务部：“2015 年苏伊士运河总收入为 51. 76 亿美元”，http：//finance. sina. com. cn/roll/2016—02—17/doc-ifxprqea4606580. shtml。

③ ［澳大利亚］ J. R. V. 普雷斯科特，王铁崖、邵津译：《海洋政治地理》，北京：商务印书馆，1978 年版，第 12 页。

④ 新浪军事：“深度：马六甲海峡对中国南海有何影响另一地更有价值”，http：//mil. news. sina. com. cn/2015—01—09/1226817624. html。

朝鲜海峡、望加锡海峡、巽他海峡、马六甲海峡、红海南端的曼德海峡角和北端的苏伊士运河、直布罗陀海峡、斯卡格拉克海峡和卡特加特海峡（从波罗的海进入北海的两条通道）、格陵兰—冰岛—联合王国海峡、非洲以南和北美的航道、波斯湾和印度洋之间的霍尔木兹海峡、巴拿马运河以及佛罗里达海峡。① 其目的是要掌握全世界最重要的16条海上要道，确保战时能够封锁他国海上运输船舶和海军的行动，维护美军的航道安全，并在平时通过对这些水道的有效控制，大量获取各种情报，进而确保美军全球战略的实施。② 作为世界头号海军强国，美国已经构建起完整的海外军事基地体系，可以对上述任一海上通道出现的所谓威胁美国战略利益的事态做出快速反应。出于称霸全球战略目的需要，美国也不会允许在事关自身国家命脉的重要海上通道上出现一个可能会对自己形成挑战的潜在的地区霸权国。③

中国大致将海上通道分为四类：一是在中国近海周边的海峡通道，二是与中国国家战略资源密切相关的海峡通道，三是涉及到全球海上利益的海峡通道，四是与中国相距较远、目前对中国影响相对较小的海峡通道。④ 其中，近八成石油需要从中东进口，还有大量来自非洲的进口矿产资源，于是在波斯湾海峡—阿拉伯海—北印度洋—保克海峡—马六甲海峡—南海—中国沿海地区等一线就构成“中国的海上生命线”。其中，马六甲是“中国海上生命线”最重要的一环，⑤ 也被称为“马六甲瓶颈”。进入21世纪以来，中国一直在积极进行多方努力，寻找破解这一“瓶颈”的战略途径。

---

① “美国宣布委控制的16个海上航道咽喉点位置元素图”，《图际问题资料》1986年第5期，第32页。

② “盘点美‘海上控制’16条战略水道”，http://wenku.baidu.com/link?url=auU9-oHqBGRLZAObpBB8SiKEu42WXssUK6306OdiALd7CCuwKk-d2zuQ7-MncpftqYRGLOgHmIJl-A5j7HN_uhyjn-dFvMhGmeraMh8TELy。

③ 朱玥：《美俄印三国在印度洋——太平洋地区军事投射能力比较》，外交学院硕士学位论文，2015年，第16—17页。

④ 李杰：“纵览全球战略海峡通道”，《决策与信息》2010年第11期，第73—76页。

⑤ “点赞：中国为破解马六甲海峡困局所作的努力”，http://blog.sina.com.cn/s/blog_5e50a3f20102vl8x.html。

二、海洋资源与领海的争夺

人类之所以将未来寄托于海洋，是因其有着极为丰富的生物与矿产资源。据研究统计，海洋中有藻类近万种，鱼类约 1.9 万种，甲壳类有 2 万多种。海洋为人类提供食物的能力是每年约生产 1350 亿吨有机食品，在不破坏生态基本平衡的情况下，每年可提供 30 亿吨水产品，而现在人们对海洋生物资源的利用率仅为 1%。[①] 海水与海底的岩层中蕴藏有极其丰富的矿产资源。海水中的铀、氘和氚可为人类提供充足的动能资源。在丰富的海洋矿产资源中，海底油气资源、海底锰结核及海滨复合型砂矿的经济意义最大。据美国石油地质学家估计，全世界含油气远景的海洋沉积盆地约 7800 万公里，大体与陆地面积相当。世界水深 300 米以内海底潜在的石油、天然气总储量为 2356 亿吨。近海海底已探明的石油可采储量为 220 亿吨，天然气储量 181.46 万亿立方米，分别占世界储量的 24% 和 23%。深海锰结核以锰和铁的氧化物及氢氧化物为主要成分，富含锰、铜、镍、钴等多种元素。据估计，世界大洋海底锰结核的总储量达 3 万亿吨，仅太平洋就有 1.7 万亿吨，其中含锰 4000 亿吨、镍 164 亿吨、铜 88 亿吨、钴 58 亿吨。世界 96% 的锆石和 90% 的金红石产自海滨砂矿。[②]

丰富的海洋矿产资源早已引起世界各国的关注，20 世纪 70 年代人类首次在商业上成功地从深海海床开采矿物资源。进入 21 世纪，全球已经发现 1600 个海洋油气田，已进行开采的 200 多个，年产量在 6 亿吨以上。[③]

---

① 张登义："把握时代脉膊，建设海洋强国"，《海洋世界》2001 年第 3 期，第 1—3 页。

② "海洋矿产资源"，http://baike.baidu.com/link?url=9bT6MGLYcMgumWW2tg4lk8FNDU9O5qMMlwACxfsdy0Tt5M6dlkr_cNQbM1bkLE8O8-EIj7GNHTCAJ_nRUnKB3Ctw_G7OdiUo3UD5VWodoSQ16m7hCDD9Nv4eEv8eeRtKFo-mHcRrJqt_gwVG9MTSw_。

③ ［澳大利亚］J. R. V. 普雷斯科特，王铁崖、邵津译：《海洋政治地理》，北京：商务印书馆，1978 年版，第 176 页；孙峰华、刘养洁："21 世纪的'海洋破碎带'"，《人文地理》2002 年第 12 期，第 71—76 页。

自近代至今，海洋财富就是国家间极感兴趣的竞逐对象，各沿海国纷纷提出包括对领海、毗连区、专属经济区和大陆架在内的明确主权和管辖权及公海和国际海底区域的各项权利主张。1609年，荷兰法学家雨果·格劳秀斯提出了“海洋自由论”，该理论不但确立了海洋自由原则，也促成领海制度的建立。在这一理论的影响下，各国纷纷以不同的宽度（3—200海里）圈定自己的领海，掀起了第一次圈海热潮。1945年，美国总统杜鲁门发表的《大陆架公告》曾一石击起千层浪，许多沿海国家纷纷效法美国，圈定自己的大陆架范围，引发第二次圈海热潮。1972年，肯尼亚提出建立专属经济区并将其作为该国的一项法律制度，这一做法最终在1982年的《联合国海洋法公约》中得到认可，于是沿海各国不失时机地为自己圈定一块“蓝色国土”，形成第三次圈海热潮。这三次全球性圈海热潮引发了领海、大陆架和专属经济区的边界之争。[①] 进入21世纪，拥有资金技术优势的国家，开始积极开发国际公海资源。海洋技术最为先进的美国对海洋资源的研究与开发能力最强，拥有的海上资源区域也最多；日本在不断加大深海勘探与海洋资源开发力度及投资规模；俄罗斯不甘落后，韩国、印度也努力跟进，由此引发了新一轮更为激烈的海上“圈地”运动。而第四次“圈海”运动已不是一般意义上的“圈地”运动，实际上是以占有海洋资源为目的“跑船圈海”运动，“圈”的对象已涵盖所有潜在的海洋深海资源。[②] 如资源丰富、战略地位极为重要的北极地区已经成为众多国家争夺的热门。北极地区各国把北极视为能源资源的“新中东”、全球经济的“新命脉”、世界军事的“新制高点”，纷纷加大科研、政治、经济、军事的投入，努力掌握未来北极事务的主导权，[③] 围绕北极主权的纷争愈演

① 刘楠来：《国际海洋法》，北京：海洋出版社，1986年版，第26—49页；倪健民、宋宜昌：《海洋中国》（下），北京：中国国际广播出版社，1997年版，第1524—1530页；转引自孙峰华、刘养洁：“21世纪的‘海洋破碎带’”，《人文地理》2002年第12期，第71—76页。

② 王宏升：“新一轮‘圈地’运动在海上悄然展开”，《海洋世界》2001年第4期，第1—3页。

③ 唐国强：“北极问题与中国的政策”，《国际问题研究》2013年第1期，第15—25页。

愈烈。

《联合国海洋法公约》确定了国际海底区域及其资源是人类共同财产的原则，制定了区域勘探开发制度，但它同时也明确各国都享有在这一区域内勘探、开发矿产的权利。而且国际公海不像陆地那样会涉及到最高权力问题，因此各国可以对公海资源进行更加积极的竞争。[①] 国家的海洋利益是一个综合性的有机体，包括政治利益、经济利益和安全利益等方面。海洋矿产资源开发虽然只是这些众多权益中极小的组成部分，却能全面折射出纷繁复杂的海洋政治格局和瞬息万变的国际局势。[②]

如今海洋被誉为大国崛起的推动力，近现代外交史上世界强国成功经验的共同之处就在于选择了“走向海洋”的国家战略。[③] 许多国家都已将捍卫海洋主权、维护和争取海洋权益、海洋开发、建设海洋大国或海洋强国战略列为其21世纪国家总体战略中重要内容。传统上，海洋主动性以军事上的制海权为切入点，但在当前国际环境下，仅发展海上军力并不能成为海洋大国，[④] 还需要有经济实力、技术水平以及文化软实力等综合保障。

三、21世纪初的海上争端

进入21世纪，对海洋资源及海洋本身的竞争日益增强，导致海洋争端与纠纷不已、海上冲突频发。海洋权益争端已经成为世界关注且难

---

① ［澳大利亚］J. R. V. 普雷斯科特，王铁崖、邵津译：《海洋政治地理》，北京：商务印书馆1978年版，第22页；孙峰华、刘养洁：“21世纪的‘海洋破碎带’”，《人文地理》2002年第12期，第71—76页；大学论文：“从国际法院的判例看国际海域划界原则”，http：//www. docin. com/p－1142063917. html。

② 张振国、方念乔、李文平：“开发与海洋权益维护问题浅探”，《海洋开发与管理》2006年第6期，第89—91页。

③ 陈建东、孟浩、陈颖健：“争取海洋主动性是我国强国战略的必然选择”，《太平洋学报》2011年第6期，第85—95页。

④ 叶自成、慕新海：“对中国海权发展战略的几点思考”，《国际政治研究》2005年第3期，第5—17页。

以回避的议题之一，[①] 并且成为地区乃至整个国际社会的不安之源。海域划界的潜在矛盾表面化，划界谈判逐渐提到议事日程上来，岛礁主权争端日趋尖锐复杂，[②] 海上非传统安全问题也已全面显现，这些都昭示着21世纪海洋政治演变的复杂态势。

据统计，全世界海岸相向和相邻国家之间共有420余条潜在边界，到20世纪80年代末，有150条边界协议得以缔结。[③] 进入21世纪，又有一些国家结束了海洋划界争端。2000年12月25日，中国和越南在北京签署《中华人民共和国和越南社会主义共和国关于两国在北部湾领海、专属经济区和大陆架的划界协定》。2004年6月30日，中越边界谈判中国政府代表团团长、外交部副部长王毅与越南政府代表团团长、外交部副部长、边界委主任武勇在河内互换了该协定的批准书，划界协定生效，标志着中国海上第一条边界的诞生。[④] 2010年签署并于2011年批准生效的俄罗斯与挪威关于巴伦支海和北冰洋的海域划界与合作条约，"一揽子"解决了两国长达40年的海洋划界争端及渔业与跨界油气田开发问题。[⑤] 独立后的俄罗斯于1995年3月依照《联合国海洋法公约》精神与格鲁吉亚划出了海洋边界；至2013年，俄罗斯与芬兰、波兰、瑞典、爱沙尼亚、立陶宛等波罗的海邻国通过双边（或三边）当事国之间的直接谈判，以和平方式解决了大多的海洋划界争端问题。[⑥] 2016年9月9日，厄瓜多尔、哥伦比亚、哥斯达黎加三国在加拉帕戈斯群岛签署海上边界协议，明确了三国在太平洋海域的海上边界和专属经

---

① 沈海涛、李永强："东北亚地区海洋权益争端应对的核心因素分析"，《黑龙江社会科学》2015年第4期，第21—26页。

② 王诗成："21世纪海洋战略（二）"，《齐鲁渔业》1997年第6期，第1—3页。

③ 王逸舟："《联合国海洋法公约》生效后的国际关系"，《百科知识》1996年第6期，第4—5页。

④ 中华人民共和国驻哈巴罗夫斯克总领事馆："中越北部湾划界协定情况介绍"，http：//www. fmprc. gov. cn/ce/cgkhb/chn/xwdt/t146857. htm。

⑤ 匡增军："2010年俄挪北极海洋划界条约评析"，《东北亚论坛》2011年第5期，第45—53页。

⑥ 李令华："俄罗斯与邻国间的海洋边界划分"，《海洋信息》1998年第3期，第25—26页；匡增军、蒋中亮："俄罗斯与波罗的海邻国的海洋划界争端解决"，《俄罗斯东欧中亚研究》2013年第6期，第75—94页。

济区。[①]

国际法院也频繁出现涉及海洋边界划分问题的判例。如 2007 年尼加拉瓜诉洪都拉斯划界案，2009 年乌克兰与罗马尼亚间的黑海划界案。[②] 2012 年 3 月 14 日，国际海洋法法庭对孟加拉国与缅甸就孟加拉湾海洋划界争端（以下简称“孟加拉湾案”）做出了最终裁决，为孟缅两国进行了领海划界、海里以内的大陆架及专属经济区的单一划界以及海里以外的大陆架划界，从而结束了两国长达 38 年的海洋划界争端。2014 年 1 月，海牙国际法院就秘鲁、智利两国之间长达百年的太平洋主权和渔权纠纷做出终审判决，秘鲁、智利两国各自通过让出部分海域主权换得两国之间未来的长久和平而又不影响智利渔业基本利益，对两国来说实质上是一种共赢。[③]

但是，国家对海洋区域及权益的主张多种多样，造成各国之间的利益彼此冲突。如大陆架与专属渔区的主张，有的国家提出的 200 海里领海的主张等。[④] 虽然 1994 年生效的《联合国海洋法公约》对内水、领海、临接海域、大陆架、专属经济区、公海等重要概念做了界定，其目的是缓解各国间的海上争端或冲突，但由于历史、地理构造、习惯国际法和海洋法的发展演变及国家间折衷、妥协导致的内存缺陷，加之国际关系中的国家行为等因素，许多国家海洋国土的边界至今难以确定，某一海域的敏感问题也变得更加复杂与难解。如专属经济区的划定使得沿海国家管辖的海域范围更广，由此许多国家的海域主张相互重叠，导致关于海域划界的纠纷急剧增多。

东南亚是当前全球海洋争端最为集中的地区之一，时常引发局势紧

---

① 郝云甫、梁君茜：“拉美三国签署海上边界协议”，http：//news. xinhuanet. com/world/2016—09/10/c_ 1119544932. htm。

② 张卫彬：“海洋划界的趋势与相关情况规则——黑海划界案对我国海域划界的启示”，《华东政法大学学报》2010 年第 2 期，第 48—56 页。

③ 吴国平、王飞：“拉美国家海洋争端及其解决途径”，《拉丁美洲研究》2014 年第 5 期，第 21—33 页；黄瑶、廖雪霞：“国际海洋划界司法实践的新动向——2012 年孟加拉湾划界案评析”，《法学》2012 年第 12 期，第 80—92 页。

④ ［澳大利亚］J. R. V. 普雷斯科特，王铁崖、邵津译：《海洋政治地理》，北京：商务印书馆，1978 年版，第 20 页。

张却缺乏解决良策。有些争端是东南亚国家之间的，如马来西亚和菲律宾、文莱、新加坡、印度尼西亚等国的海域划界与岛屿主权争端以及越南与柬埔寨、泰国、马来西亚、印度尼西亚等国的海域划界争端，① 有些则是上述一些国家对中国南沙群岛中的全部或部分岛礁提出了主权要求。在东亚，中日韩三国在东海海域海洋划界问题上也存在着利益和法律上的分歧，② 还有日本与俄罗斯之间的北方四岛（俄方称南千岛群岛）问题。在地势狭小的波斯湾海域，则有伊拉克与科威特的布比延岛、瓦巴两岛争端，以及伊朗与阿联酋关于位于霍尔木兹海峡附近的阿布穆萨岛、大通布岛、小通布岛的主权之争。③

在拉丁美洲地区，尼加拉瓜与哥伦比亚的领海争端由来已久，主要涉及普罗维登西亚群岛、圣安得烈斯群岛、圣卡塔利娜群岛及附属岛礁的主权争端。这些争端区域位于南美大陆以北、尼加拉瓜以东的加勒比海上大约5万平方千米海域及域内岛屿。2013年4月，玻利维亚就其与智利的出海口争端正式向海牙国际法院提出上诉，希望尽快达成实质性协议以确保玻利维亚在太平洋拥有永久性的出海口。该地区还有阿根廷与域外的英国对于马尔维纳斯群岛（英国称福克兰群岛）归属权的争夺。④

非洲国家在国际海洋划界方面也频频发生争端，如也门与厄立特里亚之间的大哈尼什岛之争、突尼斯与利比亚的大陆架划界争端、几内亚比绍和塞内加尔的海洋划界争端问题、喀麦隆与尼日利亚之间的岛屿主权与海洋划界问题、博茨瓦纳和纳米比亚的岛屿划界争端、佛得角与毛

---

① 胡二杰：“浅析东南亚国家和平解决海洋争端的主要路径选择”，《东南亚纵横》2016年第4期，第33—38页。

② 任亚先：“中日东海争端与中国海洋权益”，华东师范大学硕士学位论文，2007年，第5页。

③ 郭振华：“波斯湾地区海洋开发与海洋争端问题研究”，郑州大学硕士学位论文，2013年，第60、63页。

④ 吴国平、王飞：“拉美国家海洋争端及其解决途径”，《拉丁美洲研究》2014年第5期，第21—33页。

里塔尼亚的海洋边界划界争端问题，等等。①

而欧洲则存在着难以解决的希土两国伊米亚岛之争，俄罗斯与乌克兰的图兹拉岛之争、罗马尼亚与乌克兰之间的蛇岛归属问题等。

据初步统计，全世界60个国家存在岛屿争端，占全世界沿海国总数的40%，岛屿争端几乎遍布全球各个海域。岛屿争端的背后往往纠结着长期的历史根源、敏感的民族情感、重大的现实利益和长远的未来需求等多方面因素，涉及领土、主权、海洋权益、战略利益，无论哪个国家、哪个政府都不会也不敢轻言放弃。②

截至2002年6月28日，138个《公约》缔约国中有33个国家就《公约》第287条规定的4个解决海洋争端的法律机构——国际海洋法法庭、国际法院、仲裁法庭、特别仲裁法庭做出了选择。③ 其中，有的缔约国依据《公约》第298条对有关争端接受强制解决程序做了排除。这表明，外交解决海洋争端的功能仍受到很多局限。迄今，一些国家或者尚未批准《公约》，或者曲解《公约》的争端解决程序，或者按本国需要随意挖掘《公约》的“剩余权利”，这是对现代海洋法及海洋外交的危险挑战。④

第三节　民族分离主义*

民族分离主义问题一直是大多数主权民族国家维护其领土完整与统一或社会稳定所要面对的治理难题。21世纪初，由于民族（种族）冲突和大国的地区性争夺及多民族国家发展过程中的历史因素、政策因素、宗教因素，国际社会中的民族分离主义在经历了冷战末期和冷战结

① 李伯军：“非洲国家与国际海洋法的发展”，《西亚非洲》2010年第5期，第62—66页。

② 张海文：“全球海洋岛屿争端面面观”，《求是》2012年第16期，第55—56页。

③ 吴慧：“法律方法解决国际海洋争端的实践分析”，《厦门大学法律评论》第5辑，厦门：厦门大学出版社，2003年版，第264页。

④ 沈雅梅：“当代海洋外交论析”，《太平洋学报》2013年第4期，第37—45页。

* 本节主要内容系作者与新华社《半月谈》编辑部的徐希才共同思考、撰写。

束初期的爆发后又迎来了一个新的发展高潮，深刻影响着国际秩序的稳定与演变。

一、民族分离主义的影响

民族分离主义是一个国际化现象，其在全球范围内的扩散式发展对当今国际社会产生了极大的影响，这种影响包括对主权国家在国际层面的影响和对国际局势的影响。

（一）对主权国家的影响

对主权国家而言，民族分离主义的出现和发展产生了极大的国际影响，而且这一影响多是负面的。其主要有以下三个方面：

一是牵制国家发展，削弱主权国家在国际竞争中的优势。当今的时代是一个发展的时代，所有国家都在竭力地谋求最大程度的发展（有些国家可能会受困于各种因素而没有明显的行动，但发展的意愿还是强烈的）。若是国家想要在发展的浪潮中占据优势，就需要调动国家资源、集中精力谋求发展。但是，民族分离主义的出现，使得国家对相关地区的掌控出现动摇，该地区的社会资源不可能完全由国家所左右，甚至反而还需要国家调动其他地区的资源来供应出现问题的区域，这就极大地分散了国家的精力，使得国家发展状态出现“瑕疵”，在国际竞争中原有的优势也受到削弱。

二是影响国家形象，削弱国家的国际公信力。纵观国际社会中出现的民族分离主义，其中能够取得成功的关键原因有两个：特定的国际形势（如苏联解体）和外国势力的支持。由于特定的国际形势“可与而不可求”，因此民族分离主义迄今主要采取的还是谋求外国势力的支持。为此，民族分离主义会极力宣扬自己受到“不公正”待遇，攻击所在国的政策，以获得“有心”国家乃至国际社会的同情。不论其成功与否，这种行为已经抹黑了有关国家在国际社会的形象，降低了国际社会对该国的认同感，削弱了该国的国际公信力。

三是为其他国家进行权力制衡提供“抓手”。现今的国际社会虽然一直在提倡发展和合作，但还是无法掩盖权力竞争的事实。在此情况下，民族分离主义的存在就为其他国家干预其所在国政治，以实现权力制衡提供了有力的“抓手”。为了能够在权力的竞争上获得更多的筹码，强权或霸权国罔顾国际规则，推行双重标准，借“保护人权”来行干涉别国内政之事。如在科索沃问题上，美国为首的西方国家就以“保护人权”为由插手南联盟内政，对南联盟发动了军事打击。

（二）对国际社会的影响

时至今日，民族分离主义已经是一个不容忽视的国际政治现象，其发展和泛滥对国际局势也产生了极大的影响。

首先，民族分离主义的发展挑战当前的国际秩序。在当今的国际体系中，主权国家依然是国际政治行为的主体，是国际社会有序运转的基石。值得注意的是，这些主权国家中多是多民族国家。民族分离主义的核心要义是“一族一国”，这就严重冲击了多民族国家的合法性权威和国家团结统一的局面及存在的合法性。此外，民族分离主义的兴趣极大地推动了国际社会“碎片化”发展，破坏了以区域一体化发展为代表的国际社会的整合趋势。无论是对主权国家稳定的破坏，还是逆国际社会趋势的行为后果，都对当前的国际秩序构成了极其严重的挑战，而这恰恰是民族分离主义不断扩散的后果。

其次，民族分离主义的活动危及世界的和平与稳定。当前，只有极少数民族分离主义活动是在国家法律允许的情况下采取和平的方式进行的。但对大多数主权民族国家而言，维护国家统一和领土完整是不容逾越的底线，如法国就将领土完整视为国家基本利益，并在其《刑法典》中对危害国家基本利益罪制定了相关的法律条文。在这种情况下，民族分离主义的发展将引发民族冲突、国家间关系紧张等一系列问题，如克里米亚争端就引发了俄罗斯和乌克兰关系恶化、俄罗斯同美国及其盟友的“对峙”等问题。

二、民族分离主义治理的理论困境

民族分离主义汹涌来袭，治理民族分离主义成为多民族国家必须要攻克的难题。但在具体的治理策略上，不可消弭的弊端使得防范和打击民族分离主义难以圆融圆满：发展少数民族地区经济需要的时间长、条件多，制定相关反分裂法需要各民族的一致遵从，武力“平叛”造成的损失大，协和民主制“因避免了公众的参与，仅仅依靠精英进行秘密的谈判”，比例选举制“未必能减少群体间的冲突”，联邦制“通过赋予民族领导人权力并激发他们对更大权力或特权的欲望”。[①] 民族分离主义的治理面临着理论困境、政策困境和国际环境困境。

民族分离主义的治理首先面临着现实的民族分离主义立足的理论与多民族组成国家的理论所造成的理论困境。

（一）民族分离主义依据的理论

民族分离主义所占据的理论高点最主要的有民族自决权和人权两个方面。

1. 民族自决权

民族自决权是在近代反对殖民主义及其殖民统治的背景下，被殖民的民族为争取解放而提出的。可以说，民族自决权自诞生以来，受到反对殖民主义压迫和追求民族独立的人们的极大尊崇，为推进世界非殖民化进程做出了巨大的贡献。1952年联合国通过《关于人民与民族的自决权决议》，明确强调只有在殖民地拥有自决权的基础上，才能保证普遍人权的实现。其后颁布的《给予殖民地国家和人民独立宣言》《联合国人权公约》和《国际法原则宣言》等联合国文件均明确规定了民族自决和民族平等原则。伴随着民族解放运动的发展，大多数殖民地建立独立国家的任务基本完成，主权国家成为各民族利益的代表。民族自决

---

① ［美］迈克尔·赫克特，韩召颖等译：《遏制民族主义》，北京：中国人民大学出版社，2012年版，第168—175页。

权成为国家主权的一项重要内容，也是维护国家主权的一项重要保证。如果一个主权国家丧失了民族自决权，其国家主权就必然受到损害。① 在殖民统治结束后，民族自决权侧重于维护国家领土完整、主权统一和自由寻求经济、社会和文化发展的权利。② 但令人心痛的是，民族自决权已被当代民族分离主义分子曲解滥用，他们以民族自决为口号，混淆民族自决权的概念内涵、适用范围、运用条件等，推进民族分裂活动。

首先，民族分离主义推崇“一族一国”论。西方的资产阶级思想家曾为民族国家提出“一族一国”的经典模式。这一模式认为，生活在欧洲的每一个文明民族，不论大小、贫富，都应该拥有自决的权力，都应当有建立属于本民族的主权国家的权力。黑格尔曾说过：“各民族可能需要经历很长的历史行程方可抵达它们的最终目的地，那就是建立它们自己的国家。”③ 所以，民族分裂主义秉承着这一思想，将建立属于自己民族的主权国家作为最高的政治诉求。当然，以此为建国依据是非常不现实的。这在有名可具并已居住在固定疆域内的数千民族的当代世界中也是无法实现的。现实中，每个民族基本已经归属于某个既定的主权国家，民族自决权已上升为国家主权的一部分。主权具有最高的权威性、绝对的排他性和无可非议的合理性，是不可分割的。主权下的各民族都受行使主权的国家的治理，外国无权干涉。国家主权始终是国际法和国际社会的基础，民族自决权的行使要以尊重国家主权为前提。④ “如果国家是独立的，少数民族地区没有

---

① 朱晓未：“民族自决权的历史演进及晚近发展”，《法制与社会》2006年第6期，第194—196页。

② 慕亚平：《当代国际法论》，北京：法律出版社，1998年版，第97页。

③ 张友国：“民族自决：民族分离主义的误读”，《新疆大学学报》2005年第33卷第1期，第71—76页。

④ 房广顺、杨捷：“民族自决权的历史发展与现实运用”，《沈阳师范学院学报（社科版）》1992年第2期，第5—9页；朱晓未：“民族自决权的历史演进及晚近发展”，《法制与社会》2006年第6期，第194—196页。

要求脱离的权利。”[①] “根据美国历史，北美殖民地从英帝国中分离出来是光荣的，但之后任何州从联盟中分离出去是不允许的。”[②] 如果以主张民族自决权为借口，分裂他国主权和领土完整都是违反国际法的。[③] 事实上，联合国所出台的相关文件都是认定民族自决权适用于殖民地国家，却从没有宣布过民族自决权适用于一国主权下的各个民族地区。以往，联合国在处理类似的民族问题时，已提供了良好的范例。如联合国反对加丹加省从刚果脱离，而 1971 年孟加拉脱离巴基斯坦的斗争最初也没有得到联合国的支持。[④] 再就是有的民族因为所生活的地域自然环境恶劣，需要其他民族的支援才能更好地生存、发展，同时一民族要实施自决权也要考虑其他民族的利益，这也限制了单一民族国家的建立。但是在各种利益的考量下，民族分离主义者建国的诉求会得到包括族群民众和一些国家的支持。

其次，民族分离主义鼓吹“民族自决至上”，认为民族自决权超越了国家的有关限制。民族分离主义者认为世界上一切民族，不论是殖民地民族、还是一国领土之内的民族地区，都适用民族自决权原则，每个民族都可以凭借民族自决权建立自己的民族国家。可以说，这种观点是对“民族自决权”极其严重的曲解。现实世界中民族分布的基本特点是，绝大多数国家都存在多种民族，绝大多数民族都跨国而居。若将民族自决权解释为适用于一切民族，不仅会造成全世界范围的极大混乱和动荡，而且根本无法办到。能否构成一个国家，不取决于是否同属于一个民族，而取决于固定的疆域、居民、一定的政权组织和是否拥有主

---

① ［印］兴戈兰尼著，张宝林等译：《现代国际法》，重庆：重庆出版社，1988 年版，第 232 页。

② Vernon Von Dyke. Introduction to Politics. 1992 by Nelson-Hall Inc. , p. 171. ，转引自孙建中：“论主权国家与民族自决权的一致性与矛盾性”，《北京大学学报（哲学社会科学版）》1999 年第 2 期，第 36—45 页。

③ 朱晓未：“民族自决权的历史演进及晚近发展”，《法制与社会》2006 年第 6 期，第 194—196 页。

④ 房广顺、杨捷：“民族自决权的历史发展与现实运用”，《沈阳师范学院学报（社科版）》1992 年第 2 期，第 5—9 页。

权。[①] 随着世界经济一体化趋势的日益加强，各种族、各民族和各国家之间的人口国际性流动规模也将越来越大，这已成为当代人类社会发展的唯一范式。“建设一个多民族国家已经成为一个完美的社会和自足的国民经济的一个基本前提。”“理性主义的多元主义公民国家，是一种向所有具有公民资格的居民提供平等权利和平等机会的政体。在这种多元主义公民国家里，公民权既不取决于坚持共同起源的意识形态，也不取决于共同血缘关系，而取决于特定的地域纽带。”[②] 但是，每个国家或是国家集团出于自身的利益考虑都会根据自己的需要进行解读，这也是有的民族分离行动能够获得某些国家支持的原因之一。当然，种族、宗教、语言的少数者不是“人民”，不拥有自决权。少数者的权利在《公民及政治权利公约》第 27 条中得以规定，它不是作为集体的少数者的权利，而仅是作为少数者的个人的权利。与自决权相关的作为集体的少数者的权利现在仍然是不被承认的。[③] 况且，民族分离主义所鼓吹的“自决”其实质上是“精英自决”。如曼瑟·奥尔森所指出的那样，任何少数人的利益集团为了能够获得大多数人的支持，往往将一己之私说成是符合大众利益的事情，将“官意”和“民意”混淆起来。[④] 如苏联的解体实质上就是由《明斯克协定》造成的，而不是遵从民众的意愿。但是，这并不会影响族群民众对“民族自决至上”这一口号的接受。民众只是单纯地认为自己的族群应该享受这一权利，而这恰恰容易被民族分离主义的野心家所煽动、利用。

总而言之，民族分离主义分子或组织是在片面地将民族自决原则推向极端，滥用这一权利，以致妨碍其他民族的正当权益、损害国家主

① 房广顺、杨捷：“民族自决权的历史发展与现实运用”，《沈阳师范学院学报（社科版)》1992 年第 2 期，第 5—9 页。

② ［美］菲利克斯·格罗斯，王建娥、魏强译：《公民与国家》，北京：新华出版社，2003 年版，转引自张宝成：“论主权民族国家视野下的‘民族自决权’”，《内蒙古大学学报（哲学社会科学版)》2011 年第 1 期，第 30—35 页。

③ 朱晓未：“民族自决权的历史演进及晚近发展”，《法制与社会》2006 年第 6 期，第 194—196 页。

④ 廉思、孙国华：“民族自决权实现方式的法理研究——以全民公决制度为对象的分析”，《政治学研究》2008 年第 3 期，第 33—40 页。

权，其后果将破坏国际法律秩序，同时也降低了这一原则的价值。[①]

2. 人权

人权是民族分离主义者进行分离活动所借用的又一个堂而皇之的有力武器。在现代国际社会中，人权已经成为各主权国家、组织及各国民众所关注的焦点。民族分离主义者很多时候都会以政府不尊重族群的人权为借口，进行一系列的反政府活动。比如，他们会散布政府不尊重族群人权的证据，以此来谋取国际社会的同情，也可以此为借口让国际政治力量得以介入，使国内问题国际化。如在印度尼西亚亚齐分裂运动中，进行分裂运动的亚齐学生运动组织和非政府组织代表利用媒体和国际会议等途径积极对外宣传，呼吁各国和相关组织关注亚齐的人权状况；美国、欧盟等国家和国际组织也就亚齐的人权状况对印尼政府施压，呼吁印尼政府通过和平方式解决民族冲突。

民族分离主义者会以生存权、发展权来煽动族群民众对发展状况的不满情绪，吸引民众对分裂活动的支持。在很多国家中，民族分裂问题通常是由政治经济发展不平衡所致。在历史发展中的各种因素的影响下，民族之间存在着发展不平衡的现象，这个问题若是处理得不好，很容易产生民族隔阂和民族离心倾向。同时，世界发展的潮流使得地区经济发展对政治的影响越来越大，经济发达地区往往在国家统治阶层中会拥有极大的影响力，生活在贫困地区的民族在这方面就处于劣势，这又加深了贫困地区少数民族心理上的不平衡。这种情绪往往会被民族分离主义者所利用，以号召本民族民众对分离活动的支持。同样地，民众所追求的通常只是生存权和发展权，若要求得不到满足，民族与国家之间的隔阂就会不断加深，直至发生大规模反抗以寻求独立。

在当代从法律范畴上来说，人权是一国的国内事务。一个国家的国民所享受的各项人权，都要这个主权国家通过立法来加以确定，并由本国的法律来加以保障。[②] 1981年12月9日，联合国大会第36/103号决

① 杨泽伟："论国际法上的民族自决与国家主权"，《法律科学》2002年第3期，第39—51页。

② 邢翠微、邓立群："国家主权原则过时了吗？——兼论主权与人权、民族自决权的关系"，《政治学研究》2001年第3期，第28—32页。

议再次通过的《不容干涉和干预别国内政宣言》，就人权问题做出专门规定："各国有义务避免利用和歪曲人权问题，以此作为对其他国家施加压力或其他国家集团内部或彼此之间制造猜疑和混乱的手段。"[①] 国家主权独立、领土完整、社会秩序稳定，是其经济发展、国际地位巩固的基础，也是民族生存权与发展权的保障。无论如何，主权国家仍是目前人类进行自我管理的最主要方式，仍具有强大的生命力；同时，它也是构成国际社会的最基本的单位，是国际社会的核心，其稳定与否直接影响到全人类的共同利益。必须坚持国家主权高于一切的原则，这不仅是当今国家和国际社会稳定的前提条件，而且也是人类社会得以正常和健康发展的客观需要。[②]

当然，现在西方社会的双重人权标准也为民族分离主义的生存和发展提供了极大的活动空间。乌尔里希·贝克的一句结论性话语道破了西方人权的真谛，他说："对践踏人权的全球性定义权主要取决于国家的军事和经济实力。"[③] 可以看出，现在的全球性人权其实是没有标准的，而人权战略常常是强权政治和霸权主义为达成其利益目标所采取的手段，这样的人权很可能被一些国家或相关组织随意当作实现国家战略的武器。事实上，在民族分离主义者演变为恐怖主义者后，某些国家不顾其进行的恐怖活动，出于自身目的仍然支持分裂活动，这为民族分离主义提供了发展的空间。

（二）多民族组成国家的理论

当代世界中的任何一个民族都已有国家或地区的归属。而"世界上近 90% 的国家是多族群国家，并且他们中的半数存在着严重的族群分

① 《中国人权百科全书》，北京：中国大百科全书出版社，1998 年版，第 57 页。

② 廉思、孙国华："民族自决权实现方式的法理研究——以全民公决制度为对象的分析"，《政治学研究》2008 年第 3 期，第 33—40 页。

③ 吕永红、杨丽："民族分裂主义的成因及对策分析"，《黑龙江民族丛刊》2011 年第 5 期（总第 124 期），第 47—53 页。

裂问题”,[①] 加之现实中民族与国家关系的理论发展滞后，已经成为应对民族分离主义的困境之一，其主要表现在以下两个方面。

1. 民族与国家的“契约”

社会中的人因“契约”组成政府，民族与国家也存在类似的情况。在历史的进程中，诸多族群因各种原因组成了如今国际社会中的国家，而且大多数是多个民族组成了一个共同的国家。在组成国家的过程中，各民族实际上已然签订了“契约”，约定组成国家来维护各民族的共同利益。组成后的国家是各民族的利益共同体，在国家认真履行自己义务的前提下，某一个民族的分裂意图就是对曾经约定的背叛，将会对其他民族的利益产生极大的损害。所以，一个族群的活动必须要考虑其他民族的利益，其分离目的也必须征得国家和国内其他民族的允许和同意。

但遗憾的是，这种民族与国家“契约”关系的观点只是在加拿大处理魁北克问题时得到了应用。国际社会的普遍观点是，由人民主权衍生出的民众决定论，即当决定获得族群内大多数民众的支持时，就可以无视其他族群或者区域的人民而自行其是。这种模式的典型代表就是公投，也是国际社会认可民族分离主义实现独立建国目标的合法途径。近来的克里米亚公投、英国苏格兰公投等事件都是在执行单方面、特定区域内的人民的意愿。

2. 民族的权利与义务

在多民族国家内，民族享有生存权、发展权等多种权利，这是受法律保护的，也是国家应当提供的公益产品。国际社会认同全球范围内的各民族享有“民族自决权”，即一国内部的族群有权处理本民族的相关事务。通常在面对民族问题时，更多地是要求国家要保护民族的义务，即使是民族分裂活动也常常被认为是民族合理享有的权利。久而久之，就会形成国家必须满足国内民族的一切要求的局面，这使各个族群更多地关注自己的权利而忘记了自己应尽的义务。同时，国家更多地被要求应履行自己的义务去保护国内各民族的生存权、发展权等权利，其维护

① ［英］安东尼·史密斯，叶江译：《民族主义：理论、意识形态、历史》，上海：上海世纪出版集团，2011年版，第17页。

国家领土和主权完整的权力往往被忽视。

在治理民族分离主义这一痼疾时，就会遭遇上述困境，即国际社会认为民族分离主义的存在是合理的，国家为维护统一和完整而采取的必要措施却饱受指责。民族权利因国家的强力措施而受损，这往往会成为外国势力干预他国内部事务的借口。俄罗斯进行车臣战争时有些国家对车臣的支援，南联盟处理科索沃问题时北约的干预、印度尼西亚处理“亚齐问题”时受到美国的指责等都是属于这种情况。现在，如果不纠正这种错误，必将导致对于民族权利与义务的认知和实现出现严重失衡，必将出现某些民族习惯于享受权利而忘记义务的局面。届时，对民族分离主义的治理会更加艰难，民族利益冲突也会更加频繁。

三、民族分离主义治理的政策与方式困境

一国民离分裂主义的兴起，尤其是在引起国际社会的广泛关注后，将对国家相应的治理产生极大的制约，这主要体现在国家应对方式和民族政策两个方面。

（一）限制国家的应对方式，甚至会引来外国势力的干预

现代科学技术的发展，使得全球范围内的国家和地区的联系越来越密切，在“地球村”内已经实现“鸡犬之声相闻”。一国内部任何地区所发生的事情，都会被快速地传播到世界各地，为各国人民所知晓。所以，治理民族分离主义的活动，国家必须要考虑对国内其他族群的影响，要考虑所采取的政策是否符合人权等国际主流标准的要求以及能否被国际社会认同。这就导致国家不到万不得已的情况，只能采取相对温和而非暴力手段来处理其国内所发生的民族分离主义思潮及其活动。若是国家不顾国际影响，以武力等强力措施平复民族分离主义带来的不稳定，必然会招来诟病，甚至会被曲解为种族迫害，进而影响国家在国际社会中的形象，增加国家的外交难度，使得民族分离主义的治理变得更加困难。

同时，不论一国内部出现的民族分离主义是否合理，总是会有一些

国家或者国际组织出于某种特殊的目的，打着关注人权等所谓的道义旗号，千方百计地寻找该国对民族分离主义所采取办法的缺陷，攻击该国的民族政策，以获得本国民众对国家为实现相关战略而支持相关民族分离活动的理解。这种支持包括声援、资金和情报信息支持及提供武器装备等，甚至还会直接插手所支持对象国的民族分离活动。在国际社会无政府状态下，民族分离主义已经成为一国对与本国敌对或者竞争的国家进行制衡的重要手段。从科索沃战争到车臣战争，尤其是东帝汶独立和印度尼西亚亚齐问题的不同结局，凸显了国际势力的支持对民族分离主义发展乃至实现建国目标的重要程度。可以说，大国势力对民族分离活动的干预，是民族分裂活动能否成功的关键。克里米亚能够成功脱离乌克兰与俄罗斯的力挺密切相关；苏格兰的独立公投没有成功，没有大国的强力支持也是其中的一个原因。

所以说，民族分离主义的治理需要考虑各种因素，尤其是国际的因素，这样必然会加大治理民族分裂主义的难度和具体措施的实施难度，对国家的应对方式也会产生极大的限制。

（二）带来民族政策难题

在治理民族分离主义的诸多方法中，核心的内容就是要用更多的利益来换取族群内部民众对国家统一、完整的支持。如协和式民主模式是通过与族群内精英阶层分享一定的权力来拉拢精英人物，以共同维护国家的领土和主权完整。但是，这种通过增加利益来达成目标的治理方式会带来以下两方面难题。

其一，国内民族要求不断增多，优待政策“有进无退”。民族需求包括生存需求、发展需求及精神需求等内容，在不同的阶段，民族的需求是迥异的。在基础阶段，民族最基本的要求是要保持民族的生存延续，生存的物质需要是最主要的。随着生存问题的解决，民族的语言、宗教等文化精神诉求的重要性就会上升，并会进一步索求民族事务管理的权力。民族分离主义就是以这种现实趋势为模版，进行民族分离活动，希冀实现建国的目标。即使没有提出明确的分裂口号，民族的精英分子或政党也会不断争取这些权利，普通民众往往也会选择遵从这些诉求。而国家为了治理民族分离主义就要满足民族的各种要求，从物质需要到精神需要。但是，这样带来的后果是：一方面，会为民族自我认同的增强提供强大的支撑，强化普通民众对本民族的身份认同，弱化对国家的认同；另一方面，如果国家不满足民族的需要，民众就会产生愤懑乃至怨恨情绪，很容易被煽动利用，增加对民族分离主义的支持度。此外，国家对民族的优待政策不能削减，只能不断增加，不断进步，稍微改变就会引起民族的高度警惕和不信任感。

其二，当代主权国家民族政策的主要目的应该是保证不以民族（以及语言、宗教和种族）属性为转移的公民的平等权利。各民族要求国家对待境内所有民族一视同仁，无任何歧视，平等相待，特别是处于不利地位的少数民族群体，还企望在某些方面得到特殊的照顾、优惠和扶助，这也是对不掌握国家权力的弱势民族的基本保障。均衡这两个方面的要求是理智的，反之只能带来灾难。[①] 特别是在国家对出现分裂倾向或是进行分裂活动的民族加大利益倾斜力度和赋予更多权利时，民族之间存在的权利和利益差别会促使其他民族要求获得同样的权利和利益。如若满足这些要求，就会使国内的民族局面更加复杂，增加国家治理成本，加重国家施政负担；若是不满足这些要求，就会导致其他民族的不满，招来如民族歧视等指责，也会使得国内的民族局面更加复杂，很可能导致整个社会的不稳定。毫无疑问，这将给国家的政策制定和实施增加难度。此外，各民族的要求会有不同之处，如印度国内所出现的民族分裂活动就有很大差别，有的民族现阶段在争取拥有本民族自己的语言、文字等权利，有的民族是要求建立独立的主权国家，有的民族则要求在国内独立建邦，有的民族要求并入同一民族所建立的主权国家（这通常是相邻国家）或是在一定区域内同散居在不同国家的同一民族共同建立国家。因此，国家所采取的政策就不可能相同，这无疑会对国家的治理能力构成极大的挑战。

综上所述，民族分离主义的治理政策与方式存在着极大的制约因素

---

① 王智娟、潘志平："民族自决权、人权与主权"，《新疆师范大学学报（哲学社会科学版）》2001 年第 1 期，第 6—9 页。

和复杂的局面，这是治理民族分离主义必须要面对的困境之一。

四、民族分离主义治理的国际环境困境

当前，全球化深入发展，对多元化的认知也达到前所未有的广度和深度，这是不可逆转的潮流，也给民族分离主义的治理制造了不小的困境。

（一）全球化深入发展的影响

现在，全球化深入发展，世界被视为一个整体。“全球化对民族国家的政治合法性提出了挑战”，[①]“世界上没有一块地方能避免民族主义的热望”。[②] 在“碎片化”的环境下，民族分离主义的兴起也就不可避免。

全球化在推动世界经济高速发展的同时，出现了地区发展严重失衡的现象。西方国家凭借其强大的工业能力、技术优势获得大量的经济利益，而发展中国家要面对技术落后、环境问题等挑战。这种失衡进一步导致了贫富差距等不公平现象，冲击着现存的民族国家结构及其生存环境，为民族分离主义提供了争取“公平”发展机会的借口。

现在，必须要注意的是，民族分离主义在世界范围内大肆发展，越来越多的国家不得不面对民族分离主义的挑战。在亚洲，土耳其境内的库尔德人要求建立自己的主权国家，印度尼西亚的亚齐战火方歇，印度、缅甸、菲律宾等国也出现了民族分离主义泛滥的局面。在非洲，战火不断，诸多国家都动荡不安，2011 年南苏丹正式独立，成为国际社会的最新成员。在欧洲，西班牙的加泰罗尼亚、法国科西嘉等地的民族分离主义则是起伏不定、时有动作。除此之外，加拿大、澳大利亚等国也深受民族分离主义的困扰。正如美国学者乔治·洛奇在《全球化的管

① 马珂：《后民族主义的认同建构及其启示》，上海：上海人民出版社，2010 年版，第72页。

② ［英］安东尼·史密斯，叶江译：《民族主义：理论、意识形态、历史》，上海：上海世纪出版集团，2011 年版，中文前言第1页。

理——相互依存时代的全球化趋势》一书中所指出的那样，全球化意味着融合和一体化，同时也意味着冲突与分裂。[①] 民族分离主义的高潮迭起正在证明这一预言的正确性。

此外，全球化带来的民族或者宗教之间的密切联系也为民族分离主义的治理增加了障碍。在全球化时代，同一民族之间或者信奉同一宗教的民族之间的联系不断深入发展，甚至是不同民族之间也会基于一定的战略、经济等目的建立联系。例如，“猛虎”组织之所以能够从 1976 年存活到 2009 年，离不开海外泰米尔人的支援。一方面，生活在他国的泰米尔人移民一直在为“猛虎”组织提供资金支持，“估计泰米尔伊拉姆猛虎组织每月收入至少 200 万美元，他们的活动经费大部分来自国外”。[②] 另一方面，海外的泰米尔人移民还以游说、游行等方式，不断向其居住国的政府施压，让这些国家出手干预斯里兰卡局势，即使无法达成对“猛虎”组织进行援助的目标，最起码也要阻止斯里兰卡政府军对“猛虎”组织发动的一系列进攻。正因如此，民族分离活动才能获得大量的资金支持以对抗整个国家力量，民族分离主义才能够长时间生存、发展。在国家治理民族分离主义时，势必要考虑国外的影响因素，甚至会感受到来自国外的压力，因此民族分离问题更加复杂化，增加了治理民族分离主义的难度。

所以说，全球化所带来的诸多影响是治理民族分离主义必须考虑的重要因素。

（二）多元化时代发展的影响

现在的国际、国内社会都是多元化社会。如同多元主义赞同的多元一样，在多元社会中，应该达到的标准是不同族群之间能够相互尊重与包容，和睦相处。在多元化趋势下，国家内部各个民族必然会发扬自己民族的特色，而国家不但不能阻止还必须予以支持，这就会带来以下两

① ［美］乔治·洛奇，胡延泓译：《全球化的管理——相互依存时代的全球化趋势》，上海：上海译文出版社，1998 年版，第 1 页。

② 王兰：“泰米尔猛虎组织的海外活动网”，《当代亚太》1999 年第 5 期，第 46—50 页。

个显著影响。

第一，民族多元化发展会削弱国内族群对国族身份的认同。国族身份认同是维系各民族之间密切联系、保证国家完整统一的强力支撑。民族多元化尤其是文化多元化，会导致国家的碎片化。在这种碎片化的环境下，各民族不断强化对于自己本民族的身份认同，而“族群的民族主义不改变信仰的排他性使它们无法与‘主流’政治意识形态相结合”，[①]就势必使得民族对国族的身份认同感降到极低的程度，导致民族之间的文化冲突和隔阂，继而滋生种族主义和民族分离主义。而国家治理民族分离主义就必须要加强各民族对国家的政治认同以及国族的身份认同，维持国家至上的权威，这势必要将国家文化、国族身份置于国内各族群的身份之上，迟滞各民族自我发展的势头。多民族国家治理的复杂性就在于很难在这二者之间寻找到平衡点，既能维护国家权威，又能保证多元的存在。民族分离主义的治理所要面临的就是这样两难的困境。

第二，民族融合受到限制。“当下，国家获得政治一致的机会更大，只要大众传播媒介、宣传技术和公共教育能让国家精英们将他们的共同价值观、情感和信仰慢慢地灌输给他们的人民，特别是如果那一切都有‘民族’的特征的话。”这一“民族”就是要依靠民族融合。但是在多元化的今天，人们大都是在大力倡导保持民族多元和文明多元，有的学者甚至提出“历史上不可能有民族融合”和“现在不宜搞民族融合”，[②]即使提及民族融合也往往将其与民族同化联系起来，引起弱势民族的反感。因此，作为密切各民族联系、强化国家政治认同重要手段的民族融合政策就受到诸多限制，甚至会被束之高阁。这种结果是国内环境和国际环境共同作用所造成的。

所以，在整个国际社会多元化潮流的影响下，国家内部多元化深入发展，国家的政治认同和国族的身份认同受到极大削弱，民族融合这一治理民族分离主义极为有效的手段也被施加了诸多限制，毫无疑问地增

---

① ［英］安东尼·史密斯，叶江译：《民族主义：理论、意识形态、历史》，上海：上海世纪出版集团，2011年版，第44页。

② 金炳镐、毕跃光：“我国现阶段不宜提‘促进民族融合’”，《西北民族大学学报》2010年第3期，第2—8页。

加了民族分离主义的治理难度。

当前，民族分离主义在全球范围内蔓延，已经成为很多国家不得不面对的难题。同时，在民族分离主义的发展过程中有一种不可忽视的发展趋势——向恐怖主义的异变。民族分离主义要想实现自己的理念，就必须面对占有绝对优势的国家的强大压力。在无法正面对抗国家的打击时，民族分离主义很容易会向恐怖主义靠拢、蜕变，尤其是在恐怖主义高发的国际大环境下。若是任其发展，存在民族分离主义问题的国家将要面对的是肆无忌惮的恐怖主义势力。

因此，民族分离主义的治理需要尽早克服理论、政策和国际环境所带来的困境，对此建议如下：

一是国际社会就民族分离主义的相关概念、举措等统一标准，共同合作打击已经异变为恐怖主义的民族分离主义势力。国际社会中，各国的政治、经济联系不断加强，为多民族国家合作应对民族分离主义在全球范围内的泛滥提供了坚实的基础。对于民族分离主义的相关观点，国际社会主流都已经认识到民族分离主义的理论基础是对“民族自决权”的曲解，现在要做的是进一步努力推动国际社会统一标准，最好能以权威的文件对“民族自决权”的适用条件、范围等进行明确的表述，纠正民族分离主义的相关错误认识。如哈萨克斯坦总统纳扎尔巴耶夫在第 47 届联合国大会上的发言所说，“今天对少数民族的权利公正地给予如此之多的注意的世界集团，应当在民主与和平胜利的基础上，为了人权和民族权利的胜利而清楚地说明少数民族权利的标准。否则，在民族自决权的掩盖下，任何一个多民族国家的国家完整性都会值得怀疑，使之分化的分立主义将会没有止境”。① 此外，国际社会也应该认识到“一族一国”的设想不是民族发展的必然选择，民族分离主义也不应该成为国家间制衡的手段。一些国家也应该放弃对他国内部民族分离势力的支持，各国合力打击民族分离主义异变成恐怖主义势力刻不容缓。一味地隔岸观火或是煽风点火，势必会伤人伤己，毕竟现在国际社会中绝对占

① 王智娟、潘志平：“民族自决权、人权与主权”，《新疆师范大学学报（哲学社会科学版）》2001 年第 1 期，第 6—9 页。

主流的是多民族国家。

二是以宪法爱国主义或法律建制为中心构建新时代的认同。要构建强有力的国族身份认同，使得“国族”始终是社会主流；要弘扬爱国主义，强调国家的团结；要推行政治文化建设，保证选举制的公正，加强各族民众的公民身份认同感。实现如哈贝马斯所说的那样，“在文化多元的现代社会既能保证共同体在政治层面的强有力整合，又能保证各个族群能够平等共存，并延续自身的独特认同”。[①]

三是多民族国家内部的各民族之间要相互包容，戮力前行。在一个多民族国家内部，各民族会因为地理环境、历史因素、宗教因素等在生活习惯、文化传统、生存条件等方面存在差异，但是这些差异不应该成为民族之间存在隔阂乃至相互漠视的原因。各民族之间要平等相处、相互尊重、相互帮助，以图实现一国内的各民族能够共同发展，携手创建共同的和谐、美丽的家园。

总而言之，民族分离主义的治理虽有难度，但依然在可治理的范围内。虽然世界范围内有着“碎片化”的发展趋势，但这不能阻碍对民族分离主义的治理。因为在当下，维护国家统一就是最高的政治正义，多民族国家有其存在的必然性。

---

① 马珂：《后民族主义的认同建构及其启示》，上海：上海人民出版社，2010年版，第66页。

第二章

印度周边地缘政治环境

南亚次大陆与印度洋一直被印度人视为自己的“前庭”与“后院”，是印度成为世界性大国及其地缘战略的“基点”。进入 21 世纪后，南亚面临较多难以预测的挑战。次大陆上两个主要国家——印度与巴基斯坦拥有了核武器，所增加的核冲突风险使这个以权力失衡为特征的次大陆受到了国际社会的严重关注；而在全球相互依赖日益高度密切化的时代，印度洋成为西欧、地中海沿岸各国与太平洋沿岸的亚洲、美洲国家之间最为繁忙的联系通路，是国际主要力量竞争的区域，似乎显示海权论创始人马汉的预言，“21 世纪世界的命运将在印度洋上见分晓”① 正在变为现实。

第一节　南亚次大陆的地缘政治环境

从地缘政治角度看，南亚地缘政治板块应有 9 个国家，其中尼泊尔、不丹为内陆国，印度、巴基斯坦、孟加拉国为临海国，斯里兰卡、马尔代夫为岛国，再加上人为放入东南亚地缘政治板块的缅甸及放入中亚地缘政治板块的阿富汗。南亚国家基本是环印度分布着的，或因印度或因海洋而互不相连。巴基斯坦、尼泊尔、不丹、孟加拉国、斯里兰

---

① David Scott, “India's ‘Grand Strategy’ for the Indian Ocean: Mahanian Visions”, *Asia-Pacific Review*, Vol. 13, No. 2, 2006. p. 98.

卡、马尔代夫6国国土面积总和仅及印度国土面积的1/3，国家综合实力也与印度相差悬殊。同时，“作为一个地缘政治区，南亚因为在宗教、种族、语言和社会等方面存在深刻分歧而缺乏内部统一性”。[①] 这种情况与南亚各国间存在的许多错综复杂的地缘政治问题，如克什米尔问题、俾路支斯坦问题、民族分离主义与宗教极端主义活动等交织在一起，使得权力极度失衡与分裂性成为这一次大陆地缘政治结构的典型特征，南亚也由此成为世界上最不稳定的地区之一并直接影响着南亚各国、地区乃至世界的稳定与安宁。

一、南亚国家的经济与政治

进入21世纪以来，得益于全球化，南亚各国普遍实现教育发展、资本积累和技术革新。加之地区各国基本结束政权更替，政局相对稳定，即使是在国际金融危机持续发展的情况下，南亚也成为世界经济复苏和增长最快的地区之一，经济增长率达8.7%。进入21世纪以来，南亚各国政治稳步向前发展，民主化程度进一步提高，民主价值观得到各国民众的普遍认同。除了不丹以外，南亚其他国家都在积极推行民主化。巴基斯坦军队还政于民，军队承诺不再参与政治事务；尼泊尔废除了君主政体（2008年）并实行联邦民主共和制；孟加拉国也早已恢复民选政府，实行民主制度的主张得到广泛的认同。[②] 但在此期间，一些国家的执政党与反对党政治博弈或较量激烈，党派矛盾斗争依然纷杂，影响着相关国家政治局势的变化。

（一）南亚国家经济的发展

在南亚诸国中，印度的收入已经达到中等发达国家水平，GDP总量上涨了4倍多。2001年印度GDP总量为4940亿美元，2016年GDP

① ［美］索尔·科恩，严春松译：《地缘政治学：国际关系的地理学》（第2版），上海：上海社会科学院出版社，2011年版，第361页。

② 黄云松：“南亚国家政治发展的特点分析”，《成都大学学报（社科版）》2011年第6期，第8—10页。

总量达到 2.2635 万亿美元。有机构分析，如果印度每年 GDP 增速保持在 7%—10% 之间，2032 年前其 GDP 总量将实现 10 万亿美元目标，届时将成为世界上的第三大经济体。美国国家情报委员会的一份报告指出，“印度可能会像今天的中国那样，成为全球的增长引擎”。[①] 印度现今已经是亚洲的第三大经济体，在中国经济增长速度放缓后，在世界主要经济体中，印度的经济增速名列第一。印度非常注重对高等教育的投入，加大了科研投入力度。印度现有 200 万科技人员，居世界第三位，仅次于美国和俄罗斯，知识分子人数 3.6 亿，比法国和日本加起来的人口还多。服务业领域的高新技术产业对拉动印度经济发展的作用越来越明显，[②] 印度凭借其发达的信息技术及大量受过教育并懂得英语的青年，发展成为全球软件服务产业中心。而且印度还是软件及金融技术人员主要的“输出国”，化工、制药、钢铁、水泥、采矿、石油和机械、汽车、电子产品制造、生物科技、电讯、航空、核工业也都发展很快。莫迪政府上台后，印度国内外给予极大关注，国际社会也在一定程度上看好莫迪执政后的印度经济，世界主要国家加强与印度的经济联系，许多大型跨国公司也扩大对印度的投资。[③]

作为南亚的第二大国及亚洲新兴市场国家，巴基斯坦是个农业国家，在其产业结构中，农业和服务业占比较高。农业一直是巴基斯坦的支柱产业，服务业成为带动巴经济增长的主要产业，而工业发展明显不足。根据世界银行的统计数据，2016 年巴基斯坦经济增长率为 5.74%，国内生产总值（GDP）为 2841.85 亿美元，排名世界第 42 位；人均国内生产总值（GDP）为 1468 美元，世界排名第 149 位，2016—2017 财

---

① ［美］佩西斯·卡巴塔、卡尔·因德弗思，黄懿杰编译：“正在崛起的印度经济”，《国际经济评论》2013 年第 2 期，第 168—170 页；“印度夸下海口经济远超中国”，http://news.10jqka.com.cn/20160807/c592230674.shtml；赵衍龙、马静文：“2016 年各国 GDP 排名公布：中国第二为印度 5 倍”，http://news.sina.com.cn/o/2017—08—10/doc-ifyixipt0703798.shtml。

② 韩光彦：“21 世纪印度经济发展及其与中国的比较”，山东师范大学硕士学位论文，2014 年，第 12 页。

③ 文富德：“莫迪上台后印度经济增长‘新常态’”，《亚太经济》2015 年第 2 期，第 62—68 页。

年，国内生产总值（GDP）增长率达5.28%，为十年来最高水平。[①] 虽然巴基斯坦仍处于中低收入国家水平，但近几年来，其较快的经济增长率与经济总量的增加，显示其经济具有较大的发展潜力。

随着内战的平息，斯里兰卡的发展环境趋好，世界银行、亚洲开发银行等国际机构以及中国、印度、日本和德国等国纷纷对其展开投资和援助，斯里兰卡的经济开始快速发展。2016年，斯里兰卡经济增长率达到4.38%，而通货膨胀率仅为3.99%，国内生产总值（GDP）为813.22亿美元。[②] 摆脱不发达国家身份不久、经济规模较小的马尔代夫其经济也处于稳定增长状态。马尔代夫实行小规模开放型经济政策，坚持在保护环境的基础上，发挥自身资源优势，积极吸收国外资金与援助，加快经济发展。2016年，马尔代夫GDP增长率为4.09%，GDP总量达35.91亿美元，2017年人均国民收入达9126.998美元。[③]

在南亚最不发达的4个国家（阿富汗、孟加拉国、不丹、缅甸）中，孟加拉国在出口稳步增长、海外劳务市场不断扩大、外资吸引力逐渐增强、外国大力援助、国内消费趋旺、粮食稳定增产等诸多有利因素的驱动下，经济总体水平呈良好运行状态。其主要经济指标表现良好，如GDP增长率、人均GDP、财政收入、外汇储备、出口收入等均有增长。[④] 尽管目前处于最不发达国家行列，孟加拉国经济持续稳定增长，

---

① 李慧玲、马海霞："巴基斯坦经济发展机遇与'一带一路'建设"，《学术探索》2016年第7期，第36—43页；"全球宏观数据：巴基斯坦"，http://finance.sina.com.cn/worldmac/nation_PK.shtml；"2016年度全球经济数据GDP排名"，https://wenku.baidu.com/view/dde62bbdfbb069dc5022aaea998fcc22bcd1439e.html；"'一带一路'系列：2016—2017年巴基斯坦经济调查"，https://www.sohu.com/a/149364168_810912。

② 陈利君、杨荣静："2015年南亚地区经济发展形势与展望"，《东南亚南亚研究》2016年第1期，第36—45页；"全球宏观数据：斯里兰卡"，http://finance.sina.com.cn/worldmac/nation_LK.shtml。

③ 中商情报网："'一带一路'沿线国家：马尔代夫2015基本情况介绍"，http://www.askci.com/news/finance/2015/11/13/112844cbvw.shtml；PHBang：2017年世界各国人均收入排行榜，https://www.phb123.com/city/cib/GDP/18185.html；"全球宏观数据：斯里兰卡"，http://finance.sina.com.cn/worldmac/nation_LK.shtml#nation_MV.shtml。

④ 李建军、王红义："孟加拉国经济发展的现状与面临的挑战"，《南亚研究季刊》2012年3期，第33—47页。

GDP 年均增速近 9 年维持在 6% 以上，是目前南亚地区最具经济发展活力的国家之一。孟加拉国政府计划在 2017 年实现 GDP 年均增速 10%。未来，孟加拉国政府将继续以外向型经济为主导，加快基础设施建设，大力吸引外资，鼓励出口贸易，结合其劳动力资源充足且价格低廉等优势，有望于 2021 年脱离最不发达国家行列，进入发展中国家队伍。[①] 随着政治转型，缅甸也开始了经济改革与转型。在 2013 年通过了“经济与社会改革框架”（FESR）后，缅甸开始步入新的经济发展轨道并已成为亚洲发展速度最快的国家之一。缅甸采取开放型经济政策，其国际贸易对 GDP 的贡献率从 37% 增长至 47%，利用外资的水平也比较高，2015—2016 财年缅甸外商直接投资（FDI）总额为 94 亿美元。不丹是内陆国，经济规模小，产业结构单一，主要以农业为主，农业人口占总就业人口的 60%。近年来，不丹重视第二、三产业发展，促进了经济增长。2015—2016 财年，不丹 GDP 增速为 8.4%。受自然灾害及国内骚乱影响，2014—2015 财年（2014 年 7 月 16 日至 2015 年 7 月 15 日）尼泊尔经济增长率从预计的 4.6% 下降至 3%，2015—2016 财年其 GDP 的增长率仅有 0.77%。由于政治形势不稳定，阿富汗在战后经济重建进程中举步维艰，经济发展处于波动状态。2014 年，阿富汗国内生产总值约 208.4 亿美元，经济增长率为 1.5%，较 2013 年的 3.7% 明显下滑，人均收入不到 700 美元。2015 年，阿富汗经济增长率为 0.9%，2016 年 GDP 增长率和通胀率分别为 2.23% 和 2.17%。[②]

由于先天禀赋差异，作为南亚首要大国的印度其经济规模继续超强

---

① 任佳、马文霞：“环印度洋南亚地区经济发展潜力分析”，《南亚研究》2015 年 4 期，第 33—47 页；中商情报网：“‘一带一路’沿线国家：孟加拉国 2015 基本情况介绍”，http：//www.askci.com/news/finance/2015/11/13/112017hutk.shtml。

② 陈利君、杨荣静：“2015 年南亚地区经济发展形势与展望”，《东南亚南亚研究》2016 年第 1 期，第 36—45 页；徐亮、杨辰：“尼泊尔经济落后的社群原因”，《中国集体经济》2015 年 19 期，第 166 页；商务部网站：“巴媒认为巴基斯坦经济发展落后于其他南亚国家”，http：//finance.china.com.cn/roll/20160809/3851037.shtml；周盛平：“尼泊尔经济增长率降至 14 年来最低”，http：//mt.sohu.com/20160527/n451774539.shtml；“阿富汗央行：2015 年阿经济增长率 0.9%”，http：//www.mofcom.gov.cn/article/i/jyjl/j/201605/20160501319482.shtml；“全球宏观数据：阿富汗”，http：//finance.sina.com.cn/worldmac/nation_ LK.shtml#nation_ AF.shtml。

扩展，地区经济主导地位得以进一步强化。至2016年，南亚其他7国GDP总量尚不及印度GDP总量的一半。南亚国家实力对比已呈现出完全偏向印度的绝对不平衡状态，这将有助于印度推进其塑造“新的印度洋地缘战略辖区的核心”进程。①

另一方面，南亚也是世界上贫困人口密度最高的地方。南亚的贫困人口数量远高于撒哈拉以南的非洲，当地人民深受赤贫、冲突和苦难困扰，这已成为南亚国家经济发展道路上所面临的重大问题。南亚贫困率高于世界平均水平，孟加拉国贫困率为43.3%，印度贫困率为23.6%、巴基斯坦贫困率为12.7%。1990年，南亚地区日均生活水平低于1.25美元的人口占比为54%，到2011年，已经明显下降到45%。根据世界银行新的贫困线标准，即日均生活水平低于1.9美元，南亚国家于2015年首次低于20%，降到13.5%。② 而且由于区域发展不平衡现象比世界其他地区更为严重，南亚实际上是割裂成两个部分的——世人的目光仅仅聚焦在“闪耀的南亚”之上，而“苦难的南亚”因此被遗忘在光环之下。这两者之间的距离如此巨大，让人觉得仿佛身处两个不同的世纪。更糟糕的是，这一鸿沟还在不断扩大之中。世界银行“南亚反贫困和经济管理”项目的经济顾问伊贾茨·吉阿尼认为，南亚现在正处于一个历史转型的关键阶段，日益恶化的经济发展不平衡很可能最终抑制增长。如果不采取直接有效的措施，那么这个问题将殃及整个亚洲。③

此外，基础设施落后成为南亚经济增长的瓶颈。身为新德里的经济研究的RPG基金会主席帕南迪卡尔说，基础设施跟不上不断扩大的商业需求的步伐。南亚地区的所有基础设施都供应不足，必须要加大投资

---

① ［美］索尔·科恩，严春松译：《地缘政治学：国际关系的地理学》（第2版），上海：上海社会科学院出版社，2011年版，第365页。

② 任佳、马文霞：“环印度洋南亚地区经济发展潜力分析”，《南亚研究》2015年4期，第33—47页；“世行上调国际贫困线标准”，http：//news.ycwb.com/2015—10/06/content_20731531.htm。

③ “伊贾茨·吉阿尼：南亚经济发展不平衡最终抑制增长”，http：//finance.ifeng.com/opinion/hqgc/20101210/3038341.shtml。

才行。如果能够向外资开放这些领域，发展的步伐会快得多。[①] 依据南亚国家基础设施的现状，这将是一笔巨量的投资，其中仅印度莫迪政府宏大的基础设施建设“理想计划”就需 1 万亿美元。这将是相当长时期内南亚国家经济无力承担的工程，而南亚国家贫困“痼疾”的解决也将是个艰难、缓慢的过程。因此，争取域外国家或国际组织的援助或投资，成为现实及未来南亚国家每任政府优先努力的方向。

（二）南亚国家政治

随着各国新一轮政权更替的完成，南亚国家政治局势基本稳定下来，但各国普遍存在着党派纷争持续的现象，使得民主政治在多重阻碍中缓慢前进。[②]

20 世纪 90 年代，伴随着社会的变革以及宗教势力对政治的侵蚀，使得印度国内政治力量的对比发生了重大变化，结束了国大党独占政坛的历史，印度社会也正式进入了多党制的执政时期，一度造成政府更迭频繁，政局不稳。进入 21 世纪后，印度国大党与人民党两大党联合其他中小党派轮流执政的形式基本稳定下来。

在这种两大党制下的多党竞争体系中，政党之间的结盟具有重要意义。因为任何一个政党都不可能赢得议会中的多数，必须尽可能寻找到更多的盟友，以保证在大选中取得人民院中的多数席位，实现组阁的目标。但是，如果结盟的政党数量越多，各政党之间的分歧和矛盾也就越多，要在今后的政府任期中取得一致、保持团结也就越困难。[③] 因此，这就给任何一个最大的在野反对党发动中小党派阻挠中央政府提出的法案通过，借以削弱政绩党的执政效能，提供了相当有利的条件，导致印度执政党在政权中的领导作用及决策能力受到严重制约。

---

① “南亚经济强劲增长但面临挑战”，http：//finance. sina. com. cn/roll/20061227/01441123946. shtml。

② “2016 小议南亚的政治经济发展形势论述”，http：//www. kanzhun. com/lunwen/154834. html。

③ 陈金英：“从政党体制的变迁看印度政治中的稳定与动荡”，《国际论坛》2005 年第 3 期，第 69—74 页。

2014年5月，印度人民党领导的全国民主联盟赢得了这一印度历史上耗时最长、规模最大的大选。人民党获得下院多数席位得以成功单独组建以纳伦德拉·莫迪为总理的政府，似乎摆脱了长久以来因联合执政而受到地方党派的约束。然而自莫迪执政以来，在涉及土地、劳工及税制等几大核心改革议题时，其政府的改革措施依然遭遇重重阻挠，并未真正落地，其中多项改革受挫，其主要原因是遭到以国大党为首的反对党的强烈抵制。2015年9月，因党派纷争，国会无限期休会，莫迪政府提出的旨在统一国内市场商品及服务税的法案被搁置。莫迪改革的既定路线不得不因政党政治而做出妥协，甚至放弃部分目标。事实表明，在很大程度上，莫迪说了并不算数，如果他强硬执行更有力的开放政策，国内却不买账，莫迪的最终结局将会是被选民所埋葬。①

进入21世纪之初，巴基斯坦依然处于穆沙拉夫为首的军政权统治之下。由于穆沙拉夫一直以总统身份兼任陆军参谋长，因而遭到国内各种抵制力量的强烈反对，"还政于民"的呼声从未间断。以美国为首的西方国家出于对巴基斯坦进行"民主化改造"的战略考虑，不断施压，要求在巴基斯坦进行"自由、公正"的大选，推进民主化进程。在发生数起流血事件及与主要党派谈判后，穆沙拉夫军人政权同意还政于民选政府。2007年10月，巴基斯坦举行总统选举，穆沙拉夫总统当选连任并于同年11月28日辞去陆军参谋长职务，2008年1月29日，穆沙拉夫就任文职总统。但其后，开始政治转型进程的巴基斯坦政坛一直处于不稳定状态。2008年2月18日，巴基斯坦举行议会选举，人民党成为议会第一大党，同巴基斯坦穆斯林联盟（谢里夫派）等联合组阁，3月24日人民党副主席拉扎·吉拉尼当选总理，3月31日巴新内阁就职。2008年8月，穆沙拉夫辞去总统职务，9月人民党联合主席扎尔达里当选总统。2010年4月19日，扎尔达里总统签署宪法第十八修正案，为巴基斯坦从总统治理向责任内阁制转型奠定了法理基础。② 但巴基斯坦

---

① 李亚兰："印度：改革之痛"，http：//www. banyuetan. org/chcontent/sz/hqkd/2015930/155123. shtml；杨思灵："2014年南亚地区政治与安全形势"，《东南亚研究》2015年第1期，第13—20页。

② 陈继东："转型中的巴基斯坦政治"，《东南亚研究》2011年第4期，第6—12页。

政局的动荡因素并未得以消除。2010 年 12 月 14 日巴基斯坦宗政党伊斯兰教神学会突然宣布退出政府，2011 年 1 月 2 日巴基斯坦执政联盟第二大党统一民族运动党宣布退出政府，1 月 4 日巴基斯坦执政党重要成员、旁遮普省省督萨尔曼·塔西尔遭警卫枪击身亡，人民党的执政陷入危机之中。2013 年 5 月，在国民议会选举中胜出的巴基斯坦穆斯林联盟其执政之路仍然不平稳。2014 年，反对党发起了持续 2 个多月的大规模示威活动，引发严重对抗和暴力冲突，但由于穆盟谢里夫派执政优势明显，并且致力于扩大施政空间，努力促使各党派势力凝聚共同的价值取向，权争稍显缓和，基本保持了政局稳定，但巴基斯坦政局所呈现出的“谁上台就反对谁”的政治发展生态并没有根本改变。①

除不丹王国外，南亚其他小国也基本是党派矛盾异常尖锐，旷日持久的党争一直持续，导致政坛波动不定，政局走向不明。政局不稳在阻碍国家经济社会发展进程、削弱国家实力的同时，也会削弱国家应对外来压力或干涉的能力与信心，或为外来势力的介入及干涉提供时机，造成弱小国家或将依附域内强国或为其所控制，或寻求域外大国的支持与保护。

二、影响南亚国家间安全互信的争端与问题

国家最为敏感的方面即是安全问题。南亚国家内部有经济社会之难，彼此之间还存有各种安全问题困扰。如在众所周知的印巴之间的敌对关系中，除克什米尔问题外，还有塞·克里克湾（Sir Creek）的归属问题与印度河流域划分及水资源分配、利用问题。

塞·克里克湾是印巴两国另一个存在领土纠纷的地区。巴基斯坦认为根据 1914 年的《信德省政府决议》（Sind Government Resolution），巴方拥有该片海域的主权；而印度则援引国际海洋法的相关文件，认为

① 杨思灵：“2014 年南亚地区政治与安全形势”，《东南亚研究》2015 年第 1 期，第 13—20 页；《2016 小议南亚的政治经济发展形势论述》，http：//www. kanzhun. com/lunwen/154834. html。

塞·克里克湾应归属本国。自 1969 年以来，两国曾为解决该问题进行了 12 轮磋商，但迄今尚无重大突破。巴基斯坦曾主张对该问题进行国际仲裁，印度则坚决反对任何第三方力量的介入。目前两国已完成了对该海域以及毗连区的联合勘探工作，但仍未就划界问题达成一致。①

因印巴政治分界线穿过印度河流域，所以印度河水资源利用就成为两国间又一重要争议问题。印度方面由于占据了印度河的杰赫勒姆河（Jhelum）、杰纳布河（Chenab）、拉维河（Ravi）、比亚斯河（Beas）、萨特莱杰河（Sutlej）5 条支流的上游区域，一开始主张“绝对领土主权论”。该理论主张水道国可以自由利用和处置位于其境内的水资源，而无需考虑其他水道国的正当权益，严重有利于上游国家。而巴基斯坦则因为分配到印度河干道及 5 条支流的下游区域，主张“绝对领土完整论”。该理论要求国际水道上游国家不得改变或影响水道向下游国家的自然流淌，上游国家开发国际水道也应首先获得下游国家的同意，有利于下游国家。两国的主张相差甚远，多次协商都没能取得一致结果。1951 年，当时的世界银行总裁布莱克向印、巴两国提出合作解决印度河水纠纷的建议。在世界银行的协调和斡旋下，1954 年两国暂时出台了一份被称为“可行、简单公正的”《印度河流域水资源开发和利用计划建议》，随后又历经多次谈判，最终于 1960 年 9 月签订了极具历史性意义的《印度河水条约》，就印度河分水问题达成一致意见，结束了两国在利用印度河水资源问题上的长期纠纷。

根据《印度河水条约》，印度获得了对东三河即拉维河（Ravi）、比亚斯河（Beas）、萨特莱杰河（Sutlej）的使用权；巴基斯坦获得了西三河即印度河干道（Indus）、杰赫勒姆河（Jhelum）、杰纳布河（Chenab）的使用权，且留有 10 年时间给巴方建设灌溉系统，以使用西三河水资源来灌溉原来由东三河水源灌溉的地区；设立数据交换、定期巡查等一系列合作协调机制。据此条约，印方获得印度河流域全部水量

① 曹峰毓、王涛：“论南亚区域安全合作的进展及挑战”，《学术探索》2016 年第 9 期，第 53—60 页。

的20%，巴方获得80%。双方争议再起是因印度1999—2008年在杰纳布河上建成了巴戈里哈尔（Baglihar）水电站，而杰纳布河属于划归巴基斯坦使用的西三河。水资源稀缺的巴基斯坦坚持该水电站违反了《印度河水条约》，认为该水坝将切断其下游旁遮普省的农用水源，而旁遮普省是巴基斯坦重要的粮仓。随后印度在杰纳布河上又修建了三座水电站，在西三河的另一条河流杰赫勒姆河上，印巴之间也出现了争议。1985年，印度就开始在杰赫勒姆河上游的乌拉尔湖（Wular）修建大坝，引起巴方的强烈抗议。而随后吉萨冈戈（Kishanganga）水电项目的修建则更是让巴基斯坦怒火中烧，巴基斯坦在该水电站下游建有一座水电站。但印度的大坝将使河流改道，导致流入下游的水量减少，使得巴基斯坦水电站的发电量无法达到9.6亿瓦的预定目标。巴方要求海牙国际法庭进行国际仲裁，印度被迫搁置了部分在建工程，至今等待中立专家调查解决。①

2015年6月，印度与孟加拉国签署《陆地边界协议》，解决了困扰两国长达300多年的飞地问题，但两国对于穆哈瑞克河流域的领土纠纷至今仍未得到解决。穆哈瑞克河是印孟两国的界河，由于其走向经常发生变动，两国一直未就该河部分流域的划界问题达成一致。虽然1974年与2011年的《印孟两国关于划界以及相关问题协议的议定书》都提及此问题，但至今两国未就永久解决方案达成一致。此外，印孟还有恒河水资源争端问题。1975年法拉卡大坝完工之后，印度单方面从恒河分流河水，“导致在旱季进入孟加拉国的恒河河水减少了3/4”，引起孟加拉国的强烈不满。直到1996年，印孟双方通过了《河水分配条约》，就恒河旱季水量分配达成暂时一致，但不久，两国即因印度“内河联网”工程、提斯塔河水资源分配和提帕穆赫工程再起争端，至今未能解决。②

印度与尼泊尔之间最主要的领土争端位于卡拉帕尼地区。尼泊尔认

---

① “印度反指责中国水电项目”，http：//power. in-en. com/html/power-2248142. shtml。

② 李帅：“印巴、印孟水资源争端的比较研究”，外交学院硕士学位论文，2014年，第12—14页；曹峰毓、王涛：“论南亚区域安全合作的进展及挑战”，《学术探索》2016年第9期，第53—60页。

为卡拉帕尼以西的黎匹德拉河（Limpiyadhura）为卡利河的干流，但印度认为卡拉帕尼以东的黎普拉克河（Lipu Lekh）才是卡利河干流，由此造成了约400平方公里的争议地区，自1962年后该地区一直处于印度的控制之下；而位于纳瓦尔帕拉西县的苏斯塔地区也是两国争议较大的边界地区。尼印共有188公里的边界线有待划定。此外，两国也同样存在水资源的开发利用问题：[①]

影响南亚各国安全互信的问题还有印度与斯里兰卡之间的捕鱼纠纷和卡恰提武岛问题、印度与缅甸之间的罗兴亚难民问题及两国边境宗教极端与非法武装、贩毒、军火走私等问题、不丹与尼泊尔之间的难民问题，以及巴基斯坦与阿富汗之间的普什图尼斯坦问题等等。

事实上，南亚不缺共同的文化政治制度、背景及共同的威胁，缺的是共同的安全感知和地缘安全心理。[②] 如此多的安全问题，加之“大部分南亚国家都曾利用过邻国的困境来谋求本国利益”，[③] 南亚国家之间相互猜疑，毫无安全信任感，南亚的安全环境也变得极其不确定。

第二节　南亚的“分离”之势

次大陆因宗教、民族、种姓的不同而被划分为多个独立的单元，使得次大陆不但在地理上四分五裂，而且民众心理也处于分裂状态。加之错综复杂的地缘政治矛盾、问题交织，使得次大陆长期处于相互消耗的状态。21世纪初，由多民族、多宗教信仰国家构成的世界仍处于民族分离主义与宗教极端主义的双重冲击之下，而处于地缘政治破碎地带、缺乏社会与政治凝聚力与国内政治治理效能不足的南亚国家更是深受其害。同时，大国地缘政治战略在南亚与印度洋区域的相互交汇，以及面

---

① 金晓：“印度—尼泊尔关系：历史与现实”，上海国际问题研究院硕士学位论文，2015年，第34、35页；曹峰毓、王涛：“论南亚区域安全合作的进展及挑战”，《学术探索》2016年第9期，第53—60页。

② B. M. Jain, *India in the New South Asia*（I. B. Tauris Publishers, 2010）, p. 19.

③ 曹峰毓、王涛：“论南亚区域安全合作的进展及挑战”，《学术探索》2016年第9期，第53—60页。

对印度地区安全战略、政策的压力，使得彼此间存在诸多安全问题的南亚国家多生“外向”之心，导致该地区各种纠纷与冲突频发，分裂之势加剧，对印度在这一区域的地缘整合努力产生了极大挑战。

一、南亚国家的民族分离主义与极端主义

独立后的印度，除了种姓问题、教派政治等社会难题外，还一直受到民族分离主义与极端主义的困扰。

在印度的东北部地区，各邦部族一直要求中央政府尊重其自治权利。更有甚者，在权利得不到满足或者不能完全得到满足的情况下，要求脱离印度联邦、建立独立自主的主权国家，并为此展开各种斗争活动，包括武装斗争。

东北部地区自印度独立以来一直是印度动乱的重灾区，那里的冲突是一场“旷日持久的国内战争”。[①] 其中，阿萨姆邦的民族分离主义势力最为活跃。20 世纪 70 年代末，阿萨姆邦掀起了反对外来人的“阿萨姆运动”。1979 年 4 月武装分离组织“阿萨姆联合解放阵线”（ULFA）成立。该组织号召阿萨姆人联合起来反抗印度政府统治，目标是通过武装斗争，把阿萨姆从印度分离出去，成立一个独立的民族国家。进入 21 世纪，阿萨姆联合解放阵线不断发起对平民及军队的攻击，频繁制造冲突和枪击案件，破坏石油管道和基础设施，敲诈和勒索当地商人，为自己购买武器装备筹集经费来源。[②] 经过多次磋商，2011 年 9 月 3 日印度政府与阿萨姆联合解放战线终于签署了一份停火协议。[③] 但不久，该组织的新领导人帕雷士 · 巴鲁阿（Paresh Barua）就强硬表示：他绝

---

① 刘学成：“印度地方民族主义发展对政局的影响”，《南亚民族问题论文集》，中国南亚学会，1984 年，第 98 页。

② 汤博文：“印度东北地区移民问题及其引发的反政府武装活动”，云南大学硕士学位论文，2013 年，第 42 页。

③ 廖政军：“印度政府与反政府武装签署停火协议”，http：//world. people. com. cn/GB/15582868. html。

不参与不涉及“主权”问题的和谈。[①] 至今，这一组织依然活跃在印度东北部地区，成为印度政府的“眼中钉”。此邦内另一至今坚持武装分离道路的是波多人的民族分离主义组织——波多民族民主阵线（NDFB），该组织的主要目标是要在波多人聚居的布拉马普特拉河西岸建立独立的民族国家。而波多人的另一个武装派别——“波多猛虎组织”（BLT）的目标是在印度联邦的框架内为波多人建立一个独立的邦，以此来保护波多人的权益不受外族侵害。在2003年2月，印度政府与“波多猛虎组织”（BLT）达成协议后，波多民族民主阵线继续进行武装反抗。[②] 2009年10月4日，波多民族民主阵线在阿萨姆邦索尼特普尔地区发动袭击，造成20多人死伤。2011年3月14日，该组织袭击了印度边境安全部队，造成8人死亡、10人受伤。[③] 2012年7月初及7月19日，波多族土著与穆斯林移民爆发种族冲突，引发大规模流血事件，先后有4名穆斯林遭到杀害；7月20日，4名波多族前“波多猛虎组织”成员中枪身亡，从而引发波多族土著和穆斯林移民互相进行报复性袭击，最终导致暴力事件升级，造成阿萨姆邦地区近100人死亡、400个村庄被烧毁、40多万人流离失所。[④] 如今，印度东北部最小的邦——特里普拉邦的民族分离主义势力也逐渐兴起，那里的“特里普拉民族解放阵线”和“全特里普拉猛虎部队”主张将特里普拉从印度联邦中分离出来，而由孟加拉移民于1999年10月建立的孟加拉联合解放阵线则要建立自己的公共权力。[⑤]

在印度西北部，除了有众所周知的印控克什米尔地区的穆斯林独立

---

① Wasbir Hussain, “Forecast 2016: Security Situation in Northeast India”, January 2016, http://www.ipcs.org/article/peace-and-conflict-database-northeast/forecast-2016-security-situation-in-northeast-india-4971.html.

② 汤博文：“印度东北地区移民问题及其引发的反政府武装活动”，云南大学硕士学位论文，2013年，第44页。

③ “印度安全部队在阿萨姆邦遭遇伏击8人死亡”，http://lt.cjdby.net/thread-1095350-1-1.html。

④ 张世均：“印度阿萨姆邦的民族问题及其应对策略”，《南亚研究季刊》2012年第4期，第87—91页。

⑤ 汤博文：“印度东北地区移民问题及其引发的反政府武装活动”，云南大学硕士学位论文，2013年，第49—50页。

运动外，还有锡克人的“卡利斯坦”独立运动；印度南部存在着以建立“泰米尔纳德共和国”为目标的泰米尔人组织。其他邦中有民族分离要求的有：安得拉邦境内的泰卢固人、西孟加拉邦大吉岭地区的廓尔喀民族解放阵线、喀拉拉邦和卡纳塔克邦图鲁纳德地区的图鲁人等，他们均要求独立建邦。[1]

除此之外，近年来左翼极端武装也活跃起来，印度602个地方行政区中的185个都受到影响，甚至形成了一条所谓的“红色走廊”。[2] 众多民族分离主义与极端主义势力的存在与活动严重威胁着印度的社会稳定与国家安全，并成为印度走向世界大国舞台的现实阻碍。

今日的巴基斯坦是陆上进出次大陆的必经之地，因此也是种族文化交汇地域，既有雅利安人与阿拉伯人血统的后裔，也有伊朗人和突厥人的混血种，致使巴基斯坦自立国以来，始终存在着民族互不认同的难题。而居住在巴基斯坦、伊朗、阿富汗三国交界地带的俾路支人也存在分离主义势力，因其大部分活动区域是在巴基斯坦境内，因而主要成为当代巴基斯坦面对的民族分离主义问题。俾路支民族分离主义运动的目标是要建立一个独立的“大俾路支斯坦国”，这一企图早在印巴分治伊始就已经显现，一直受到巴基斯坦历届政府的严厉打压。虽然自20世纪70年代末后，其发展有一段缓和时期，但进入21世纪后，又重新活跃起来，特别是从2005年12月开始，穆沙拉夫政府对分离主义领导人的整肃和抓捕在一定程度上又加剧了新一轮的冲突。当前，俾路支分离主义势力已将其影响力逐步扩展至美国、欧洲、澳大利亚、海湾国家等，欲将俾路支问题国际化。例如，2015年整个上半年，俾路支共和党在瑞士、德国、瑞典、英国的4个分部通过举行政党会议、参加国际会议、发动抗议等方式，多次游说以上国家及联合国驻欧洲机构关注俾

---

① 彭秋虹：“印度应对民族分离运动的措施及启示”，《江南社会学院学报》2012年第1期，第15—19页。

② Namrata Goswami, *Indian National Security and Counter-Insurgency: The Use of Force vs Non-violent Response* (Routledge, Taylor & Francis Group, 2015), p. 115; Shrikant Paranjpe, *India's Strategic Culture: The Making of National Security Policy* (Routledge, Taylor & Francis Group, 2013), pp. 123, 125.

路支省形势。[①] 此外，开伯尔—普什图赫瓦省的“普什图族家园”运动也是巴基斯坦维持国家统一与稳定的一块“心病”。

处于南亚边缘地带的缅甸也是多民族、多宗教文化的交汇之地，自1948年独立以来，宗派冲突频发，民族矛盾尖锐、争斗不已。1958年缅甸成立10周年时，由于政府拒绝兑现原来许诺的给予掸邦和克伦邦的民族自治权，引起这两个邦的武装分离运动。[②] 到20世纪70年代中期，几乎十几个较大的缅甸少数民族中都出现了反政府武装，总人数近3万人。[③] 自20世纪90年代后期起，民族分离主义武装势力呈现衰弱之势。继2012年5月缅甸政府和大多数反对派民族武装组织达成初步和平协议后，2016年8月31日缅甸新一届政府又召开了旨在达成全国范围内停火和平协议的“21世纪龙彬会议”，这让人们看到了缅甸民族和解的曙光。然而，缅甸少数民族分离运动并没有真正熄灭，不时爆发民族武装与政府军之间的冲突。如，2009年8月的“果敢事件”、2011年3月缅甸政府军与北掸邦军交火、2011年6月缅甸政府军与克钦独立军开战；2016年11月，克钦独立军、若开、德昂和果敢的民族武装联军与缅甸政府军再度爆发大规模冲突。[④] 这些冲突表明，21世纪初的缅甸虽然走上了转型之路，但要真正实现民族和解、稳定民族国家建构还面临着非常艰难的挑战。

此外，阿富汗面临着非普什图人部族的分离之势日益加重，尼泊尔担心特莱地区会分离出去，而内战结束后的斯里兰卡其民族和解也还面临许多问题。

由于处于地缘政治的交汇地域，加之缺少统一民族认同的多民族、多元宗教文化的社会构成状况，国家政治权力缺乏治理效能与凝聚力，

---

① 张元：“俾路支分离主义势力对中巴经济走廊的看法及其成因”，《南亚研究》2016年第2期，第24—43页。

② 施雪琴：“战后东南亚民族分离主义运动评述”，《世界历史》2002年第6期，第40—48页。

③ 刘稚：“缅甸民族问题的由来和发展”，《世界民族》1997年第2期，第17—21页。

④ 谢念亲：“缅北民族冲突与中国西南边境安全”，《亚非纵横》2013年第1期，第29—34页；王晓枫：“缅北冲突至少8死29伤　少数民族武装号称投入千人”，http://news.qq.com/a/20161122/001324.htm?_k=uhqy1g。

使得南亚国家在容易滋生分离主义的同时，也成为各种极端主义与恐怖主义孳生的温床，进入21世纪以来，这一状况仍在持续发展并进一步加剧了南亚各国既存政治分离与不稳定之势。如在南亚多国长期活跃的左派极端主义典型——毛主义运动：尼泊尔联合共产党（毛主义）在结束十年之久的“人民战争”后，通过议会选举的道路取得了国家政权。印度共产党（毛主义）也一直在进行着艰难的武装斗争与非武装斗争。2004年9月21日，安得拉邦毛主义运动的主要领导组织——人民战争集团和印度毛主义行动中心宣布两党合并，并于2004年10月14日正式成立印共（毛），成为印度左翼极端派的代表。此后，其影响范围得到进一步扩展，活动范围已发展到印度的17个邦223个行政区，覆盖近40%的国土。目前，毛主义运动已经成为印度国内最主要的安全隐患之一，2014年造成的平民伤亡占平民总伤亡人数的1/3还要多。不丹共产党（马列毛）则宣称正在为发起“人民战争”而进行着各项准备；孟加拉共产党在党的组织建设上也迈出了新步伐。[①]

不过，当代南亚国家统一和领土完整的最大威胁还是与宗教极端主义相关联的恐怖主义组织，其活动日益猖獗。南亚现已成为国际恐怖组织的“大本营”，这些组织主要集中在巴基斯坦、印度、尼泊尔、孟加拉国、阿富汗等国。在巴基斯坦，常年活动的主要恐怖组织有“基地”组织、真主军、先知军、“圣战者运动”、“圣战者运动”（国际）、伊斯兰圣战运动、巴基斯坦圣贤军、巴基斯坦穆罕默德军、保卫先知者运动、奥马尔军、俾路支解放军等恐怖组织。而且近年来巴基斯坦的极端势力呈现出明显的塔利班化趋势，这也成为巴基斯坦极端主义发展到新阶段的重要标志。而印度现已被认为是世界上本土恐怖组织最多的国

---

① 吴国富：“南亚地区毛主义研究”，华东师范大学博士学位论文，2014年，第II页；杨思灵：“2014年南亚地区政治与安全形势”，《东南亚南亚研究》2015年第1期，第13—20页；宋丽萍、张淑兰：“试论21世纪印度毛主义运动暴露出的国家政府缺陷”，《南亚研究》2015年第2期，第81—95页；韩冰：“南亚五国毛主义共产党的历史发展、特点及动因”，《南亚研究季刊》2015年第1期，第87—93页。

家。印度内政部的数据显示，印度有大大小小的恐怖组织多达数百个。① 阿富汗的“基地”组织几经整合，在阿富汗仍然是颇具影响的国际恐怖组织，塔利班依然在频繁发动恐怖袭击，造成严重伤亡，“哈卡尼网络”和“虔诚军”日渐活跃，阿富汗国家也越来越具有不确定性。自20世纪90年代以来，孟加拉国的“伊斯兰圣战运动”“圣战者大会党”“孟加拉国清醒穆斯林人民党”以及孟加拉国穆斯林清除左翼义务警卫队等恐怖组织发展极为迅猛。2009年4月，哈希娜政府一次就将12个伊斯兰极端组织列入黑名单，孟加拉国也因此被印度和西方媒体称为恐怖主义的新天堂。缅甸则有若开罗兴亚民族组织、罗兴亚团结组织、若开罗兴亚伊斯兰阵线等穆斯林极端组织。② 生存着如此多种类、名目繁多的恐怖主义组织，也使南亚成为全球恐怖主义活动的集中地带之一。根据全球恐怖主义数据库的统计，从2001年到2014年，遭受恐怖袭击最为严重的5个国家分别是伊拉克、阿富汗、巴基斯坦、尼日利亚和印度，南亚国家就占了其中的3个。从2012年到2013年，印度的恐怖主义活动上升了70%，总伤亡人数从803人上升至885人，2014年虽有所下降，伤亡人数仍达878人，在较为“缓和”的2015年，伤亡人数也有722人之多。事实表明，印度依然是世界上受恐怖主义危害最严重的国家之一，并对其次地区大国的形象造成了损害。③ 据巴基斯坦和平研究所发布的《2014年巴基斯坦安全报告》显示，2014年，巴基斯坦国内由极端武装组织、民族分裂组织和教派分裂组织发动的恐怖袭击事件达1206起，造成1723人死亡、3143人受伤；2015年1月至

---

① 胡志勇：“南亚恐怖主义的特点及根源析论”，《现代国际关系》2008年第12期，第27—31页；张亚冰：“巴基斯坦极端主义的根源、特点及政府‘去极端化’策略研究”，《南亚研究》2015年第4期，第86—97页；世界观：“恐怖组织的‘王国’：印度”，http：//news. sohu. com/s2011/shijieguan-106/。

② 马勇、赵芳昀：“阿富汗的恐怖主义及其国际治理”，《东南亚南亚研究》2015年第4期，第43—48页；李建军、王红义：“孟加拉国极端势力：现状、特点及应对”，《南亚研究季刊》2011年第4期，第22—27页。

③ 美国“石英”财经网站：“印度成恐怖活动温床：袭击增70%内乱不已伤亡严重”，http：//news. 163. com/14/1202/08/ACEQIO6700014AEE. html；《山东商报》：“2016年恐怖主义危害有多严重?”，http：//readmeok. com/2016—7/17_ 50142. html；杨思灵：“2015年南亚地区政治与安全形势”，《东南亚南亚研究》2016年第1期，第9—17页。

12 月，在巴基斯坦境内发生的与恐怖主义有关的袭击事件共计 322 起，暴力袭击事件共造成 3682 人死亡，其中平民 940 人、安全部队 339 人、恐怖分子 2403 人。[①] 自 2012 年以来，阿富汗的恐怖主义活动更是呈现愈演愈烈之势。2012 年，阿富汗发生恐怖袭击 1502 次，伤亡人数 8377 人；2014 年恐怖袭击上升至 1837 次，伤亡人数近 1.1 万人；而 2015 年上半年，阿富汗就发生 5363 起恐怖袭击事件，阿军警共击毙 14597 名武装分子，另有 1485 名军警和 917 名平民丧生。[②] 进入 21 世纪，孟加拉国的恐怖袭击活动逐渐抬头，人员死伤惨重，成为遭受恐怖活动危害的重灾区。其中，以 2004 年“8·21”人民联盟集会爆炸案和 2005 年“8·17”爆炸案最为世人所瞩目。2004 年 8 月 21 日下午，人民联盟在达卡的集会遭到恐怖炸弹袭击，共造成 18 人死亡，300 多人受伤；2005 年 8 月 17 日上午 11 点至 11 点半之间，500 枚左右的炸弹在孟加拉国 64 个县中的 63 个县同时爆炸，规模之大、计划之缜密、组织之精细令世人震惊。2014 年，孟加拉国的主要恐怖袭击事件仅 2 起，2015 年上升到 6 起，共计 25 人死亡，62 人受伤。[③] 高发的恐怖主义暴力活动不仅给所在国造成巨大的生命与经济损失，加剧了民族与国家认同危机，而且也给南亚国家双边关系的改善制造了诸多“麻烦”。

如今，南亚还正在遭受像“伊斯兰国”（IS）这样脱胎于区域战争和原教旨主义的新恐怖主义组织的侵害。阿富汗的多个恐怖组织已向“伊斯兰国”宣誓效忠；皮尤研究中心 2015 年春的调查显示，对“伊斯兰国”组织最有好感的是巴基斯坦，只有 28% 的人对其评价负面，62% 的人对极端组织没有意见。巴基斯坦的“塔利班”，于 2014 年 10 月宣布效忠“伊斯兰国”组织并与其一起制造恐怖事件；“伊斯兰国”

---

① 张亚冰：“巴基斯坦极端主义的根源、特点及政府‘去极端化’策略研究”，《南亚研究》2015 年第 4 期，第 86—97 页；杨思灵：“2015 年南亚地区政治与安全形势”，《东南亚南亚研究》2016 年第 1 期，第 9—17 页。

② 马勇、赵芳昀：“阿富汗的恐怖主义及其国际治理”，《东南亚南亚研究》2015 年第 4 期，第 43—48 页。

③ 储永正：“孟加拉国伊斯兰极端势力发展历史及其根源”，《南亚研究季刊》2007 年第 3 期，第 59—65 页；杨思灵：“2015 年南亚地区政治与安全形势”，《东南亚南亚研究》2016 年第 1 期，第 9—17 页。

通过吸纳部分印度穆斯林进入该组织，从而向印度社会进行渗透。此外，孟加拉国也出现“伊斯兰国”组织的身影，其中“孟加拉圣战士组织”就宣布效忠“伊斯兰国”。2016 年 7 月 1 日晚，“伊斯兰国”组织成员袭击了达卡使馆区的一家餐厅，造成数十人伤亡。一名自称是 IS 孟加拉国最高负责人的男子在其杂志上宣称，将把该国打造成“在全球开展‘圣战’的重要基地”。这位负责人还暗示将把攻击范围扩大到邻国印度和缅甸。①

二、南亚国家的“外向”之心

南亚各国在国土面积、人口、资源、经济与军事实力方面存在着的巨大差距，极度失衡状态及由民族分离、教派冲突、领土纠纷等各种安全问题导致的不安全与互不信任心理，加之印度在该地区实施的霸权主义与干涉主义政策，以及大国出于地缘战略目的所给予的关注，使得南亚国家虽围绕印度分布，却难以形成“向心”之势，中小国家的“外向”之心与国家关系紧张导致的“四分五裂”状态，使得南亚从来没有成为一个完全统一的地缘政治区域。②

在次大陆，印度居于绝对的支配地位，自印巴分治以来，其推行的强硬的实力外交政策，使南亚其他中小国家一直对印度怀有疑惧心理。因此，这些中小国家为了经济发展及自身安全免于完全依赖或沦为被印度控制的境地，采取了积极寻求“国际机会”或域外安全“保障”的

---

① 马勇、赵芳昀：“阿富汗的恐怖主义及其国际治理”，《东南亚南亚研究》2015 年第 4 期，第 43—48 页；安高乐：“‘伊斯兰国’的建立对印度的影响”，《东南亚南亚研究》2015 年第 1 期，第 101—105 页；肖建明：“孟加拉国反恐的‘鸵鸟’政策”，《南风窗》2016 年第 17 期，第 76—77 页；国际观察：“多数巴基斯坦人对 ISIS 有好感，有点担心‘一带一路’”，http：//bbs. tianya. cn/post-worldlook-1589669-1. shtml；大公资讯：“巴基斯坦塔利班宣布效忠 ISIS”，http：//news. takungpao. com/paper/q/2014/1006/2766960. html；大公资讯：“ISIS 袭孟加拉餐厅杀 20 人质”，http：//news. takungpao. com/paper/q/2016/0703/3340776. html；余鹏飞：“日本对孟加拉急剧加大支援抗衡中国安全对策滞后酿悲剧”，http：//world. huanqiu. com/exclusive/2016—07/9124654. html。

② ［美］索尔·科恩，严春松译：《地缘政治学：国际关系的地理学》（第 2 版），上海：上海社会科学院出版社，2011 年版，第 344、345 页。

策略。

除长期与印度公开对抗的巴基斯坦自独立后就加入了美国的军事同盟体系外，印度洋上的斯里兰卡与马尔代夫其经济具有外向性特征，也与域外国家联系“密切”。南亚最小的国家马尔代夫地处沟通阿拉伯地区与南亚诸国的必经之路及印度洋上国际航运的重要关口位置，跨越多条国际主要航道。虽然 1988 年政变平息后，马尔代夫与印度的政治与经贸关系紧密起来，但是作为一个“脆弱的小国”，马尔代夫更希望以多边选择解决安全问题，而不是通过与印度的双边安全条约解决其安全问题。[①] 事实上，马尔代夫在重视发展与印度关系的同时，也一直在积极发展与中国、美国、日本、斯里兰卡以及阿拉伯国家的友好关系，并希望得到国际组织和其他国家的援助。进入 21 世纪，马尔代夫的外交较为活跃。如马尔代夫与沙特阿拉伯交往甚密，沙特阿拉伯也加强了对马尔代夫的财政支持，捐助了大量资金协助马方进行军事住建项目。[②] 美国也一直密切关注着这个南亚最小的国家。2012 年，美国直接涉入马尔代夫纷争，后与马政府秘密商谈建立军事基地事宜。[③] 斯里兰卡位于印度南侧，处在亚洲通往中东的海路中心，是重要的海上中转地，因此斯里兰卡在成为域外国家的理想投资地的同时，还是域外大国博弈的重点。斯里兰卡也凭借地理位置及自身优势，积极发展与域外国家，尤其是大国的关系。传统上，斯里兰卡主要的投资来源国除印度外，就是日本、美国以及国际金融组织。内战结束后的斯里兰卡政府致力于改善并加强与这些国家及国际组织的关系。尤其是美国与日本，在恢复对斯里兰卡经济援助的同时，也与其加强了海上安全领域的合作。[④] 2015 年 1 月大选后的新一届斯里兰卡政府更是采取了加强与西方国家关系的外

---

① 王鸿余：“印度与马尔代夫关系初析”，《南亚研究季刊》1997 年第 2 期，第 42—44 页。

② 华龙网：“马尔代夫宣布断绝与伊朗外交关系”，http：//finance. ifeng. com/a/20160518/14394337_ 0. shtml。

③ 王娟娟：“美国在印度洋上的新动作——以美国与马尔代夫谈判驻军地位协定为中心的探讨”，《南亚研究季刊》2013 年第 4 期，第 22—28 页。

④ 彭善娟：“论斯里兰卡西里塞纳政府的外交战略”，外交学院硕士学位论文，2016 年，第 12—13 页。

交政策。执政后不久，西里塞纳总统和萨马拉维拉外长就主动出击先后访问美国、英国、日本等西方国家，一方面大力宣传斯里兰卡国内正在进行的人权民主改革，另一方面寻求恢复西方因前政府时期的人权问题而减少的政治经济支持。统计表明，日本与美国仍是斯里兰卡主要的投资和援助国家。[①]

地处喜马拉雅山地区之巅、与中印两大国为邻、地缘政治地位突出、又在印度“安全伞”覆罩之下的两个南亚内陆小国——尼泊尔和不丹，始终在做着外交多元化的努力，而他们也从未脱离过域外大国的视线。进入 21 世纪后，早在 1947 年便与尼泊尔建交的美国开始在这个山地国家逐步伸展战略触角。2002 年伊始，美国政要频频造访尼泊尔并提供了 200 万美元的援助。[②] 虽然对 2008 年正式开始共和国制的尼泊尔政府持观望态度，但美国仍在 2011 年 4 月与新政府签订了《贸易和投资框架协议》；2012 年 9 月 6 日，美国又宣布把尼泊尔联合共产党（毛主义）从其全球恐怖组织名单中去除，这一举措使得尼联共（毛主义）遭美国冻结的所有资产获得解冻，同时美国公民和实体能够在不申请许可证的情况下与该党进行交易；2015 年 4 月，美国还向遭受地震灾害的尼泊尔提供了 100 万美元的援助。专家指出，随着通信与信息技术的飞速发展，尼泊尔特殊的地理优势可以成为重要的科技情报与军事监控点，美国在尼泊尔的军事战略部署有利于其监控整个亚洲和印度洋。[③] 自 1996 年欧盟与尼泊尔签署合作框架协议后，双方即在解决贫困、教育、缓和冲突、贸易等领域开展合作。如今，欧盟已经成为尼泊尔最大的官方发展援助者及其民主和平建设的积极支持者，双方关系进

① 李卓成：“大选后斯里兰卡外交政策的调整及影响”，《南亚研究季刊》2015 年第 3 期，第 17—22 页；谢向伟：“内战结束后斯里兰卡利用外资评析”，《东南亚南亚研究》2015 年第 1 期，第 62—72 页。

② 颜从文：“美国与尼泊尔关系升温之原因探析及展望”，《南亚研究季刊》2003 年第 1 期，第 46—49 页。

③ 易爱军、冉维：“美国不再把尼泊尔联共（毛主义）列为恐怖组织”，http：//news. 163. com/12/0907/01/8AOV9P5J00014JB5. html；中新社：“美国向尼泊尔派出灾难应对小组”，http：//news. xinmin. cn/world/2015/04/26/27492410. html；任琳：“‘一带一路’投资政治风险研究之尼泊尔”，http：//opinion. china. com. cn/opinion_ 54_ 129854. html。

一步加强。①

日本一直是尼泊尔的主要援助国家之一，也以此推动了双边关系的进一步密切。在尼泊尔走向共和的关键阶段，日本也通过取消对尼援助来迫使贾南德拉国王“还政于民”，恢复尼泊尔国内的民主制度和多党议会制政体，给予共和一方以关键支持。日本政府应联合国和尼泊尔政府的要求，根据《联合国维持和平行动法案》，于2007年3月派遣以浅野上校为首的6名自卫队员作为军事观察员参加联合国尼泊尔维和行动，并延长期限到2010年6月。为此，民主的尼泊尔政府选择维持并发展与日本的友好关系。② 尼泊尔共和国政府也高度重视本国领土主权完整与安全，为在某种程度上减少对印度的过分依赖，主动参与国际政治经济活动，通过实施“等距离外交”战略，努力同世界各国尤其是周边大国保持友好交往关系。除前述国家外，尼泊尔与中国、阿联酋、印度尼西亚、泰国、德国等国家都已建立起贸易伙伴关系。③

自20世纪60年代起，不丹就公开表示要维护自己国家的主权和独立并主动摆脱自我孤立状态，加快融入国际社会。除印度、尼泊尔外，不丹与中国、中国香港、韩国、泰国、新加坡、孟加拉国、日本、意大利、德国、英国、瑞典都有贸易关系。虽然没有直接的外交、经贸关系，美国还是给予不丹一些帮助。如不丹加入由美国国际开发总署提供援助支持的南亚能源一体化行动计划，不丹军队的一些军官还参加了亚洲太平洋中心的安全课程学习。一些不丹的学者通过美国政府的项目前往美国参访学习。④

---

① Rajendra K. Jain, *The European Union and South Asia* (KW Publishers Pvt Ltd, 2015), p. 99.

② 宋红豆：“日本与尼泊尔关系的演变”，外交学院硕士学位论文，2010年，第25、26、29页。

③ 任琳：“‘一带一路’投资政治风险研究之尼泊尔”，http://opinion.china.com.cn/opinion_54_129854.html。

④ 刘建：“不丹的对外关系”，《南亚研究》2006年第2期，第51—55页；李宁：“近期不丹经济发展的成就与问题”，《湖南税务高等专科学校学报》2013年第1期，第34—38页；吴华伟：“美国和不丹会有精彩‘故事’吗?”，http://epaper.qlwb.com.cn/qlwb/content/20130725/ArticelA23003FM.htm。

孟加拉国早期的外交政策对印度和苏联有着非常明显的倾斜，后来选择了更独立的政策与亲西方的方向，与穆斯林世界和中国的友好联系也不断加强。① 由于同属伊斯兰国家，孟加拉国与伊朗、土耳其、苏丹等国家的关系更加密切，在政治经济领域加强了合作。而在与发达国家的关系中，孟加拉国较重视与美国的双边关系，美国也将孟加拉国视作能同时牵制中国和印度的理想战略要地，美国“重返亚太”战略的逐步展开以及南亚地区地缘政治战略形势的变化，使得孟加拉国成为美国在南亚的战略重点。“9·11”事件后，孟加拉国人民联盟政府继续坚定地站在美国一边，大选之后的政府换届也没有影响孟加拉国对美国的外交政策。2012年5月美孟建立“伙伴关系对话”机制，2013年7月2日美国务院南亚和中亚事务局公布的一份报告，将孟加拉国称做美在南亚的“关键战略伙伴。美孟两国军事领域的合作也不断加强，除了美国军方高层频繁访孟外，美孟分别于2012年4月在达卡、2013年4月在华盛顿举行了两次关于安全事务的高层对话，美国还向孟海军和海岸警卫队提供了现代战舰。经济上，美则通过“由援助向贸易转变”推动孟经济发展。进入21世纪后，孟加拉国与俄罗斯的政治、经济关系也有了深入发展。两国加强在政府组织和议会层面的双边关系；积极促进两国经济领域的合作，确定了能源、石油和天然气等优先发展的领域。② 此外，日本、欧盟都在加强与孟加拉国的关系，扩大对孟加拉国的援助、投资与贸易，其中欧盟已经成为孟加拉国的重要外部市场。③

处于南亚地缘政治板块与东亚、中亚地缘政治板块交接处的缅甸与阿富汗是不受印度权力影响与控制的两个国家，但因地缘战略地位

---

① Sabiha Hasan，“Foreign Policy of Bangladesh—I”，*Pakistan Horizon*，Vol. 36，No. 3，1983，p. 65.，转引自罗圣荣：“孟加拉国独立以来的对外关系”，《印度洋经济体研究》2015年第5期，第22—41页。

② 罗圣荣：“孟加拉国独立以来的对外关系”，《印度洋经济体研究》2015年第5期，第22—41页；李益波：“浅析美孟关系新变化”，《现代国际关系》2013年第9期，第14—19页。

③ Mohammad Masudur、沈铭辉：“试析欧盟新贸易政策对孟加拉国的影响”，《南亚研究》2015年第1期，第136—153页。

的重要性与资源的丰富性，更是域外大国的博弈之地。位于南亚与东亚地缘政治板块交汇地带的缅甸兼具陆海特征，是一个潜在的“门户国家”，该国沿海地区依托东亚大陆为经济腹地，这里也成为东亚面向印度洋的“门户区”。① 介于中国与印度两大战略力量之间的缅甸，具有典型的“边缘地带”和“缓冲区”特征。四周多国毗邻环绕、大国地缘战略交汇，加上诸多复杂的民族宗教问题导致的国家内部分裂，缅甸也成为世界上最为典型的地缘脆弱区之一。今天，正处于政治民主转型过程中的缅甸更是美、俄、日、印等大国地缘博弈的前沿和焦点。②

为加强对民选政府的影响，西方国家与缅甸改善了关系，特别是支持缅甸的政治改革，向缅甸派驻大使；也解除了对缅甸的一些经济制裁，开始在缅甸投资和开拓市场。美国视缅甸的民主化为自己的重要外交成就，同时美国特别重视缅甸对南亚区域地缘区域大国的制衡作用，并将缅甸列入其地缘战略的重要组成部分。在缅甸 2010 年 11 月大选后，美国与缅甸的关系得到迅速改善，两国关系实现了正常化，国家元首实现互访，美国解除了对缅甸的大部分制裁。美国也看到缅甸市场的发展潜力。2012 年 7 月，美国宣布允许美国公民到缅甸进行投资活动；2012 年 10 月，奥巴马签署法令解除对缅甸的金融限制。美国政府还通过国家民主基金会和国际共和研究所等非政府机构，为缅甸各党派提供选举支持，包括强化政党组织能力、培训当地选举监督员、在制定选举法规方面提供“技术支持”等。③ 2013 年 5 月吴登盛总统访美期间，两国签署了《贸易与投资框架协议》，明确缅甸经济改革与贸易相互促进的重要性。美方宣布援助缅甸农业发展、仰光—曼德勒公路升级改造及

---

① 李源：“试析东印度洋地缘政治现状”，《南亚研究》2013 年第 2 期，第 26—43 页。

② 李飞、成升魁等：“国家地缘脆弱性探索——缅甸案例及对中国地缘战略启示”，《地理科学进展》2016 年第 6 期，第 737—746 页。

③ 李枏：“奥巴马政府对缅甸政策的演变及走向”，《现代国际关系》2015 年第 12 期，第 22—28 页；闫德华：《缅甸政治转型以来的对外关系》，云南大学博士学位论文，2015 年，第 95、115、121、124 页；徐晓蕾、郑凯伦：“美国试图介入缅甸选举 对缅动作考验中缅关系”，http：//news. qq. com/a/20150617/057825. htm。

缅甸军警人员培训，提供技术帮助支持缅甸石油与天然气开发。美国还恢复了与缅甸的军事接触，如推动美缅中高级军官的互访交流，为缅甸军方提供诸如人道主义援助、军事医疗以及国防改革等方面的培训及项目援助，邀请缅甸参加美国在东南亚地区的军事演练，开展双方在反海盗、航行自由等非传统安全方面的合作等等。① 2015 年缅甸大选后，美国会通过政治、军事与经济沟通渠道来施加影响，将牢固的美缅关系视为美国亚洲战略的重要组成部分。②

缅甸政治转型后，除直接的政治对话并将缅甸纳入其“价值观外交”体系外，日本更加注重对缅甸的经贸关系。2012 年，日本免除了缅甸约 37 亿美元的债务，并时隔 20 多年重新启动日元低息贷款援助。2013 年 12 月，日本和缅甸签署了《促进与保护投资协定》，为日本企业对缅甸投资营造了一个更加透明、国际化的投资环境。2014 年，日本向缅甸发放的官方贷款较前一年增加近一倍。日本的经济组织也积极为日本企业进驻缅甸提供各种便利，成立“缅甸日本中心”，中心为中小型企业提供人力资源和技术。2016 年 2 月 16 日，为抢先向民盟政府赠送“看得见”的大礼包，安倍政府派遣首相助理和泉洋人紧急访缅。2016 年 3 月 6 日，安倍政府又迅速确定将向缅甸提供超过 1000 亿日元的官方开发援助。与此同时，日本还开展与缅甸军方的联系，针对缅甸的需求，帮助缅甸进行丛林作战训练。由于日本对缅甸的政治态度一直比较“平和”，从政府到企业在缅甸进行经济活动时都比较注重对缅甸民众的“攻心”战术。因此，日本通过向缅甸提供官方发展援助，帮助缅甸完善基础设施建设，在带动缅甸经济发展的同时，日本也塑造了

---

① 杜兰：“缅甸改革与美国对缅政策的转变”，http：//www. wyzxwk. com/Article/guoji/2015/03/340130. html。

② ［美］普里希拉·A. 克拉普：“美国缅甸政策的调整方向”，《南洋问题研究》2016 年第 3 期，第 82—94 页。

良好的国际形象，缅甸人对日本的好感远超过其他国家。[①]

进入21世纪，俄罗斯也加入缅甸的多边外交之中。2006年4月，俄缅两国签署了《石油战略合作备忘录》，两国开始在能源领域的合作。到2010年12月，两国签署并开展了多项能源合作计划与项目。俄缅在能源方面达成的相关交易对俄罗斯宏大的能源地缘战略具有重要性；缅甸发展与俄罗斯的关系则可以增强自己在今后与他国油气交易中的讨价还价能力。[②] 2015年6月18日，俄缅两国政府签署了一份有关在核能和平利用领域开展合作的谅解备忘录，这份文件由俄原集团总经理基里延科和缅甸科技部长顾顾吴共同签署。这是俄缅两国在核能领域签署的首份合作文件，为两国开展核能合作奠定了法律基础。[③]

由于地处南亚进入中亚的必经之地，自古以来多灾多难的阿富汗便是大国地缘利益的纷争要地。20世纪晚期到21世纪初，在经历阿富汗战争、伊斯兰恐怖主义的泛滥以及美国的反恐战争后，阿富汗成为当今世界上典型的地缘政治“泥淖”地区。“9·11”后，美国等西方国家一手扶植建立的阿富汗政府得到了国际社会的一致承认与支持，中国、俄罗斯、欧盟、北约、上海合作组织及联合国相关机构也都表示支持并参与到阿富汗重建进程之中。[④] 2012年5月，美国与阿富汗政府签署了《美阿战略伙伴协议》，美国将阿富汗定位为“非北约主要盟友”，并承

① 戴永红、曾凯：“2010年以来日本对缅甸官方发展援助政策的新特点及其制约性因素”，《日本研究》2016年第3期，第42—48页；梁艳裳：“日本角逐缅甸强力抗衡中国”，《新产经》2016年第8期，第11页；闫德华：《缅甸政治转型以来的对外关系》，云南大学博士学位论文，2015年，第152页；毕世鸿、田庆立：“日本对缅甸的‘价值观外交’及其与民盟政府关系初探”，《东南亚研究》2016年第4期，第50—58页；西陆网：“缅甸受尽中国恩惠却倒向日本!”，http://mt.sohu.com/20160518/n450220655.shtml；海外投资：“日企在缅数量增长六倍 向来亲华的缅甸如今为何‘变心’了?”，http://www.topnews9.com/article_20160719_47091.html。

② 刘务、贺圣达：“油气资源：缅甸多边外交的新手段”，《南亚研究》2012年第3期，第15—30页。

③ 俄罗斯国家原子能集团公司网站，伍浩松译：“俄罗斯与沙特、缅甸和印尼签署核合作协议”，《国外核新闻》2015年第7期，第4—5页。

④ 李敏：“阿富汗局势现状与前景评析”，《现代国际关系》2015年第2期，第53—60页。

诺在 2024 年前在社会经济、国防安全、制度建设等方面为阿富汗提供长期协助，帮助维护阿富汗主权独立、领土完整和国家统一。2014 年 9 月 30 日，阿富汗政府代表与美国政府代表签署了《双边安全协议》，既是为美军在 2014 年后继续驻留阿富汗提供法律依据，也是给阿富汗民众增强信心。据统计，美国在 2002—2012 年对阿富汗的援助总额达 830 亿美元，如果算上美军在阿富汗的军事费用支出，美国的花费约为 5570 亿美元。2009 年以来，阿富汗与俄罗斯的军事安全合作不断推进，尤其是美军大规模撤出阿富汗以来，俄罗斯对阿富汗的投入有所加大，特别是对其恐怖主义形势的关切显著增强。俄阿双方的经贸合作不断深化。2010 年，俄罗斯取消了阿富汗 8.9 亿美元的债务。2013 年 9 月，俄罗斯政府和商业代表团访问阿富汗，俄阿双方签订了包括涉及民航、建筑、交通、能源、农业、矿产和高等教育领域开展合作的备忘录。目前，俄罗斯已成为阿富汗的第五大进口来源国。伊朗与阿富汗在历史、文化、宗教、民族等方面保持着密切联系，并于 2013 年 8 月与阿富汗签订战略合作协议，两国将在军队训练、打击武装叛乱、打击有组织犯罪、军事行动协助等方面进行合作。伊朗还积极参与解决阿富汗问题的多边地区合作，例如大力推动与阿富汗和塔吉克斯坦的三边合作，以及加强伊朗、巴基斯坦与阿富汗三边对话机制在阿富汗事务中的作用。① 但是，各国在阿富汗的政策都有自己的政治考量并具有明显的对抗性，纷纷以获取相对于竞争对手的政治优势为目标，从而妨碍了以阿富汗为中心的地区一体化进程，削弱了阿富汗的发展潜能，还使其困于地区权力的竞争与冲突中。②

进入 21 世纪以来，南亚多重性矛盾全面爆发，内部形势动荡不安，使得中小国家纷纷利用自己的地缘优势做出“外向”努力，域外国家

---

① 马勇、赵芳昀：“阿富汗的恐怖主义及其国际治理”，《东南亚南亚研究》2015 年第 4 期，第 43—48 页；李敏：“阿富汗局势现状与前景评析”，《现代国际关系》2015 年第 2 期，第 53—60 页；富育红：“阿富汗重建中的大国关系结构”，《南亚研究》2015 年第 1 期，第 13—29 页。

② 富育红：“阿富汗重建中的大国关系结构”，《南亚研究》2015 年第 1 期，第 13—29 页。

也在此利用它们进行角逐与较量。由此所造成的南亚持续性的分裂表明，在21世纪初，印度对其周边国家的政治影响力还很有限，其作为该区域地缘政治整合、统一的核心或中心领导角色的理想定位与实际形象还有相当差距，这是拖累印度追求世界性大国地位进程中的外在难题。

第三节　“脆弱”的印度洋

南亚地缘战略地位的重要性不仅在于其地处西亚、中亚、东南亚和东部非洲的交接点，更重要的是它控扼世界第三大洋——印度洋的海上重要贸易通道。印度洋位于亚洲、非洲、南极洲和大洋洲之间，西南以通过非洲厄加勒斯角的东经20°线与大西洋交界，东南以通过塔斯马尼亚岛的东经146°51′线为界与太平洋相接。在这个地区，总共有47个国家，其中36个国家直接通向印度洋。尽管印度洋的面积辽阔，水流和风向都带有海洋性质，但它三面为陆地包围的特征使其更像是具有内海特征的海洋。

印度洋的海上航线，尤其是被地缘政治学家视为地缘战略支点的4个进出门户通道（位于澳大利亚南部和南非好望角以南两个开阔的进口，位于非洲大陆和阿拉伯半岛之间的曼德—红海—苏伊士通道，以及位于马来半岛、印度尼西亚与澳大利亚之间的岛屿空隙——包括马六甲海峡、巽他海峡）更是关键控制环节，控制任何一条咽喉要道，都能够对世界局势产生影响，因为关闭或者拒绝同意使用其中任何一条咽喉要道，都会对许多国家的经济带来消极作用。历史上，英国正是因为在这4个地区均享有战略优势地位，一度将印度洋变成“不列颠内湖”。因此，自近代以来印度洋就是域内外大国全球地缘战略的最重要组成部分。20世纪晚期至21世纪初，东亚经济景气及环印度洋地带经济的发展似乎使印度洋真正迎来属于它的时代，或者说成为马汉所称的“21世纪的大洋”。

一、丰富的资源与繁忙的航线

海洋新近被发现和利用的价值是其本身所拥有的丰富资源——油、气、矿产和其多样的海底生物资源。[①] 印度洋周边是世界资源最丰富的地区之一，拥有全世界 70% 的锡、45% 的铬、30% 的锰矿石、20% 的铜、70% 的黄金、85% 以上的天然橡胶，还有丰富的铁、银、锑、钒、钻石和磷酸盐、滑石、石棉等；蕴藏着世界半数以上的石油和 35% 的天然气，主要分布在波斯湾地区。另外，澳大利亚附近的大陆架、孟加拉湾、红海、阿拉伯海、非洲东部海域以及马达加斯加岛附近，都发现有石油和天然气。波斯湾海底石油探明储量为 120 亿吨，天然气储量 7100 亿立方米，整个印度洋海域的海洋石油产量约占世界海上石油总产量的 1/3。[②] 除了如此丰富的矿产资源外，印度洋还有大量的海洋生物资源，主要有各种鱼类、软体动物和海兽。印度洋栖息的鱼类有 2000 种以上。在热带的大陆架水域是重要的渔业区，其中栖息的鱼种生活史较短、繁殖量大，资源的变化量、渔业产量变化幅度都很大。因此，印度洋的渔业也十分发达，其渔业资源占世界的 14%，年捕捞量占世界的 34%，特别是作为世界远洋渔业支柱的金枪鱼资源十分丰富，年产量达 140 万吨。[③] 此外，在波斯湾的巴林群岛、阿拉伯海、斯里兰卡和澳大利亚沿海还盛产珍珠。

毫无疑问，就当今国际政治而言，印度洋在全球地缘战略中的重要位置，很大程度上还因为其在能源安全方面的重要地位。中东和波斯湾

---

① 陈力："奥巴马政府‘亚太再平衡’视域下的印度洋战略——基于‘全球公域’理论的分析"，天津师范大学硕士学位论文，2015 年，第 14 页。

② 胡娟："印度的印度洋战略及其对中国的影响"，《东南亚南亚研究》2012 年第 2 期，第 6—10 页；杜英："‘印度洋和平区’迟迟未能形成的原因分析"，《安徽师范大学学报（人文社会科学版）》2010 年第 4 期，第 448—451 面；宋德星、白俊："‘21 世纪之洋’——地缘战略视角下的印度洋"，《南亚研究》2009 年第 3 期，第 31—45 页。

③ 庞景贵："印度洋鱼类资源现状"，《海洋信息》1994 年第 4 期，第 26 页；柴明喜："印度洋上的角逐将成为印美关系发展的桎梏"，《重庆科技学院学报（社会科学版）》2009 年第 11 期，第 39—40 页。

地区拥有世界已探明石油储量的65%和已探明天然气储量的34%，其中波斯湾地区的能源储量大约占印度洋总储量的90%。在过去的100多年里，能源一直是变化中的大国地缘政治游戏中的关键因素，并在当今世界的地缘政治中依然居于主导地位。“保卫直接或间接受与能源利用相关因素影响的国家利益，而这些可利用的能源影响着国家的发展进程，并将确保总体经济在长时期内的持续增长。”根据国际能源组织的估计，世界能源需求从2001—2025年将增长58%。另一项调查也显示，2006—2030年能源需求量将增加45%。其间，亚洲国家对于能源的需求将大大提升，其中几乎占增长总量一半的需求来自以中国和印度为首的亚洲发展中国家，① 而这些亚洲国家所进口石油的大部分都来自波斯湾。

丰富的自然资源极大地提升了印度洋的地缘政治价值。“地缘政治学说最关心的不是地理而是资源，是因资源而关注地理……地缘的本质是资源政治”，印度洋（地区）是世界交通资源和矿物质稀缺资源最集中的地带，因而也是世界地缘政治的心脏地带，② 这也正应了马汉所说：“谁掌握了印度洋，谁就控制了亚洲。”③

历史表明，海上航线比陆地通道更为重要，因为海洋航线承载了更多的货物，因而具有更高的经济价值。当代世界，90%的国际贸易和2/3的石油是通过海洋运输的，④ 而印度洋是联系亚洲、非洲和大洋洲之间的交通要道。从印度洋往西北通过曼德海峡、红海、苏伊士运河、地中海和直布罗陀海峡到达西欧；向西南经好望角进入大西洋，通向欧

① 宋德星、白俊：“‘21世纪之洋’——地缘战略视角下的印度洋”，《南亚研究》2009年第3期，第31—45页。

② 张文木：“印度洋是世界海权体系的中心——南亚次大陆及其周边区域的重大战略意义”，《人民论坛》2014年第19期，第1—7页。

③ ［美］T. B. 米勒：“地理政治学和军事战略潜力”，见［美］A. J. 科特雷尔、R. M. 伯勒尔编，集体译：《印度洋：在政治、经济、军事上的重要性》，上海：上海人民出版社，1976年版，第108页。

④ Felipe Fernandez-Armesto, *Pathfinders: A Global History of Exploration*, New York: Norton, 2006, p. 31.，转引自王晓文：“21世纪美国的印度洋战略与美国霸权”，《世界经济与政治论坛》2014年第4期，第20—32页。

美沿海各地；向东北经马六甲海峡和龙目海峡进入太平洋。其中，苏伊士运河经马六甲海峡的航线，是印度洋东西间一条最重要的航道，运输量巨大，它将西欧、地中海沿岸各国的经济与远东及北美洲西海岸各国的经济紧密地联系起来。印度洋沿岸是世界资源的一个重要出口地，沿岸各国出口的石油、矿砂、橡胶、棉花、粮食和进口的水泥、机械产品和化工产品等大宗货物都需要依靠廉价的海洋运输，再加上大量的过境运输，使印度洋承载着巨大的运输量，拥有世界 1/6 的货物吞吐量和近 1/10的货物周转量，世界贸易 20% 以上的货物和 56. 5% 以上的海上石油运输都要经过印度洋上的航道。印度洋上运输石油的航线有两条：一条是出波斯湾向西，绕过南非的好望角或者通过红海、苏伊士运河，到达欧洲和美国。这是世界上最重要的石油运输线。另一条是出波斯湾向东，穿过马六甲海峡或龙目海峡到达日本和东亚其他国家。霍尔木兹海峡在印度洋航线上也占有重要地位，波斯湾地区出口石油总量的 90% 自此运出，因而霍尔木兹海峡也被称为“石油海峡”。①

“历史证实了的根本事实，就是对这些海域的控制，特别是对民族利益或民族贸易沿其发展的那些绵延的海岸线的控制，是民族势力和民族繁荣的主要物质因素。”② 当今世界，经济全球化的深入发展、全球相互依赖度的空前提高，使得印度洋海运航线和咽喉要道的作用异常突出。而且无论是从历史的角度，还是从能源运输的角度，印度洋都是世界各国利益汇聚的主要海洋区域。“印度洋是七个大洋的关键。21 世纪世界的命运将由这片水域决定。”③

---

① 马加力、徐俊：“印度的海洋观及其海洋战略”，《亚非纵横》2009 年第 2 期，第 47—52 页；百度百科：“印度洋”，http：//baike. baidu. com/link？ url = 6FqKjUd3a6t4AOb-a2XvlKfg-JRoxT21Q0UJY07E7RpTm4lJRv1p8SnMnWveST1EIChgPUY2 _ vef-BvRGq6MFp8ED7r QLcOEzJ9H1xuk1vSJWkgw2vL8zX1GJuc1Kg7d。

② ［美］阿尔弗雷德·塞尔·马汉，范祥涛译：《亚洲问题及其对国际政治的影响》，上海：上海三联书店，2007 年版，第 22 页。

③ 张艽菲：“中国在印度洋的航道安全利益及维护措施”，《江南社会学院学报》2014 年第 2 期，第 22—26 页；［美］ T. B. 米勒：“地理政治学和军事战略潜力”，见［美］ A. J. 科特雷尔、R. M. 伯勒尔编，集体译：《印度洋：在政治、经济、军事上的重要性》，上海：上海人民出版社，1976 年版，第 108 页。

二、印度洋的地缘脆弱性

印度洋也是西方与东方，犹太教、伊斯兰、印度教及儒家多个文化的分界线。印度洋地区充满沿岸国家与域外大国地缘政治与战略利益与矛盾的重叠。它不但是世界上最大的穆斯林人口聚集区，贫困与薄弱的治理能力还导致了大量的移民问题与土地承载力严重不足，种族冲突及移民与原住民间冲突的滋生与蔓延等等。[①] 从地缘政治视角来看，印度洋周围30多个国家中的绝大部分为伊斯兰国家，伊斯兰极端主义组织势力活跃，周边陆缘地带存在根深蒂固的矛盾与冲突，区域内尚无世界性大国主导，毗邻世界能源富集地区及地缘利益集中度高，东亚经济景气带来的世界主要经济区对其航线的依赖，域外大国的渗透与明争暗斗，这些因素使得印度洋正在迅速呈现为地缘战略、经济、自然资源和环境等各方面问题的一个主要的全球性交叉点，[②] 印度洋成为典型的地缘脆弱区域。

印度洋周边地区多是一些较小的国家，此区域内迄今尚未出现一个海上或陆上“霸主”能把它统一为一个地缘政治实体。[③] “与大西洋和太平洋不同，印度洋的重要战略问题是印度洋以外的国家有关的问题……这些情况促成了印度洋的出入口和沿岸国家可供外来国家使用的设施的重要性。”[④] 因此，自近代以来，印度洋事务都是由域外强国主导或受其影响。21 世纪初，虽然域内的印度、伊朗势力增长强劲，但

---

① Narender Kumar, *Challenges in the Indian Ocean Region Response Options*, (KW publishers Pvt Ltd, New Delhi, 2011), pp. 15 – 16.

② 石志宏、冯梁：“印度洋海上安全研究综述”，《印度洋经济体研究》2016 年第 2 期，第 92—160 页。

③ 刘新华：“论中印关系中的印度洋问题”，《太平洋学报》2010 年第 1 期，第 45—58 页；胡娟：“印度的印度洋战略及其对中国的影响”，《东南亚南亚研究》2012 年第 2 期，第 6—10 页。

④ ［美］T. B. 米勒：“地理政治学和军事战略潜力”，见［美］A. J. 科特雷尔、R. M. 伯勒尔编，集体译：《印度洋：在政治、经济、军事上的重要性》，上海：上海人民出版社，1976 年版，第 91—92 页。

尚不能改变这一态势。冷战期间，这里是苏联与美国的主要较量场。这是地球上唯一一个相对封闭易于整体控制的大洋，因而它不但关联着非洲、南亚、中亚、中东地缘政治区域，也是封堵欧亚大陆强国西进南下的关键节点。1999年8月，美国能源部列出了“世界石油六大运输咽喉”，其中有4个在印度洋地区，[①] 美国的迪戈加西亚海军基地控扼的马六甲海峡更是东亚国家的能源“瓶颈”。所以苏联解体后，作为世界上唯一的超级大国，美国依靠其在印度洋上的迪戈加西亚海军基地及周边其他军事基地，迅速填补该地区出现的权力真空。尽管美国迄今未能推行一个连贯的战略来保护其在印度洋的利益或者管理该地区复杂的外交关系，[②] 但美国已然将主导印度洋事务列为其全球战略的重要内容。

美国把印度洋看作世界海权的“心脏”并把控制印度洋作为自己绝对的海权所在。[③] 美国前国防部副部长道格拉斯·费思曾指出：“印度洋对美国有重要战略价值，故其在这一地区的海外军事基地数量仅次于欧洲和亚太，美军将全面控制印度洋上具有战略意义的航道、海峡和海域。”从理念上看，美国强调“在阿拉伯湾/印度洋地区继续部署可信的战斗力，保护美国的关键利益，向美国朋友和盟友展示对地区安全的承诺并威慑与制服潜在的敌人和竞争对手”。近年来，美国已对其防务态势做出重大的调整，以让更多的海上力量更为靠近印太海上交通线，通过迪戈加西亚基地和第五舰队驻巴林基地，以及与沙特阿拉伯、巴林等国的军事合作，构建前沿军事基地网络，控制“咽喉要道”。而且美国打算在维持其东北亚存在的同时，进一步加强其在东南亚和印度洋的介入态势。美国还将加强与其海洋伙伴的关系，支持和强化各种海

---

① 楼春豪：“印度洋新变局与中美印博弈”，《现代国际关系》2011年第5期，第27—33页。

② 石志宏、冯梁：“印度洋海上安全研究综述”，《印度洋经济体研究》2016年第2期，第92—160页。

③ 孙晋忠：“美国对印度的政策与美印关系”，《国际问题研究》2003年第3期，第27—31页。

洋论坛和地区性组织。[①] 虽然有研究者认为，美国尚没有连贯、清楚的印度洋地缘政治观，并且在该地区投放的政治与军事资源使其难以对整个印度洋的安全做出可靠的承诺，[②] 但事实上美国已真正拥有印度洋的制海权。

对于极度依赖中东与波斯湾能源的日本来说，印度洋自然攸关其利益。而且，该区域至今无确定权力秩序的状态，给日本这个近代就欲主霸于此的海洋大国以极大想象空间，加之日本拥有可以“搭车美国”并可“顺畅”通过东南亚的交通枢纽进入印度洋的优势。[③] “由于日本的石油需要经过印度洋，日本国民意识到印度洋上的霍尔木兹海峡及马六甲海峡是其海上交通线的关键点，关系到日本经济的死活”；[④] 再就是，日本也将印度洋视为制衡中国的另一重要战略区域。因此，21 世纪初，日本非常关注印度洋的安全并积极拓展印度洋战略空间，在扩大经济影响力的同时，日本还不断提升、加深与环印度洋国家如印度、澳大利亚的军事与安全合作。

近代以来，争夺南方暖洋一直是俄罗斯扩张海权战略的使命所在。今天实力处于衰减中的俄罗斯，虽然其海上力量退步至仅具有一定威慑力的近海防御水平，并且对大国从此方向对南亚和中亚的渗透持有战略忧虑，但是俄罗斯依然不愿放弃其在印度洋的影响力。2002 年，俄罗斯、伊朗和阿塞拜疆三国签署了合作计划，旨在打通进入印度洋海上通道并加速印度、伊朗、中亚、俄罗斯及欧洲地区水路、铁路和陆路货运的“南北交通走廊”。2003 年 5 月，俄罗斯派出北方、太平洋、波罗的海、黑海四大舰队的一半舰只到印度洋，与印度举行长达 15 天的联合军事演习，演练的科目涵盖当今海战的所有内容，演习区域遍及阿拉伯

---

① 楼春豪：“印度洋新变局与中美印博弈”，《现代国际关系》2011 年第 5 期，第 27—33 页；石志宏、冯梁：“印度洋海上安全研究综述”，《印度洋经济体研究》2016 年第 2 期，第 92—160 页。

② Dennis Rumley and Timothy Doyle, *Indian Ocean Regionalism*, (Routledge, Taylor & Francis Group, 2015), p. 13.

③ 鞠海龙：《中国海权战略》，北京：时事出版社，2010 年版，第 135 页。

④ 朱清秀：“日本的‘印太’战略能否成功?”，《东北亚论坛》2016 年第 3 期，第 103—114 页。

海和孟加拉湾。这是自苏联解体后，俄罗斯武装力量在海外举行的最大规模军事演习和军事部署行动。① 此后，这样的演习隔年在印度洋举行一次，俄罗斯也借此向国际社会表明，自己仍然拥有一支世人不可轻视的海上力量及恢复海上大国地位的雄心。2016 年，据多家俄罗斯媒体报道，俄罗斯与伊朗正讨论共同在伊朗建设里海—波斯湾大运河。这条运河将是俄罗斯从里海进入印度洋的最短航线并将改变波斯湾、苏伊士运河航道的地位，对黑海、里海沿岸地区，乃至世界地缘政治产生重大影响。②

此外，除了在印度洋具有传统影响并有领地的英国与法国，一些实力正在上升的国家（如以色列）对印度洋的影响也不可小觑。还有像欧盟、北约、东盟等国际组织也将印度洋列入其安全战略议程。虽然历史上，欧洲对南亚的政治、经济、文化等领域都有着极深的关系或影响，但欧盟一直没有将对南亚的政策放在前列议程，直到“9·11”事件后，欧盟与南亚的关系才有了显著发展。欧盟不仅与印度建立起战略伙伴关系，与巴基斯坦加强了政治与经济交往，而且与其他南亚国家都有经济或其他领域的合作。2007 年，欧盟成为南亚区域合作联盟的观察员国。欧盟还积极推动印巴间的对话，促进尼泊尔、斯里兰卡、阿富汗、缅甸等国的人权、民主化与和平建设进程，支持南亚国家的反恐怖主义行动，对一些国家提供经济教育援助等。③ 非法移民、能源安全、环境安全、毒品走私、海盗等，这些与海洋息息相关的问题越来越对欧盟经济和民众福祉的可持续发展构成了挑战。特别是为了有效打击索马里海盗，保障印度洋海上运输线，欧盟还于 2008 年 12 月发起了“阿塔兰特”行动。该行动的基本目标为：在联合国授权以及国际法许可的范围内采取积极进取的海上安全措施，通过军事与民事多种途径的综合运

---

① 北方网：“俄印海军演习规模史无前例两国海军大练欲何为”，http：//news. enorth. com. cn/system/2003/05/21/000565176. shtml。

② 易水阁财经：“俄罗斯欲修运河直通印度洋，普京大手笔震惊西方”，http：//mt. sohu. com/20160414/n444212036. shtml。

③ Rajendra K. Jain，*The European Union and South Asia*，（KW Publishers Pvt Ltd，New Delhi，2015），pp. xv，44 –49.

用，确保印度洋相关海区和航线的安全，并最大限度地降低海上不安全因素对沿岸国家经济活动和社会秩序的影响。① 未来，在成为南亚国家主要发展与合作伙伴并将其纳入欧盟“全球战略”后，欧盟会在继续深化与他们在经济与文化教育等领域的合作同时，更注重将推进其民主、人权等政治价值观念作为推动其与南亚国家关系发展的主要因素。②

再就是印度洋边缘的两个正在上升的强国澳大利亚与南非也更加积极参与进来，扩展自己的战略影响。如，位于亚太与印度洋交汇处的澳大利亚具有布控西太平洋至东印度洋的广大海域的优势。澳大利亚与东南亚、东亚、南亚一同构成广泛、稠密的海陆结合带，它们在地缘政治、国际贸易方面的互动十分密切，使澳洲无论在亚太或印度洋都不会被“边缘化”。而且澳大利亚与中南半岛、印度半岛相互侧对并以马来半岛和印尼群岛为主干，使它构成西太平洋东印度洋庞大的陆地侧翼，其在上述两大海域的战略地位非常突出。③ 澳大利亚的两洋优势使它成为美国重要的全球性战略伙伴，分担美国在印度洋地区的安全承诺与义务，西澳洲会成为即将到来的“印度—太平洋时代”战略核心。④ 澳大利亚是一个“海岛”国家，以海外贸易为主导方向，海上通道安全对其至关重要。在澳大利亚近千万平方千米的海上专属经济区中，有1/3在印度洋，其煤炭、铁矿石、液化天然气等资源的外运相当大部分都需经印度洋，印度、沙特、伊朗等国家都是澳大利亚的重要贸易对象，因此印度洋航线安全事关澳大利亚的能源安全与经济安全，直接影响澳大

---

① 陈菲：“欧盟海洋安全治理论析”，《欧洲研究》2016年第4期，第79—99页；宋德星、孔刚：“欧盟的印度洋安全战略与实践——以‘阿塔兰特’行动为例”，《南亚研究》2013年第3期，第1—15页。

② Rajendra K. Jain, *The European Union and South Asia*, (KW Publishers Pvt Ltd, New Delhi, 2015), p. 52.

③ 李源：“试析东印度洋地缘政治现状”，《南亚研究》2013年第2期，第26—43页。

④ Rory Medcalf, “The West is Poised for Strategic Role as Hub of the Indo-Pacific Age”, *The Australian*, 12 November 2012 p. 14, https://www.lowyinstitute.org/publications/west-poised-strategic-role-hub-indo-pacific-age.

利亚的经济繁荣与国家利益。[①] 澳大利亚意识到印度洋对其的战略重要性，并且随着自身经济实力的进一步增长，其正在增加在印度洋沿岸地区如西澳大利亚州和北部地区的军事存在。目前，澳大利亚已将皇家海军1/3的力量部署在印度洋地区。[②] 早在2009年的《国防白皮书》中，澳大利亚就对外宣称，到2030年，印度洋将与太平洋一道成为澳大利亚海洋战略与国防计划的重点。[③] 显然，正在成长为经济、军事强国的澳大利亚不会长久满足于"合作者"的身份，虽然在战略与防务方面摆脱不了对美国的依赖，但澳必将要在印度洋争取更多的利益，扮演更重要的角色。

既有的事实表明，在21世纪，现今的大国、强国与正在走上强国之路的国家，以及一些拥有实力的国际组织都决心要在印度洋圈占自己的势力范围或确定其地位。与近现代一样，对印度洋的掌控将是大国或强大的国际势力确定其全球竞争力的地缘政治标尺。由于大国或主要国际力量之间的地缘政治对抗或可能引发的冲突，印度洋地区的安全形势将更加紧张或动荡。

作为多种文化、宗教交汇的地缘区域，环印度洋周边陆地上存在着巨大的文化差异性，不同宗教组织或同一宗教组织内部的清教派之间也相互排斥、纷争与对立；由此导致的国家政治制度效能缺失或治理能力低效，有的国家甚至陷于失败境地，造成民族及国家经济社会发展严重滞后；加之人口快速增长、生态环境恶化、经济来源减少，这些使得贫困与难民问题不断恶化，民族与宗教的极端主义、恐怖或分裂主义活动猖獗并不断蔓延——全球恐怖主义四大滋生地：巴基斯坦和阿富汗、阿拉伯半岛、索马里半岛、马格里布地区，都在该地区。[④] 此外，大规模

---

① 赵青海："澳印关系：尚未成熟的战略伙伴"，《国际问题研究》2012年第3期，第50—61页。

② 许善品："澳大利亚与印度在印度洋上的合作与冲突"，《南亚研究季刊》2013年第3期，第13—19页。

③ Dennis Rumley and Timothy Doyle, *Indian Ocean Regionalism*, (Routledge, Taylor & Francis Group, 2015), p. 4.

④ 朱翠萍："印度洋安全局势与中印面临的'合作困境'"，《南亚研究》2014年第3期，第1—13页。

杀伤性武器的扩散，国家间对资源争夺的加剧，使这一地区成为世界上最不稳定的地区。有数据表明，发生在印度洋范围内的冲突就占了全球冲突总量中的42%，占全球自然灾害总量的75%；① 在2016年全球10个最不安全国家中，该地区国家就占了6个——叙利亚、伊拉克、阿富汗、索马里、也门、苏丹。② 而且上述在陆地上发生、蔓延的问题不断向海上转移，印度洋区域已经是诸如海上走私、贩毒、军火交易及海盗等犯罪活动，以及对海洋资源争夺和海洋生态环境恶化等非传统安全问题的汇聚之区域。其中，特别突出的就是海上恐怖主义与海盗活动的猖獗，这已引发国际社会的关注。

根据国际海事局的报告，从2003年至2008年，全世界发生的海盗袭击和武装劫持事件，有66.34%发生在印度洋地区。2009年这一数字是73%，2010年为64%，2011年为65.6%。③ 国际社会为此采取积极应对措施，来自英国皇家海军、美国海军、欧盟、北约、俄罗斯、中国以及印度的36艘军舰正在非洲之角周围250多万平方公里的海域巡逻，并配备武装直升机攻击海盗位于岸边的后勤基地等，有效压制了印度洋海域的海盗活动。2012年，海盗武装劫持事件急剧下降，到2013年，在海盗活动最为猖獗的索马里海域，海盗袭击事件降至2006年以来的最低点，总共发生15起袭击事件，2014年下降至10起。据国际海事局2015年度报告，2015年索马里海域未发生海盗袭击事件，而截至2016年10月，索马里、亚丁湾、红海以及其他东非海域的海盗事件几乎“消失”，只在孟加拉国海域与印度海域发生了14起。但反海盗专家仍然警示，红海南部区域、亚丁湾、索马里北部海岸、阿拉伯海、阿曼湾、索马里东部及南部海岸依然面临海盗威胁。2016年12月，联合国安理会通过2316（2016）号决议，再次为打击索马里海盗的国际海军

---

① Dennis Rumley and Timothy Doyle, *Indian Ocean Regionalism*, (Routledge, Taylor & Francis Group, 2015), p. 77.; Jivanta Schöttli, Power, *Politics and Maritime Governance in the Indian Ocean*, (Routledge, Taylor & Francis Group, 2015), p. 17.

② “2016年全球最新‘世界和平指数’排名”, http://tieba.baidu.com/p/4609853922。

③ 时宏远：“美国的印度洋政策及对中国的影响”,《国际问题研究》2012年第4期，第66—79页。

行动授权一年，强调称尽管海盗威胁已经减轻，但仍不可对此掉以轻心。①

此外，由于海上交通繁忙，过往的船舶排放了大量油污等污染物，以及非法倾倒有毒废弃物，印度洋的生态环境日益恶化。印度洋东部的海盗大多数来自沿岸的贫困渔村，即是因渔场的生态环境遭到破坏，导致鱼类产量大幅减少，再加上外国拖网渔船掠夺性地捕鱼，当地渔民的收入锐减，许多渔民为解决经济问题，铤而走险干起海盗行当。②

上述问题的治理非某一国的能力所及，需要区域内大多数乃至所有国家达成一致，联合起来，共同努力，才能有效应对。但是，如前所述，该区域大多数国家内部尚且麻烦缠身，没有国家能承担主导作用，并且区域内诸多问题、矛盾使域内不同文化与宗教信仰的民族、国家间多存在着矛盾问题，甚至有的民族、国家间还长期陷于失和或敌对境地。据统计，该区域39%的国家处于政治不稳定及社会经济处于危险状态；37%的国家受海盗或武装冲突影响；53%的国家涉及海上纠纷；31%的国家受暴乱影响。③ 这些因素导致区域内国家间缺乏共性，易被外部力量所左右；特别是因缺少共同的安全观，难以形成集体应对地区

① 国际在线："全球近5年来首次连续40天未发生海盗袭击事件"，http：//news. sina. com. cn/o/p/2012—08—09/175524939163. shtml；人民网："2013年全球发生264起海盗事件超过300人被劫持"，http：//world. people. com. cn/n/2014/0116/c1002-24134981. html；《中国海洋报》："索马里海盗活动保持低水平"，http：//news. ifeng. com/a/20140902/41827580_ 0. shtml；新华社："2015年索马里海域未发生海盗袭击"，http：//news. xinhuanet. com/world/2016—02/03/c_ 1117983783. htm；《中国交通报》："2016年前三季度亚洲地区海盗和武装劫船情况概要"，http：//zizhan. mot. gov. cn/sj/zhongguohshsjzhx/fanhaidao/201612/t20161218_ 2140449. html；信德海事："反海盗专家：海盗袭击事件随时可能再发生!!"，http：//www. cnss. com. cn/html/2016/cydt_ 1025/242001. html；常州海事局："联合国将有关打击索马里海盗的海军行动的授权展期一年"，http：//www. cz-msa. gov. cn/art/2016/12/30/art_ 4233_ 1256387. html。

② 许可："印度洋的海盗威胁与中国的印度洋战略"，《南亚研究》2011年第1期，第2—14页。

③ Jivanta Schöttli，*Power*，*Politics and Maritime Governance in the Indian Ocean*（Routledge，Taylor & Francis Group，2015），p. 19.

安全威胁的有效合力，建构起一个有效的集体安全机制。① 如20世纪中后期，在世界一体化、集团化潮流的势头下，环印度洋周边国家也建立起一些区域合作组织，如南亚区域合作联盟（1985 年 12 月）、印度洋委员会（1984 年 1 月）、环印度洋区域合作联盟（1995 年 3 月）、海湾阿拉伯国家合作委员会（1981 年 5 月）、东非共同体（2001 年 1 月重建）等，但都因前述诸多民族、国家间存在的矛盾、问题，组织成立后缺乏凝聚力、认同感与达成合作目标所需要的资源，② 因而“这些泛地区性组织通常具有一个共同的特征：起初看来都是不乏共识、条件有利、充满希望，但随后效力衰减，甚至以消亡而告终”。③

受上述诸多因素影响，21 世纪的印度洋区域已然超越了“地区性”，它在加速国际化的同时，越来越具有“全球性”，印度洋地区在未来数十年里甚至很有可能在整个 21 世纪都将处于世界地缘政治和全球地缘战略的前列。④ 或如罗伯特·卡普兰所言，“印度洋及其附属水域在 21 世纪将成为全球冲突和竞争的中心舞台”。⑤ 跨地缘政治板块的整合、能源争斗、伊斯兰与西方之间的文明冲突、大国之间的较量都将在这里展现。⑥

---

① Jivanta Schöttli, *Power, Politics and Maritime Governance in the Indian Ocean* (Routledge, Taylor & Francis Group, 2015), p. 18.；胡娟：“印度的印度洋战略及其对中国的影响”，《东南亚南亚研究》2012 年第 2 期，第 6—10 页。

② Dennis Rumley and Timothy Doyle, *Indian Ocean Regionalism* (Routledge, Taylor & Francis Group, 2015), p. 6.

③ 石志宏、冯梁：“印度洋地区安全态势与印度洋海军论坛”，《国际安全研究》2014 年第 5 期，第 103—126 页。

④ Christian Bouchard & William Crumplin, "Neglected no Longer: the Indian Ocean at the Forefront of World Geopolitics and Global Geostrategy", *Journal of the Indian Ocean Region*, 6: 1, 2010, pp. 26 – 27.

⑤ ［美］罗伯特·卡普兰，吴兆礼、毛悦译：《季风：印度洋与美国权力的未来》，北京：社会科学文献出版社，2013 年版，第 14 页。

⑥ David Brewster, *India's Ocean: The Story of India's Bid for Regional Leadership* (Routledge, Taylor & Francis Group, 2014), p. 2.

第三章

俄罗斯周边地缘政治环境

进入 21 世纪，虽然局部的动荡仍然存在，但由苏联解体导致的地缘政治上“巨大的混乱”的状况已经大为改观。在经济发展迟缓、国内“麻烦甚多”使得国家实力受到极大限制的情况下，俄罗斯不得不接受其地缘政治空间缩小及国际地位下降的事实。如今，“地缘政治取代了意识形态”，处于欧亚大陆心脏地区、在地理上没有与外部世界便捷通道的俄罗斯，其东、西、南、北四方都存在着难以解决的现实与潜在的地缘政治问题、冲突及威胁，① 地缘政治的安全地区已不复存在。换言之，俄罗斯周边虽然没有完全碎片化，但苏联解体所带来的地缘政治形势方面“严重的负面影响”还在持续演化中。② 即便如此，因其具有丰富的自然资源、强大的军事实力及控制着世界的心脏地带，俄罗斯仍具有压倒性的地缘政治优势。③

第一节　西部持续的地缘政治压力

与苏联相比，独立后的俄罗斯领土减少了数百万平方千米，尤其是

---

① ［美］葆拉·多布里扬斯基，周岳峰译：“俄罗斯的外交政策：是福还是祸?”，《国外社会科学文摘》2000 年第 9 期，第 43—46 页。

② ［美］兹比格纽·布热津斯基，中国国际问题研究所译：《大棋局：美国的首要地位及其地缘战略》，上海：上海人民出版社，1998 年版，第 117、120、126、129 页。

③ ［美］索尔·科恩，严春松译：《地缘政治学：国际关系的地理学》（第 2 版），上海：上海社会科学院出版社，2011 年版，第 220 页。

近代以来所扩得的西部地缘空间基本丧失，几个世纪向西扩张的态势翻转为西方在此方向上对俄罗斯地缘政治空间的持续挤压。两个不同性质与内容的扩张——欧盟与北约东扩，实则是西方国家联手蚕食了数代俄罗斯人努力建立的地缘战略纵深与安全缓冲地带。俄罗斯地缘政治和经济中心完全暴露在来自西部的战略、战术打击之下，其首都莫斯科距其西部边界也不过400千米。

一、欧盟对俄西部地缘政治空间的吸纳

在西方国家看来，苏联解体给他们提供了百余年来一直觊觎的实现麦金德地缘战略设想的机缘，即努力控制中欧，彻底隔断欧亚大陆心脏地区与西欧之间的联系，封闭心脏地区地缘战略权力向西扩张的地缘空间，促使这一战略权力逐渐衰弱，最终达到心脏地区发生更加深刻的裂变并为其所瓜分与控制的地缘战略目的。

而原属苏联势力范围内的中东欧国家出于政治、宗教文化的一致性，以及实现经济福祉与安全的愿望，也极其倾心加入欧盟这个“欧洲人”的大家庭。欧洲联盟向东扩大对于西欧而言是“东扩”，对东欧来说则是“回归”，他们都是欧洲人，都希望在欧洲这个大屋檐下生活。①而因历史上中东欧小国经常受到俄罗斯的压迫与控制，所以他们更想利用这一难得的时机与其他欧洲国家联合，以集体的合力彻底摆脱俄罗斯的“阴影”，谋取可靠的安全利益。在荷兰前首相库克2003年3月底呈交给欧盟委员会的报告《扩大的欧盟——成就与挑战》中提到，“欧盟扩大给我们带来的最大利益是什么？那就是有助于实现整个欧洲的和平与稳定，即获得巨大的安全利益”。②

此时，由“欧洲经济共同体”扩大、转变而来的“欧洲联盟”已转型成一个以实现“欧洲统一”为理想目标的超级的政治、经济与外

① 李巨川：“东欧和西欧曾拥有一个‘罗马帝国’——访欧洲问题专家陈乐民先生”，《世界知识》2003年第2期，第11—14页。

② 易文彬、张建成：“论欧盟东扩的安全动机”，《井冈山大学学报（社会科学版）》2011年第1期，第114—120页。

交实体。中东欧国家的加入在增强欧盟的实力与欧洲一体化特征的同时，还将大大推进欧洲统一的进程并加强自己的政治经济实力与国际影响力，巩固其对欧洲事务的主导权，并争取成为未来多极世界中的一极。

1998 年 3 月 12 日，当时欧盟 15 国与申请加入欧盟的中、东欧 11 个国家的领导人在伦敦正式启动了名为“欧洲会议”的首脑定期磋商机制。21 世纪伊始，欧盟加快了吸纳中东欧国家的步伐。2000 年 2 月 15 日，欧盟开始与罗马尼亚、斯洛伐克、保加利亚等入盟候选国正式举行入盟谈判。2002 年 11 月 18 日，欧盟外长会议决定邀请匈牙利、捷克、波兰、斯洛伐克和斯洛文尼亚等 10 个中东欧国家入盟。2003 年 4 月 16 日，在希腊首都雅典，欧盟与前述 10 个完成入盟谈判的候选国签署了入盟协议，2004 年 5 月 1 日 10 国正式加入欧盟，完成了欧盟史上一次最大规模的扩张。紧接着，2004 年 12 月欧盟首脑会议在布鲁塞尔决定，罗马尼亚和保加利亚将于 2005 年 4 月签订入盟条约并于 2007 年成为欧盟正式成员国。2005 年 4 月 25 日，保加利亚和罗马尼亚两国领导人在卢森堡签署了两国加入欧盟的条约。2007 年 1 月 1 日，罗马尼亚和保加利亚正式成为欧盟成员国。2013 年 7 月 1 日，克罗地亚正式成为欧盟第 28 个成员国。欧盟还将土耳其、马其顿、黑山列为欧盟候选国并与阿尔巴尼亚、塞尔维亚和波黑签署了《稳定与联系协议》。

尽早成为欧盟的一员更是俄罗斯“近邻”的欧洲国家的迫切愿望。这些原也是苏联一员的国家现在却成为通向俄罗斯地缘政治与经济中心、控制俄罗斯的出海口以及制约俄罗斯向西部扩展的关键战略地区，这些国家理所当然地成为欧盟重点接纳对象。欧盟首次东扩就将波罗的海沿岸三国爱沙尼亚、拉脱维亚、立陶宛列入候选国名单，并于 2004 年 5 月将这三国接收为欧盟正式成员国。其后，欧盟又将对入盟较为积极的摩尔多瓦、乌克兰、亚美尼亚、格鲁吉亚列为联系对象。一旦成功，这将进一步阻遏俄罗斯心脏地区与海洋的联系，在增强欧盟经济实力的同时，也更加强化欧盟的地缘政治优势及安全感。2009 年 5 月，欧盟 27 国与乌克兰、白罗斯、摩尔多瓦、格鲁吉亚、亚美尼亚和阿塞拜疆等 6 个欧亚国家签署了《东部伙伴关系宣言》，正式启动旨在增进双方合作的“东部伙伴关系”计划，促使其向欧盟靠拢，鼓励他们与欧盟发展经济一体化，并最终形成经济共同体。2011 年 9 月，欧盟华沙峰会明确欧盟对于“东部伙伴关系”计划的支持，同时提振“东部伙伴关系”国对于该机制的未来以及融入欧洲的信心。2014 年 6 月，欧盟与摩尔多瓦、格鲁吉亚两国正式签署了联系国协定，使其进一步靠向欧盟。由于乌克兰位于欧洲的东部，黑海、亚速海的北岸，北邻白罗斯，东北接俄罗斯，西连波兰并与斯洛伐克、匈牙利相邻，南同罗马尼亚、摩尔多瓦毗邻，处于被西方视为所谓东西文明分界线上，因而其更具有极重要的地缘政治意义，已然成为欧盟力争的对象。2012 年 3 月 30 日，欧盟与乌克兰草签了联系国协定，但因受到俄罗斯阻挠，双方定于 2013 年 11 月 28 日正式签署的计划落空。即便如此，欧盟仍努力保持、深化与乌克兰的关系。除乌克兰外，欧盟在该区域还有一个需要下功夫去运作的对象，即与俄罗斯最为紧密的白罗斯。如果失去乌克兰与白罗斯，俄罗斯的西部地缘政治空间将全部划归西方，独联体严重衰败，“将是一张很不完整的图画”，[①] 俄罗斯所提出的欧亚经济联盟设想也失去意义。而“一个没有乌克兰的帝国最终只能是更‘亚洲化’的离欧洲更遥远的俄国”。[②]

虽然欧盟早在 1994 年 6 月就与俄罗斯签订了《伙伴与合作协定》其目的是使俄欧战略伙伴关系进一步深化，2005 年 5 月双方又签署了有关建立俄欧共同经济空间、共同自由安全和司法空间、共同外部安全空间、共同科教文化空间等 4 个共同空间“路线图”的一揽子文件，确立了俄罗斯与欧盟发展双方关系的共同目标及具体实施措施，并明确了双方中长期合作的时间表，然而欧盟的东扩及一体化建设是将俄罗斯排斥在外的。在文化方面，欧盟认为天主教与基督新教为主体的“欧洲文明”与俄罗斯人信仰的东正教为主体的拜占庭文明是有着根本区别的。因此，摆脱了俄罗斯控制，转型为民主制的中东欧国家可以回归

---

① 王思雅：《从乌克兰问题到乌克兰危机——基于地缘政治和文明视角》，华东师范大学大学硕士学位论文，2015 年，第 17 页。

② ［美］兹比格纽·布热津斯基，中国国际问题研究所译：《大棋局：美国的首要地位及其地缘战略》，上海：上海人民出版社，1998 年版，第 148 页。

“欧洲文明”，融入欧洲大家庭，而俄罗斯被排斥在欧洲之外，政治上遭放逐，被认为没有资格参与欧洲文明的机制化框架。[①] 为了预防具有庞大实力的俄罗斯再次复兴并入侵欧洲，欧盟也认为应以此方式建构起“大欧洲安全地带”，[②] 阻止地缘政治中心势力向西扩张。但随着欧盟东扩，在改变了欧洲地缘政治环境、给欧盟与俄罗斯关系带来诸多变数与挑战的同时，在欧洲力量进入到原苏联境内，即当今俄罗斯所界定的“近邻”地带后，不但激化了俄罗斯与那些国家的既存矛盾，也使其国内民族问题升温，国家陷入裂变的危机之中，引发新的地缘政治动荡。

二、北约的军事存在

今日之欧盟，其经济一体化最为成功，政治一体化取得极大进展，但在外交，特别是安全防务领域的一体化建设却频频遇阻，进程异常缓慢。究其原因，这两个领域的一体化建设会更深入地涉及国家的主权让渡，因此各国对此极为敏感与谨慎。欧盟建设的主要政治动因之一就是安全。面对仍然保持庞大军事实力的俄罗斯，尤其是在进入21世纪后，俄罗斯处理一些涉及欧洲及其他国际事务与危机时所展示的强势干涉立场与能力，使得具有“恐俄”心态的欧盟各国都清楚认识到，欧盟难以独立应对来自俄方的军事挑战。对于不安全感极强的中东欧国家来说，近代以来历史的教训已深深刻入记忆之中，即在战争到来之时，欧洲的英、法等大国总是弃卒自保，并不能给他们提供可靠的安全保障。而第二次世界大战后，美国主导的北约组织在冷战时期对欧洲安全所起的作用折服了这些中东欧国家。因此，他们认为，当代欧洲的稳定与安全仍需依靠美国领导的军事同盟组织——北大西洋公约组织的强势存在。况且，欧盟各国与美国还有着共同的战略追求，即尽力压缩俄罗斯的地缘战略空间，遏制其重新崛起及迫使其泯灭对其西部的“地缘政治

① ［美］兹比格纽·布热津斯基，中国国际问题研究所译：《大棋局：美国的首要地位及其地缘战略》，上海：上海人民出版社，1998年版，第134页。

② 顾俊礼、刘力群：《世纪之交的德国、欧盟与中国》，北京：社会科学文献出版社，1998年版，第117页。

抱负”。[1] 而美国当然也不会放弃被其视为全球地缘战略重点的欧洲，否则在被排斥出欧洲后，美国还将面临被排斥出亚欧大陆，在地缘政治上陷入被边缘化的危险。欧洲国家对北约的需求渴望，不但使北约有了生存的理由，也确保了美国在欧洲安全中的地位和作用，[2] 让美国找到了继续留存欧洲的依托。由此看来，“完全自主欧洲事务”还只能是欧盟的理想。

简言之，从欧洲安全角度，在相当长的时期内，欧盟充其量只能发挥“软安全”的作用，[3]“硬安全”的责任与主导权还是不得不交给以美国为首的北约来承担，北约仍是欧洲首要的安全机构。于是，就形成了我们今天所看到的局面，除俄罗斯外，在加入与加强自己的同盟组织的同时，“日益紧张的欧洲人”或继续坚定留存，或努力加入北约，以“团结到美国霸权之下”。[4]

因此，早在欧盟进行东扩之前，北约就已开始了自己的东扩。在1991 年的北约罗马首脑会议上，美国及其盟国决定成立由北约和前华约成员国参加的北大西洋合作委员会，以加强北约同苏联、中东欧国家的合作。1994 年北约首脑在布鲁塞尔会议上正式决定实行北约东扩计划。1997 年，北约在马德里首脑会议上确定波兰、匈牙利、捷克为首批扩员国。经过谈判，1999 年 3 月在北约的华盛顿会议上，波兰、匈牙利、捷克正式加入北约，成为冷战后北约东扩的第一批成员国。[5] 进入 21 世纪后，北约加快了东扩的步伐。2004 年 3 月的东扩，除斯洛伐克、保加利亚、罗马尼亚、斯洛文尼亚外，波罗的海沿岸国家爱沙尼

---

① ［美］兹比格纽·布热津斯基，中国国际问题研究所译：《大棋局：美国的首要地位及其地缘战略》，上海：上海人民出版社，1998 年版，第 105 页。

② 汪滨：“北约东扩对大西洋关系的影响与意义”，《社会主义研究》2011 年第 3 期，第123—128 页。

③ 朱立群：“北约、欧盟‘双扩’与欧洲新安全结构”，《国际问题研究》2002 年第 6期，第 48—53 页。

④ ［英］R. 萨科瓦，刘畅译：“世界秩序：俄罗斯的视角”，《俄罗斯研究》2016 年第 2期，第 47—61 页。

⑤ 郑凯：“北约东扩的前景及其对欧洲地缘政治环境的影响”，《长春工程学院学报（社会科学版）》2004 年第 2 期，第 32—33 页。

亚、拉脱维亚和立陶宛三国也正式成为北约的成员国，北约势力范围扩达到原苏联界域之内，该组织的成员国也由先前的 19 个增加到 26 个。2006 年 11 月，美国参议院批准了支持阿尔巴尼亚、克罗地亚、格鲁吉亚、马其顿和乌克兰尽快加入北约的法案，并且允许美国向上述 5 国提供必要的军事援助，使其军队符合北约的标准。2008 年 4 月北约布加勒斯特峰会上，同意克罗地亚和阿尔巴尼亚加入北约，成员国达到 28 个。2009 年 12 月，北约同意黑山加入“成员国行动计划”。2015 年 12 月的北约外长会上，北约正式批准启动黑山加入北约的谈判。2016 年 5 月 19 日，在布鲁塞尔总部，北约成员国外长与黑山签署了加入北约的协定。一旦协议在未来的 18 个月内得到北约所有成员的核准，黑山就将成为北约第 29 个成员。[①] 波罗的海沿岸国家爱沙尼亚、拉脱维亚和立陶宛三国加入北约后，北约已经进入了俄罗斯的“院内”。从波罗的海三国到俄中央地区，装甲车只需一昼夜的路程，巡航导弹只需几分钟，[②] 俄罗斯最重要的政治经济文化中心——莫斯科、圣彼得堡都处于北约战术武器的打击范围之内。如果北约再将乌克兰和格鲁吉亚两国扩入囊中，俄罗斯不但丧失了传统的中东欧地缘政治势力范围，北约的前沿会更加深入俄罗斯传统地盘腹地，而且会激发其他独联体国家加入北约的愿望，俄罗斯最后的地缘缓冲地带也将被压缩殆尽，俄在该地区的出海口也都被封堵，由此北约与俄罗斯已然直接“面对”。

随着北约东扩，其军事部署也相应地扩展到俄罗斯的西部边界地带。特别是在俄罗斯出兵格鲁吉亚及“乌克兰危机”发生后，2014 至 2017 年，北约不断加强其在波罗的海以及东欧地区的军事存在，在波罗的海三国及其他东欧国家部署大量攻击型部队。北约还在该地区进行大规模军事演习，在罗马尼亚和波兰部署、启动了导弹防御系统。欧洲已陷入严重的军事失衡状态，安全热度正不断上升。

---

① 《学习时报》：“美俄关系紧张加剧”，http：//news. xinhuanet. com/world/2007—05/26/content_ 6155661. htm；沈晨：“黑山正式签署加入北约协定”，http：//news. xinhuanet. com/world/2016—05/20/c_ 128999213. htm。

② 顾小清：“北约扩到老苏联美机巡航家门口俄罗斯还有多大地盘”，http：//news. sina. com. cn/o/2004—04—02/14232204340s. shtml。

欧盟和北约两个联盟体系都把俄罗斯排除在外，未能形成一个真正平等包容的欧洲安全体系，使得欧洲安全局势无法从根本上得到保障。[①] 而欧盟东扩与北约东扩边线重合，冷战后，西方定义的所谓欧洲东西文明分界线实际上已转为其与俄罗斯之间进行地缘战略对峙、对抗或地缘政治博弈的交手线。而根据地缘政治边际效应规律，各力量单元相隔的距离越远，彼此之间就越会感到安全；反之，如果各力量单元距离愈近，结构性矛盾的作用就愈加明显。[②] 处于如此压力之下的欧盟各国的心理取向趋于复杂、多元，尤其是中东欧国家表现出非常明确的实用主义态度，即在安全上依靠北约，在经济上依靠欧盟，不过在内心倾向上北约显然要优先于欧盟。[③] 欧洲地缘政治版图与结构也已发生新的改变，摩尔多瓦和格鲁吉亚已经分裂，而乌克兰也正走向分崩离析……[④] 并且，欧洲的安全形势也正在滑向某种困境，以北约为“安全保护伞”的欧洲国家，特别是中东欧国家重新直面安全威胁，陷入了更趋紧张的不安全状态，这也必将影响到整个亚欧大陆及全球的安全与稳定。

第二节　更加脆弱的南部与紧张的东部

作为众多民族文化及地缘政治板块的交汇地带，俄罗斯南部的外高加索与中亚地区向来是被视为俄罗斯地缘安全环境中最为薄弱的环节。自近代以来，这两个地区便是西方、伊斯兰势力与俄罗斯三方进行地缘政治博弈的“热土”，也是外部各种力量向俄罗斯境内渗透的最为便捷之地，有人形容其为俄罗斯“柔软的腹部”。如今衰弱的俄罗斯已很难

---

① ［英］R. 萨科瓦，刘畅译：“世界秩序：俄罗斯的视角”，《俄罗斯研究》2016 年第 2 期，第 47—61 页。

② 郑凯：“北约东扩的前景及其对欧洲地缘政治环境的影响”，《长春工程学院学报（社会科学版）》2004 年第 2 期，第 32—33 页。

③ 汪滨：“北约东扩对大西洋关系的影响与意义”，《社会主义研究》2011 年第 3 期，第 123—128 页。

④ ［英］R. 萨科瓦，刘畅译：“世界秩序：俄罗斯的视角”，《俄罗斯研究》2016 年第 2 期，第 47—61 页。

阻止西方与伊斯兰势力在其南部地区扩展影响力，其南部地缘政治环境的脆弱性更趋强化。冷战后，俄罗斯的东部——东亚地区一改冷战时期相对平静的状态，因域内各国实力增长及美国作用的变化，特别是朝鲜跨过核门槛后，该区域的地缘政治形势一直呈不确定的紧张之势。

一、更加脆弱的南部

俄罗斯南部边界以外是与中亚、中东地缘政治板块交汇的地区，又间接与东亚、波斯湾、南亚、非洲地缘政治板块相联，所以具有极重要的地缘战略价值，加之其富集能源等重要资源，近代以来就是大国博弈的热土。而该区域民族众多，宗教文化多样，现代政治制度发育不成熟，许多国家间存在领土纠纷，使其陷入持续的国家间的争吵，民族或种族及不同教派之间的暴力冲突不止，恐怖主义组织滋生并活动猖獗。如布热津斯基在 20 世纪 90 年代所言，“这个广阔的地区经受着爆炸性仇恨的冲击，又处于相互竞争的强大邻国的包围之中”，难得安全与稳定。当时他所预言的“有可能的一个主战场”，如今已是难以治理的现实。①

苏联解体，第二次世界大战后整合为一体的中亚地区重新裂变并成为上述诸多问题、冲突集中的麻烦之地，地缘优势、宗教文化联系、历史传统及各国所具有的资源禀赋并没有转换成促进地区安全稳定、经济发展及解决地区所面临的共同问题与威胁的“利器”。虽然 1994 年 4 月，哈萨克斯坦、乌兹别克斯坦与吉尔吉斯斯坦签署了《建立统一经济空间条约》，意欲打造一个“中亚经济共同体”（2002 年 2 月 28 日，中亚经济共同体更名为中亚合作组织）。至今，各国聚集一起也会商了诸多问题与倡议，签署了许多协议，但因哈萨克斯坦与乌兹别克斯坦之间、吉尔吉斯斯坦与乌兹别克斯坦之间、吉尔吉斯斯坦与塔吉克斯坦之间都存在着领土争议，加之在水资源、移民、咸海治理、跨国犯罪与“三股势力”等问题的治理上各持己见，哈萨克斯坦和乌兹别克斯坦又

① ［美］兹比格纽·布热津斯基，中国国际问题研究所译：《大棋局：美国的首要地位及其地缘战略》，上海：上海人民出版社，1998 年版，第 70 页。

拼争地区头领地位，各国各行其是，互不信任，所持立场难以协调，中亚各国实则貌合神离。

而且，中亚各国内部又是多民族杂居，如哈萨克斯坦境内就有130个民族；多宗教在此传布，其中作为主体的伊斯兰教内教派关系复杂。在中亚，民族问题和冲突常与宗教矛盾缠绕在一起，民族分裂、伊斯兰极端主义与恐怖主义势力泛滥成灾。虽然已成为具有国际法意义上的独立主权国家，但中亚各国并没有现代世俗政治治理制度的历史基础，现今各国的世俗政治制度都不成熟、完善和稳定，潜藏着极大的动荡风险，未来能否实现政治稳定还是未知。这些问题错综复杂地纠结在一起，预示着中亚极度令人不安的混乱与冲突前景。

面临上述稳定与安全挑战的同时，中亚各国还在努力寻找域外大国与集团的支持或保护，或试图平衡在此进行角逐的大国之间的关系，这进一步加剧了中亚地区的不稳定态势。自1991年中亚国家宣布独立起，美国就积极扩展在中亚的影响力。至2015年，“美国在援助计划框架内已经提供给该地区合作伙伴近88亿美元”。“9·11”事件后，借打击国际恐怖主义组织与活动之名，美国在乌兹别克斯坦与吉尔吉斯斯坦获得了两个军事基地，开始加强对中亚区域的控制并对俄罗斯、中国等国施加战略压力。这刺激了相关大国的安全神经，加剧大国在中亚的博弈态势。其后，为推广所谓“美式民主”，美国又在此策动了“颜色革命”，严重影响了地区及各国内部的安定。2015年11月，美国与哈萨克斯坦、吉尔吉斯斯坦、塔吉克斯坦、土库曼斯坦和乌兹别克斯坦五国举行外长会议，在宣布向中亚国家提供援助的一系列新计划的同时，还批准建立了就共同关心的问题进行定期政治对话的新机制“C5 + 1”（“中亚五国 + 美国”）框架。[①] 美国将继续加大对中亚国家的影响力度。

苏联解体后，北约开始着手渗入中亚地区，将中亚五国纳入到以“和平伙伴关系计划”为基础的一系列条约体系中。1992年，在北约的推动下，哈萨克斯坦、塔吉克斯坦、吉尔吉斯斯坦、土库曼斯坦、乌兹

---

① 中新社：“美宣布对中亚国家援助新计划”，http：//www.chinanews.com/gj/2015/11—03/7602118.shtml。

别克斯坦五国加入了北大西洋合作委员会。1994年1月10日，北约布鲁塞尔首脑会议正式通过了“和平伙伴关系计划”，至2002年2月中亚五国都已全部加入到该计划中。之后，北约与中亚国家进入全方位、多领域的安全合作时期。2014年5月，北约在乌兹别克斯坦首都塔什干设立了中亚地区代表处，主要负责加强和协调北约与中亚五国的联络及合作事务。但北约与中亚国家安全合作机制的强化，一方面使中亚各国间关系及内部政治环境更加复杂；另一方面也对大国在中亚的安全博弈产生影响，使以俄罗斯为首的“集体安全条约组织”与以美国为首的北约关系紧张化并对中国西部边界安全环境产生一定影响。① 进入21世纪后，欧盟也将中亚的安全与稳定确立为欧盟在该地区的战略利益并于2007年6月公布了对中亚的新战略，欧盟还为此设计了一系列的安全援助项目。但迄今为止，除了欧盟成为中亚五国的第二大贸易伙伴外，欧盟未能通过实施中亚战略有效改善中亚地区的安全局势，也没有改变其在中亚地区的边缘地位。②

与中亚相毗邻的外高加索地区也拥有丰富的资源与极其重要的地缘战略地位。“外高加索”虽然仅有格鲁吉亚、亚美尼亚和阿塞拜疆三国，但却生活着50多个在语言、宗教信仰、民族传统、居住环境、经济发展等各方面存在差异的民族。历史上，这里就是社会经济矛盾和民族矛盾交错、民族纷争与教派冲突不断的地区，复杂的自然环境又给各种跨境犯罪活动提供了有利条件，再加上列强的争夺与控制，该地区的战乱扰攘经久不息。20世纪90年代末到21世纪初的车臣战争，让外高加索地区成为世界关注的热点，如今该地区更成为美国、欧盟、土耳其、伊朗等国与俄罗斯进行地缘政治较量的场地，以及分裂主义与恐怖主义势力活动猖獗的地区，高加索地区安全形势变得更加错综复杂。③

---

① 王晓芳：《北约与中亚国家安全合作机制研究》，东北师范大学硕士学位论文，2014年，第8、22页；“美国的中亚政策：雄心虽有但处境尴尬”，http://mt.sohu.com/20160816/n464467261.shtml。

② 戴轶尘：“欧盟中亚战略中的多边安全合作及其成效评估”，《俄罗斯研究》2015年第3期，第58—83页。

③ 龙天：“高加索地区安全”，《科学决策》2004年第10期，第47—57页。

除了内部存在诸多麻烦问题，格鲁吉亚、亚美尼亚和阿塞拜疆三国之间还存在着领土争议，亚美尼亚和阿塞拜疆之间还因此打了一场“惨烈”的战争。生活在多个相互竞争的大国夹缝之中，彼此又不和，使得三国都试图寻靠外部大国或集团来保障自己的安全、主权、独立。而除对能源的重视外，美国及以其为首的北约一直视高加索地区为切断俄罗斯在黑海及向波斯湾方向扩展地缘政治利益的最关键之所在。美国地缘政治学家布热津斯基就视阿塞拜疆与乌克兰一样，决定着“俄罗斯未来的前途”。① 乔治·弗里德曼则认为，“阿塞拜疆在国际体系中处于关键性的地缘政治位置。它是俄罗斯和伊朗之间的楔子，它既能影响伊朗局势，也能提供能源来限制俄罗斯对欧洲的影响。可以说，它符合所有美国盟友的素质。控制了巴库就控制了欧亚大陆”。② 因此，自阿塞拜疆独立后，美国及北约不断加强与阿塞拜疆的经济关系与军事合作。美国现已成为阿塞拜疆的主要贸易伙伴，至2016年，美国对阿投资达100亿美元，在阿共有200家美资公司，涉及金融、工业、农业、新能源、高科技、不动产、旅游等领域；③ 北约在加大对阿塞拜疆军事援助的同时，还加速以北约标准对其军事部门与军队进行改造。事实上，因在与亚美尼亚的领土争端中得不到俄罗斯的支持，阿塞拜疆也非常想靠向美国，加入北约。早在1994年阿塞拜疆就加入了北约“和平伙伴关系计划”，阿塞拜疆总统也对外公开表示，“阿塞拜疆对‘加入北约’感兴趣，虽然我们没有‘沸沸扬扬’地对外宣称什么，但阿塞拜疆一直在默默地努力着，为早日加入北约而工作”。“‘9·11’后，阿塞拜疆毫不犹豫地加入了美国的反恐怖联盟”，为美军提供空中走廊和地面机场等支持。④ 黑海边上的格鲁吉亚同样决定着俄罗斯西方门户及高加索利

---

① ［美］兹比格纽·布热津斯基，中国国际问题研究所译：《大棋局：美国的首要地位及其地缘战略》，上海：上海人民出版社，1998年版，第62页。

② ［美］乔治·弗里德曼，独家网译：“美国——未成年的全球霸主”，《地缘政治周刊》2013年6月11日，https：//tieba. baidu. com/p/2453392793。

③ 驻阿塞拜疆经商参处：“美国对阿塞拜疆投资达100亿美元”，http：//www. fdi. gov. cn/1800000121_ 21_ 91658_ 0_ 7. html。

④ 关健斌：“阿塞拜疆急着要与美国人站在一起”，http：//zqb. cyol. com/content/2003—04/21/content_ 651129. htm。

益的安全，所以它也是北约东扩的重点对象。而内有领土分裂问题的格鲁吉亚独立后就定下转向西方、加入北约与欧盟的目标。1994年，格鲁吉亚也加入了北约“和平伙伴关系计划”。此后，格鲁吉亚积极参加在北约框架内的各种活动，与北约举行联合军事演习，依“北约标准”对国内的民主、经济和社会制度进行改革，允许美国建军事基地。2005年1月25日，格鲁吉亚通过新的国家安全构想，将美国、乌克兰、土耳其和欧盟视作战略盟友，而将俄罗斯列在伙伴国家名单的末尾。2002—2004年间，格鲁吉亚使用美国“训练与装备计划”援助的6400万美元，在美军特种部队和海军陆战队教官的协助下，共培训装备了4个营（各560人）和一个机械化连（180人）。从2005年起，美国又对格鲁吉亚展开一项总值6000万美元的“维持稳定行动计划”。2004年，北约与格鲁吉亚“单独伙伴关系计划”开始运作。此后，设在德国的马歇尔欧洲研究中心帮助格鲁吉亚制定了国防战略。① 至今，北约与格鲁吉亚关系持续密切，双方互动频繁。但格鲁吉亚的选择却触动了俄罗斯敏感的安全神经，导致2008年的俄格战争，以及格鲁吉亚的南奥塞梯与阿布哈兹两地的“独立”。这也说明，美国及北约对高加索地区的争夺，使得该区域本就脆弱的安全环境更趋恶化，域内各种复杂的问题更加难以化解，“整个地区会成为一个破碎地带，其后果是引起大量的地方战争，以及冷战的重新恢复”。②

美国前国务卿奥尔布赖特曾明确表示：“援助地理位置具有战略意义而且能源资源十分丰富的中亚和高加索地区各民主国家，完全符合美国的国家利益。”③ 美国与北约欲使高加索与中亚地区在政治、经济和军事意义上成为自己的势力范围，其目的在于，如果成功，俄罗斯将失去所有其所谓的“近邻国家”，传统势力范围消失殆尽，俄罗斯重要核心地区几乎都将处于北约的战术打击范围之内，其力量将被束缚在欧亚

---

① 人民网军事频道：“外军掠影：格鲁吉亚军队现状”，http://www.huaxia.com/js/jswz/2006/00542769.html。

② ［美］索尔·柯恩，严春松译：《地缘政治学：国际关系的地理学》（第2版），上海：上海社会科学院出版社，2011年版，第261页。

③ 龙天：“高加索地区安全”，《科学决策》2004年第10期，第47—57页。

大陆内部，在相当长的时期内，不再对西方的地缘政治利益构成任何挑战，也实现了经典地缘政治学家的预见，即控制了高加索与中亚就控制了欧亚大陆。但这样一来，西方的势力将直抵俄罗斯的门前，并且这两个地区又紧邻俄罗斯分离主义活动十分活跃的南部少数民族自治地方，例如俄罗斯一直认为格鲁吉亚为车臣叛乱分子提供了安全庇护场所。如此一来，迫使俄罗斯的安全担心也集中到了西部与南部，[①] 用 R. 萨科瓦的话来讲，如果不能找到一种包容性的适应模式，双方就会陷入战略僵局。[②] 而参与这一地带博弈的还有土耳其、伊朗、印度、以色列等众多“相关”国家，并且还要承受各种民族分离主义与激进势力、恐怖主义组织的威胁，该地区的安全环境更加脆弱与不稳定。

二、持续紧张的东部[*]

俄罗斯远东地区所在的东亚，因资源丰富，又处于陆海交汇处，所以地缘政治意义极为重要。近代以来，东亚就是世界上的主要战略力量的战略利益聚集地及主要的博弈场，东亚地缘政治结构一直处于变动之中。

近代至现代东亚地区的地缘政治结构依次经历了列强利益“均沾”以及附属于凡尔赛华盛顿体系、雅尔塔体系；而其地缘政治结构的形成与转变方式则主要是战争，辅之以照会协商。总体上来讲，近代至现代的东亚地缘政治结构是由域外的欧美强国主导的多样化模式。期间，日本的崛起及其亚洲强国的地位虽然得到欧美列强的承认，但没有影响到该区域的地缘政治结构，日本并没有获得东亚地缘政治秩序的主导地位。

冷战结束后，因域内国家实力的变化，东亚地区的地缘政治结构也

---

① ［美］索尔·柯恩，严春松译：《地缘政治学：国际关系的地理学》（第 2 版），上海：上海社会科学院出版社，2011 年版，第 250、261 页。

② ［英］R. 萨科瓦，刘畅译：“世界秩序：俄罗斯的视角”，《俄罗斯研究》2016 年第 2 期，第 47—61 页。

* 本部分内容，国际关系学院专业 2015 级硕士生邹王择恺参与了写作工作。

发生重大转变，俄罗斯与日本两国呈现弱强，中国快速崛起，加之朝鲜与韩国的“不确定”，域外的美国作为当代世界上的唯一超级大国也是影响东亚地缘政治结构演变的重要角色。

从经济实力角度来看，自20世纪80年代以来，东亚主要国家经济呈现快速上涨的态势。改革开放以来，中国国民生产总值以高增长率持续增长，并于2010年左右超越日本成为世界第二大经济体。依据2016年GDP数据，东亚地区中经济实力的排名为：美（189592.2亿美元）、中（119684.41亿美元）、日（43480.5亿美元）、韩（15096.63亿美元）、俄（13755.6亿美元）、蒙（131. 亿美元）。① 从军事能力的角度来看，现代意义的军事实力可以分为核武能力与常规武器能力。核武器主要发挥战略威慑的作用，客观上其质量与数量也成为区分一国是否是地区大国的重要标志之一，而常规武器则主要用于在必要的时间和地点化解现实的矛盾与冲突，用以作为政治的工具。排除现实中各国海空军军事基地的战略部署与战争准备，各国军费与各自GDP的比重就成为衡量各国军事发展的一个重要指标。2016年，东北亚主要国家此项的排名为：美3.59%，俄3.322%，韩2.79%，中1.28%，日0.99%。韩媒称，朝鲜军费开支占GDP的比重为15.8%，位列全球第一。②

在东亚国家中，美、日、韩是同盟国，俄、日尚存有未解决的二战遗留问题。彼此之间还有历史纠葛、领土争端、“朝鲜问题”等难题，导致东亚地区的安全形势持续波动，特别是朝鲜拥有了核武器后，“朝鲜问题”演化成“朝核危机”，更使东亚安全环境日趋紧张和不确定，影响着地区地缘政治形势的演变。

约翰·米尔斯海默对国际体系的构成提出过5个基本的假设：处于国际无政府状态下的主权国家是国际政治中的主要行为者；大国具备军事进攻的实力；国家无法判知他国是否怀有敌意；大国高度重视生存；

---

① “2016年各国GDP排名”，https://wenku.baidu.com/view/17190737fe00bed5b9f3f90f76c66137ee064fbe.html。

② “2016年世界各国军费开支排名（Top10）”，http://www.askci.com/news/finance/20170306/15122892622.shtml；“朝鲜公布2016年军费预算涨幅低于预期　比例世界第一”，http://news.ifeng.com/a/20160401/48293083_0.shtml。

国家是理性行为者，能有效机智地设计出生存机会最大的战略。当代东亚的安全形势与权力结构符合米尔斯海默关于现实主义的假定。当代东亚存在着中、美、俄、日、韩、朝等具有强大军事能力的地区大国，以及蒙古国等相对落后的国家。尽管美日、美韩彼此是盟友关系，但只要韩日关于历史问题、慰安妇问题及现实独（竹）岛归属问题得不到妥善解决，美国就无法在东亚实现有效的领导权力；而中、俄、蒙虽然有着广泛的历史与现实的情结，但出于彼此追求不同，也不可能真正结盟。事实上，东亚地区处于一种无政府的状态。中美、中日、日韩、日俄、美俄、朝韩普遍处于不同领域的安全困境之下，彼此难免互为假想敌而处处设防，同时也没有国家愿意放弃自己的利益乃至权力而俯首沉沦。在以上种种困境之中，大小国家的出路只有保持理性与相对克制，通过合作与低烈度对抗寻求相对安全的发展环境。

作为东亚地区最为脆弱的朝鲜半岛，其处于特殊的地理环境之中，也正是因为其脆弱性与特殊的地缘政治经济与战略价值，大国干预的欲望愈发增强了。朝鲜半岛一度被纳入国际协调的解决机制，显示朝鲜半岛问题的解决不再仅仅赖于南北双方的关系改善，也更需要地区大国的良性互动。

中美关系是影响东亚地缘政治结构变化的重要因素。改革开放以来，中国经济的持续高速增长难以为美国所接受。伴随中国的崛起，中美之间似乎正面临着“修昔底德陷阱”。中国与美国能否实现基于民族主权平等原则上的地位平等，涉及美国对中国的理解与信任，以及美国对中国的矛盾心态、中国如何应对等问题。两国交往的深入与两国国际地位影响力的交叉，使两国领导人认识到建构“不冲突，不对抗，相互尊重，合作共赢”的中美新型大国关系的重要性。

中美之间的确存在着障碍，首先中美政治安全互信的水平有限，双方难以真正明示意图并取信于对方；美国国内的反华与亲华势力此消彼长摇摆不定；贸易摩擦与东亚地区安全形势紧张；中美都是地区乃至世界大国，之间缺乏一个合适的调停人。

仅就东亚而言，中美亚太竞争与合作的现实关系存在成为冲突导火索的风险。美国国内由于过度的言论自由与两党斗争使得每逢政治选举或其他重大政治事件时，所谓“中国议题”便成为政党获取选票的工具。美国还时常发布“年度人权报告”之类的文件，在东亚地区建立反导防御系统，成为危机升级的催化剂。然而也应该认识到，面临世界多极化的趋势与发展中国家群体性崛起的潮流，中美两国既是大国，也是参与者；面临非传统安全与全球治理等诸多议题，中美共同面临着全球性挑战；在经济全球化深入发展的情况下，中国作为“世界工厂”，与美国的经济相互依存度加深，甚至可以说在一些制造业领域，对美国而言中国已然是“大而不能倒”；同时也应注意到最为现实的安全领域，中国新式武器不断推陈出新，中美核力量在质量水平上相对平衡也为中美新型大国关系的建立与稳固奠定了基础。

美俄关系方面，苏联的解体标志着冷战的结束，但是在美国主导的霸权体系下，其难以接受一个强大的俄罗斯。俄罗斯目前的衰落是现实，然而论及地区主导权与新安全机制，其必然要维护二战的胜利果实，继续发展自身地区影响力。

无论是政绩取向还是霸权需要，美国奥巴马总统当政时，曾借机克里米亚回归对抗俄罗斯，清晰地展现出美俄之间深刻的裂隙。次贷危机之后，经过 7 年的恢复与调整，美国实力日渐增强，而强人领导下的俄罗斯引起了美国的不满，美国采取了一系列措施扼紧俄罗斯的生命线。这些措施包括：战略上，北约东扩以削减俄罗斯的战略纵深；经济上，与阿拉伯国家盟友协定压低油价，造成俄罗斯严重经济赤字；政治上，谴责俄罗斯对于乌克兰事务的干预，期望在舆论宣传上压倒俄罗斯；军事上，美国反导系统进一步构建在了俄周边邻国境内。

自苏联解体之后，俄罗斯继承了两大重要遗产：能源与军事力量。在能源价格压低到 80 美元/桶以下之后，脆弱的俄罗斯经济便面临崩盘的风险。面对这一困境，普京曾试图重启古巴关系，却被奥巴马以柔性外交驳回，美古关系解冻意味着俄罗斯再次失去一个战略立足点而变得更加被动。而特朗普上台后，美俄关系发展走向如何，还有待观察。此外，俄罗斯还企图通过整合已有资源开辟一条生路。未来，由于俄罗斯在欧洲部分的影响力日趋衰减，其在东亚的战略部署恐会加强。但由于其自身经济实力相对弱小，俄罗斯不会与美国进行全面对抗，或导致双方陷入如外界所言的“新冷战”。

韩朝统一问题与“朝核危机”。冷战结束后，朝鲜失去了来自苏联的保护，直接面对半岛南部美韩军队的威胁。在这样的背景下，朝鲜提出“先军政治”、发展核武器，以为自身谋求安全保障与发展的环境。如今朝鲜的核试验为东亚地区增添了一个“核危机问题”并已变成区域性热点，由此产生的不稳定因素推动中国主导创建了“六方会谈”。“六方会谈”为朝核问题的妥善解决提供了强有力的监督，也使得中、美、俄、日、韩、朝六国能够平等地坐在一起共同面对东亚局势的演变，为地区局势提供和平保证。然而，如今这一机制已经名存实亡，相关国家目前仍没有协调出一个有效的解决框架。特朗普政府对“朝核危机”问题的关注拨动了地区各国的紧张神经，各方如何协调、会导致什么样的结果，还不得而知。

半岛统一遥遥无期，朝鲜半岛自身的分裂给大国的战略设计提供了理由和依据，大国战略和自身紧张结构的互动导致朝鲜半岛冲突意义上的地缘政治价值得以提升。[①] 对于朝鲜而言，弃核无异于妥协投降、接受被南方兼并的长远预期；然而，不弃核则根本无从发展，核武器成为朝鲜谋求国际生存环境的重要砝码，因此朝鲜弃核将是一个长期的过程，其均衡点就在于朝美达成互谅协议与和平协议并为朝鲜提供发展条件。显然，美国不可能谋求这一点的实现，毕竟对其无法构成威胁的朝鲜只是美国插手东亚事务的借口。

半岛统一同样将使中国面临困境。随着国际形势的发展，朝鲜半岛的统一或由韩国实现，而一旦统一，中国将直接面临韩美联盟及日美联盟的地缘政治压力；美国失去了在朝鲜问题上“展示自我”的舞台，同时由于韩国摆脱美国的意愿由此得到加强，美国对东亚地区事务的话语权也必然有所减少；韩国因统一及产业转移而得以进一步发展，届时其在东亚地区事务中的地位也因充当平衡手的作用而更加显著；俄罗斯则失去了东北亚地缘大棋局上一颗重要的棋子，与美的对抗能力将进一

① 金强一：“朝鲜半岛状态：中美战略博弈之聚焦点”，《东疆学刊》2016年第3期，第39—46页。

步下降。最后，由于历史、领土问题尚未妥善解决，中俄韩三国与日本存在不同程度的摩擦，主要表现为中日钓鱼岛争端、韩日竹（独）岛争端、俄日北方四岛（南千岛群岛）争端、中韩与日“慰安妇”问题及日本对于侵略战争的悔罪态度等。日本近代历史上曾经吞并朝鲜、入侵亚洲诸国是史实而不容置喙，其侵略罪行也在二战50周年纪念日上由首相村山富市进行了深刻的反省。① 侵略给邻国带来了深重的创伤，而对于与日本之间存在的领土与历史问题，中、俄、韩三方各自取向不同：首先，韩国与日本一样是美国的盟友，日韩之间如果矛盾激化美国必然会出来调停，而日韩肯定不愿放弃盟友美国；俄罗斯是前超级大国，也是二战的战胜国；而中国则有着类似俄罗斯的广袤领土与丰富资源，军事、政治力量也在突飞猛进，这些已引起美国的关注，要应对中国，日本完全可以考虑借助事态的发展与《日美安保条约》来实现自身的战略。换句话说，历史上的日本只对真正的强者产生敬畏而对未经实证的强者表示怀疑，这一“现实理性”的思维使得日本获得了发展，也曾跻身世界大国行列，却无法与他国平等友好相处，这一点在安倍晋三的“地球仪外交”的效果中表现得淋漓尽致。

一系列领土与历史争端的核心在于中日关系的走向上，然而这背后却是对东亚乃至亚太地区主导权问题的争夺，其更深层次则涉及精神文化乃至民族心理的问题。面临日本国内已经出现的右倾局面与安倍经济学所导致经济“繁荣”的后期不良效果，转移国内矛盾或许成为安倍的不二选择。基于日本未来国内走向不明朗、日本期望摆脱美国桎梏、中国崛起引发日本不适应的恐惧等因素，未来中日关系走向成为东亚安全形势中的重要议题。日本的军力不可小觑，但中、美、俄不会坐视日本现有地位的变更；而日本则极度渴望在未来的东北亚安全机制建设或运行中起主导作用并尽可能不受到中、美、俄三大国的有力约束。

---

① 指1995年8月15日，日本首相村山富市在二战胜利50周年纪念仪式上发表的谈话，村山首相向遭受日本侵略行为的受害者进行道歉，表现出积极的“与亚洲和解”的姿态。该讲话基本确立了日本政府对战争的历史认识，为后来的历届首相所承认。

在全球化深入发展的当今世界，地理因素不再成为国际关系的阻碍，东亚地缘政治的生态环境客观上也受到域外环境的影响，而这种值得关注的影响往往产生了战略牵制的负作用。此外，当代东亚国家间缺乏战略互信并存在冷战思维，致使各种地区争端、问题尚未找到合理的解决办法。有鉴于此，该地区地缘政治局势愈发复杂多变与不确定。

第三节　北极“融化”

过去的几十年间，北极的气候持续变暖，导致冰雪融化，引发世人对其生态环境趋向恶化的忧虑，研究并治理北极生态环境已成为重要的全球议程。与南极不同，北极地带自古以来就有人类居住、活动，现今许多主权国家实际拥有北极领土。北极丰富的自然资源及优越的地理位置，人类科技进步及开发能力的增强，使其成为全球焦点之一，一些国家及国际组织纷至沓来，“作为一片特殊领地的北极与全球体系的联系变得更为紧密”,① 北极地缘政治风险进入高发期。北极不再是俄罗斯北部那个“冰封”、宁静的天然安全保障。

一、域内国家的争夺

北极地区拥有900亿桶的石油储量，1669万亿立方英尺的天然气，440亿桶的液态天然气；煤炭储量达到1万亿吨以上，占全球煤炭储量的1/4，加之低硫等特性，是世界上品质最洁净、最高效的煤炭；北极地区还有大量的铜镍钚复合矿以及金、银、金刚石及铀、铁等战略性矿产。北极地区的渔业资源也极为丰富，在过去几十年中，北极每年的渔业产量约为600万吨。② 北极地区还具有重大的地缘战略价值。一方面，

---

① ［美］奥兰·扬，杨立译：“变化中的北极与适应性治理”，见杨剑主编：《亚洲国家与北极的未来》，北京：时事出版社，2015年版，第5页。

② “北极资源是全世界的应共同开发”，http：//www. china-nengyuan. com/news/news_detail. php? news_ id =83179。

随着气候变暖、海冰消融，北极航道畅通有可能成为现实，由此连接西欧、东亚与北美的航线可缩短约25%—40%的航程；另一方面，北极地区上空和北冰洋海域也是当前世界主要核大国投送核力量的必经之路和必争之地，对维护世界和平稳定具有极其重大的战略意义。①

为此，北极周围分布的8个主权国家——俄罗斯、美国、加拿大、丹麦、芬兰、冰岛、挪威、瑞典等对北极展开了激烈争夺。

因为阿拉斯加州的部分领土位于北极圈内，所以美国自认为是一个“北极国家”。2003年，美国就曾向一些国际石油公司拍卖北极的天然气开采权，暗示北极是属于美国的。其后，美国开始加强在北极的活动，增强其存在感。2007年，美国海岸警卫队的“希利”号重型破冰船开赴北极，进行了2个月的考察。2009年1月，美国小布什政府颁布《国家安全及国土安全总统指令》，取代1994年北极政策文件。新文件宣布美国是一个“北极国家”，在北极地区有着广泛和根本性的国家安全利益，其中包括建立导弹防御和早期预警、进行战略输送所需海空系统的部署、战略威慑、海上存在和海上安全行动、保证自由航行和飞行等。美国在北极也有防止恐怖主义威胁的核心利益。奥巴马政府则发布了包括《北极地区国家战略》《国防部北极战略》以及《北极地区国家战略实施计划》等多份战略规划。在2010年《国家安全战略》报告中，奥巴马称美国是“在北极地区有着广泛和重要利益的北极国家”。美国还计划申请从阿拉斯加以北延展至北极点的600多海里的区域。在2013年5月发布的《北极地区国家战略》中明确指出，美国在北极地区有包括保障美国的安全、保证资源与商业的自由流通、保护环境、解决原住民需求，以及加强科学研究等5个方面的核心利益。2015年9月1日，奥巴马还宣布，美国决定将替换重型破冰船的日程由2022年提前至2020年，同时请求国会拨款建造更多破冰船。奥巴马还对美国涉北极事务机构进行整合，以提升其决策效率和优化北极事务决策体制。2012年，奥巴马政府通过决议，将2010年成立的阿拉斯加北方水域工

---

① 杨爱红：“中国的北极战略，当然是闷声发大财”，http：//finance. ifeng. com/a/20161207/15059698_ 0. shtml。

作组正式升级为阿拉斯加北极政策委员会；2015 年 1 月，又建立北极事务行政指导委员会。奥巴马表示，“我们会看到北极将有更多航运交通，我们必须做好准备”。此外，美国还打算在北极设立军事训练中心和基地，美国海军的“北极舰队”也在酝酿当中。2016 年 3 月，美国联合英国、挪威和加拿大在北极开展 2016 极地演习（ICEX—2016），测试和评估在北极地区的作战能力，向国际社会传达美国捍卫北极安全利益的坚强决心。[①] 美国试图通过积极参与现存北极国际机制和建立新的制度框架，来确立自己在北极治理领域的领导地位，达到利用制度约束其他行为体并促使其分担责任的目的。[②]

加拿大是世界上拥有北极领土最多的国家。2006 年执政的哈珀政府一直积极强调加拿大的北极主权权益。尤其是在北极西北航道问题上，哈珀政府强硬宣称，北极西北航道位于加拿大所属水域。每年夏天，他都会去北极进行视察以宣示主权。2007 年 8 月，哈珀提出，任何进出西北航道的国家都必须向加拿大海岸卫队登记。2009 年 7 月 26 日，加拿大政府公布了新的北极战略——《加拿大北部战略：我们的北方、我们的遗产、我们的未来》，文中指出：加拿大是一个北极国家，北极是其历史遗产与国家身份的重要组成部分，对其未来至关重要。加拿大又在 2010 年发表的北极政策声明中，把维护北方地区的主权确定为该国北极政策中第一位和“不可谈判的优先选项”。2013 年底，加拿大向联合国提出申请，要求扩大北极海床界线。2014 年 9 月，加拿大发现了 1846 年沉没在北极海域的富兰克林探险队的一艘沉船。哈珀在

---

① 畅言：“北极烽火：俄美加等国北极争夺战及我国的对策”，《舰载武器》2007 年第 10 期，第 12—17 页；郭培清、董利民：“美国的北极战略”，《美国研究》2015 年第 6 期，第 47—65 页；孙凯、杨松霖：“奥巴马第二任期美国北极政策的调整及其影响”，《太平洋学报》2016 年第 12 期，第 31—40 页；“俄申请划分北冰洋大陆架涉 120 万平方公里开发权”，http：//www. yangtse. com/guoji/2015—08—06/605703. html；“北极资源是全世界的应共同开发”，http：//www. china-nengyuan. com/news/news_ detail. php? news_ id = 83179；史佳卉：“北极资源的开发与利用”，《湖南农机》2012 年第 1 期，第 137—138 页。

② 郭培清、董利民：“美国的北极战略”，《美国研究》2015 年第 6 期，第 47—65 页。

随后的声明中激动地称，这为加拿大的北极主权奠定了重要的基础。①加拿大还努力强化在北极圈地区的军事存在。2004年8月，加拿大军队在北极圈内展开了一场声势浩大的代号为“独角鲸”的海、陆、空联合军事演习，以宣示其军事力量在北极存在的决心。2007年，加拿大政府宣布将在北极地区设立一个新的、可同时训练100人的军事训练中心，在北冰洋西北通道（巴芬岛北端）开设深水军港，以巩固加拿大在北极领海的主权，同时决定把加拿大北极保安部队兵力从4100人增至5000人。2012年4月中旬到5月1日，加拿大在北极地区举行代号为“我们的土地”的演习，以此表明加拿大政府捍卫北方地区主权的决心。②

2003年6月，丹麦军舰驶抵北极地区的汉斯岛，并且在该岛插上了丹麦国旗，单方面宣布拥有汉斯岛主权。2004年底，丹麦斥资2500万美元派出一支科考队赴北极考察。丹麦科技大臣桑德当时宣称，只要科学家们能够证明北极点所在的海底是丹麦所属格陵兰岛的自然延伸，丹麦就将“拥有开发那里的石油和天然气资源的权利”。考察活动结束后，桑德就宣布了一项最新的地理发现：北极与丹麦所属的格陵兰岛是由一条绵延1240千米长的水下山脉罗蒙诺索夫海岭连接起来的。而根据1982年《联合国海洋法公约》，沿海国家可以将其海岸线外200海里（约370千米）的范围划为大陆架，并在此范围内行使主权。2007年8月12日，丹麦又派出一支由40名科学家组成的科考队急赴北极，用一个月的时间研究罗蒙诺索夫海岭地貌，主要搜集2000多千米长的罗蒙诺索夫海岭在地理上与格陵兰岛相连的数据，以此证明北极是丹麦的领

---

① 潘寅茹：“北极争端研究基于公共池塘资源的分析视角”，上海外国语大学硕士学位论文，2011年，第52页；唐国强：“北极问题与中国的政策”，《国际问题研究》2013年第1期，第15—25页；史佳卉：“北极资源的开发与利用”，《湖南农机》2012年第1期，第137—138页；“丹麦对北极提出主权要求 北极之争成2015年重头戏?”，http：//world. huanqiu. com/hot/2014—12/5255257. html。

② 畅言：“北极烽火：俄美加等国北极争夺战及我国的对策”，《舰载武器》2007年第10期，第12—17页；“普京下令驻军北极再将美国一军”，http：//3g. xinruijunshi. com/hqjj/20140504/25615. shtml；若英：“北极争夺战中都有哪些利益诉求?”，《红旗文稿》2012年第21期，第38页。

土。2011 年 8 月，丹麦发布《2011—2020 年丹麦王国北极战略》，重点是支持和加强格陵兰的开发，确保丹麦在北极事务中的重要地位，并通过国际法和合作机制解决争端并开展合作。2012 年初，丹麦宣布任命克拉夫斯·阿诺尔迪·霍尔姆为首位北极大使。2014 年 12 月，丹麦正式提出对北极的主权要求，主张其拥有包含北极点在内的 89.5 万平方公里的北极区域的主权。①

挪威政府先后在 2005 年、2006 年和 2009 年发布了 3 个版本的北极战略文件，是北极国家中更新北极战略最为迅捷的国家。② 2006 年，挪威向大陆架界限委员会提交挪威海、巴伦支海等海域的外大陆架划界案。2009 年 4 月，委员会就挪威外大陆架外部界限提出建议，挪威成为北极国家中第一个划定外大陆架的国家。2009 年，挪威又提出了 7 项优先政策。挪威战略的重点是增加北极活动，加强北极存在；建立监测、应急准备和海上安全机制；确保航行安全和环境保护；强调与俄罗斯合作的重要性，同时推动北约积极参与北极事务。③ 2012 年 1 月，挪威召开了“2012 北冰洋边界”会议，以“北极地区的能源”为主题，讨论了全球能源前景将如何影响北极地区，评估了北极地区传统及可再生能源潜力，以及北极地区能源可持续发展所需要的技术手段等问题。挪威还把《斯瓦尔巴条约》作为“护身符”，以保护环境为由，称其他国家的冰层钻探技术不成熟，在开采北极石油时会造成环境污染，试图

---

① 畅言：“北极烽火：俄美加等国北极争夺战及我国的对策”，《舰载武器》2007 年第 10 期，第 12—17 页；“北极资源是全世界的应共同开发”，http：//www. china-nengyuan. com/news/news_ detail. php? news_ id = 83179；［英］理查德·米尔恩，何黎译：“大博弈正在走向北极圈”，http：//www. ftchinese. com/story/001059665；唐国强：“北极问题与中国的政策”，《国际问题研究》2013 年第 1 期，第 15—25 页；若英：“北极争夺战中都有哪些利益诉求?”，《红旗文稿》2012 年第 21 期，第 38 页；“俄申请划分北冰洋大陆架涉 120 万平方公里开发权”，http：//www. yangtse. com/guoji/2015—08—06/605703. html。

② 曹升生：“挪威的北极战略”，《辽东学院学报（社会科学版）》2011 年第 6 期，第 143—147 页。

③ 唐国强：“北极问题与中国的政策”，《国际问题研究》2013 年第 1 期，第 15—25 页；“普京下令驻军北极再将美国一军”，http：//3g. xinruijunshi. com/hqjj/20140504/25615. shtml。

以国际舆论的压力迫使其他国家就此止步。①

2009年4月，冰岛外交部发布了《冰岛在北极》文件，较为全面地阐述了冰岛官方的北极事务立场。2011年，冰岛又公布了《关于冰岛北极政策的议会决议》，在阐述了北极在国际事务中不断增强的重要性、自然资源利用、生态因素、主权权利、国际法、大陆架权利争端、安全问题与北极地区居民等问题后，提出了确保冰岛作为北极地区内一个沿海国家的地位及关于冰岛北极利益的合作原则。2013年4月，冰岛外交部在其内部设置五人工作组，就北极问题加强内部的协商与交流。2013年10月，冰岛总理宣布成立北极事务部长委员会，以推动政府内多部门之间的信息交流和资源互通。2013年，在政府的支持下，冰岛大学成立了北极政策研究中心，为国内北极科研机构提供合作平台，并推动国内北极问题的跨学科研究，以打破以往单独学科研究的局限性。在经济界，2013年4月冰岛政府推动建立了冰岛北极商业委员会，成员主要包括冰岛国内最著名的9个公司代表，其宗旨是创造一个良好的商业环境，确保冰岛企业在未来的商业机遇中具备较强的竞争力。2013年10月，冰岛外交部长斯韦英松表示，在放弃加入欧盟的谈判后，冰岛外交政策的重心将聚焦于北极事务，致力于打造北极地区重要的商业枢纽并创造更多经贸联系。冰岛还发起成立了北极圈论坛。②

芬兰于2010年发表北极战略文件，2013年对其进行了修订。修订后的战略旨在从开发北极的专业技术、可持续发展与环境保护、国际合作等方面强化芬兰在北极地区的地位。芬兰总理于尔基·卡泰宁称："芬兰的优势在于拥有关于北极地区的广泛的技术能力和专业知识。未来几年，芬兰的技术能力和新形式的跨界合作会得到强化。"③ 瑞典于

---

① 若英："北极争夺战中都有哪些利益诉求?"，《红旗文稿》2012年第21期，第38页；畅言："北极烽火：俄美加等国北极争夺战及我国的对策"，《舰载武器》2007年第10期，第12—17页。

② 钱婧："冰岛北极政策研究"，上海师范大学硕士学位论文，2015年，第22页；赵宁宁、欧开飞："冰岛与北极治理：战略考量及政策实践"，《欧洲研究》2015年第4期，第114—125页；中国驻冰岛经商参处："冰岛将致力成为北极枢纽"，http://is.mofcom.gov.cn/article/jmxw/201311/20131100388410.shtml。

③ 商璐："芬兰政府修订北极战略"，《人民日报》2013年8月26日，第22版。

2011 年公布北极战略，指出："瑞典在北极战略的目的是要从国际视角出发，展现瑞典和北极的关系以及瑞典北极战略中当前的工作重点和未来的前景。将优先发展的气候环境、经济发展、人文发展三个领域作为其战略的核心。"①

气候持续变暖所导致的环境变化，使得北极的经济、安全、战略价值与利益越来越突出，北极 8 国加强了对其主权权利的诉求力度，而目前尚缺乏有效力、为国际社会共同接受的北极治理规范与机制，这些国家也是凭借地利之便，增强自己的存在，以争取在北极事务或治理方面的更大话语权。而且，各国实力与能力存在差距，多国之间既有的争端及实际利益冲突，因此这些国家彼此之间虽有沟通、协调，但更充斥着紧张的较量，如丹麦外交部法律处主任彼得·塔克苏—詹森所说："如果依据当下的规则，你有扩张本国领土的可能性，那你就应该去发掘这种可能性。"② 再加上各国在北极地区的军事存在和频繁的军事活动，北极地缘安全环境愈发波云诡谲。

二、域外国家的博弈

北极是人类共同的财产，而且它与全球体系之间存在着环境、经济和政治的联系。③ 因此，北极也是整个国际社会关注的对象，"就气候变化、独特的环境、潜在的世界贸易航线和稀缺资源而言，北极具有世界重要性。世界其他地区在北极也享有合法权益"。④ 因此，如英国、法国、德国、韩国、日本、新加坡和中国等与北极利益攸关的国家，以及欧盟、北约等国家集团出于对北极地区重要性的认知，都积极、主动

---

① 曹升生、郭飞飞："瑞典的北极战略"，《江南社会学院学报》2014 年第 4 期，第 50—54 页。

② "北极石油属于谁?"，http：//www. ftchinese. com/story/001013735/ce。

③ ［美］奥兰·扬，杨立译："变化中的北极与适应性治理"，见杨剑主编：《亚洲国家与北极的未来》，北京：时事出版社，2015 年版，第 3 页。

④ House of Lords Select Committee on the Arctic，Responding to a Changing Arctic，London：The Stationery Office Limited，Feb. 27，2015，pp. 54 – 55. 见李益波："英国北极政策研究"，《国际论坛》2016 年第 3 期，第 24—30 页。

地参与北极事务与治理，以分享话语权，影响北极治理政策与机制的构建。

在上述国家中，英国距离北极最近，北极经济资源的开发、环境的变化将对英国经济、环境与安全等方面产生重大影响，因此英国对北极有着诸多重大的利益诉求。英国在北极开展相关活动的历史较长，在北极科考事务上有着雄厚的基础和傲人的优势。据统计，英国至少有77家科研机构从事北极研究，其中包括46所高校和20余家研究院，而且一些大型的英国公司已经活跃在北极地区，特别是在北极油气资源开发上，英国企业也起步较早。但是，直到2013年10月，英国政府才公布了北极“政策框架”，详述了其在北极各领域的利益。英国的北极利益由英国外交和联邦事务部的极地部门负责协调。同时，英国注重与北极理事会成员国之间发展贸易关系。英国还通过加强与北极国家的安全防务合作来增强其在北极地区的军事存在；通过理事会和北极国家以及其他北极论坛联系起来，以保证英国作为北极地区首要伙伴的身份，使英国在北极问题中同时收获影响力和商业利益。[①] 2015年7月，英国外交部在回复上议院北极特别委员会关于北极事务的质询报告中，强调政府部门将时刻关注北极政治经济环境的快速变化，采取具体措施不断修正和完善英国的北极政策，借此确保英国成为“最为活跃的和最有影响力的域外国家之一”。[②]

法国作为一个近北极国家，对北极也有自己的经济与安全利益诉求。而且在北极治理问题上，无论是从政治还是经济方面，对于法国而言都是一个增强国家话语权、维护其在欧洲乃至世界的大国地位的重要机会。法国在重视和持续发展北极研究和教育的同时，通过能源企业加强与北极大国的战略合作，并利用多种公共资源介入北极事务，提高其

---

① 李芝聪乐：“英国的北极政策研究”，《中国集体经济》2016年第7期，第164—165页；李益波：“英国北极政策研究”，《国际论坛》2016年第3期，第24—30页。

② 赵宁宁、周菲：“英国北极政策的演进、特点及其对中国的启示”，《国际论坛》2016年第3期，第18—23页。

在北极事务中的话语权以及影响决策的能力。[①]

2013年，德国政府对外公布了《德国北极政策指导方针》。德国政府将资源开发、北极航道畅通、环境安全、自由科考确定为德国北极战略的四大支柱，它们代表了德国参与北极事务的核心要素，指导着德国的北极外交实践。一方面，对于德国工业界和消费者来说，确保能从北极地区获得长期稳定的能源和原材料供应极具战略意义。而从挪威海—格陵兰海—北冰洋到太平洋的国际战略通道的形成，为德国开展跨洲贸易铺设了一条新的黄金水道。另一方面，德国将环境保护作为其北极战略的重要内容，通过掌握北极环境政治话语权来介入北极治理的制度设计过程，以议题设计优势换取合法开发北极资源的身份优势；德国拥有高度发达的北极科研机构及充足的信息储备，积极开展北极科考可以提升德国在北极科考领域的影响力。在北极治理机制建设上，德国力求建立一个包括所有北极国家在内的多边安全保障体系，降低北极开发的安全风险。[②]

除中国外，亚洲的日本、韩国与新加坡对北极事务最为关注，相关活动也最为积极。日本认为，北极地缘政治地位的变化直接关系到自己的国家安全，但其参与北极事务主要目的仍在于要抓住北冰洋通航带来的战略机遇与自然资源的开发。[③] 日本于2009年7月正式申请成为北极理事会的观察员，随后开始积极参加北极理事会的各种会议。2010年9月，日本外务省组建了"北极工作组"，开始加大参与北极的力度。2012年7月，日本还启动了一个超党派的"北极圈安全保障议员联盟"。安倍内阁执政后，非常关注北极事务，北极政策与行动被列入日本全球战略的重要组成部分。2013年3月，外务省设立了北极担当大使这一职务；2013年4月，日本修订《海洋基本计划》，开始关注北

---

① 周菲："法国在北极地区的利益维护及其启示"，《武汉理工大学学报（社会科学版）》2016年第1期，第47—53页。

② 肖洋："德国北极战略及其外交实践"，《当代世界》2014年第11期，第68—74页。

③ 刘慧："日本的北极战略研究"，中国海洋大学硕士学位论文，2014年，第8页；肖洋："日本的北极外交战略：参与困境与破解路径"，《国际论坛》2015年第4期，第72—78页。

极，在2015年版的《日本防卫白皮书》与《日本外交蓝皮书》中，日本均重点提到了北极问题；2013年7月，日本召开了关于北极问题的联席会议。2014年10月17日，日本首相安倍晋三与北欧及波罗的海沿岸国家举行首脑级会谈，就日本参与北极圈开发问题进行了深入协商。① 但日本官方的北极战略或政策制定却比较滞后，2012年日本外务省国际问题研究所曾公布了一个《北极治理与日本的外交战略》，为日本政府构建北极战略提供了整体框架。2015年10月16日，内阁综合海洋政策本部第14次会议正式出台了日本官方的北极政策，主张进一步推进北极问题的研究；积极参加国际规则的制定，在北极问题上扩大日本的影响力，提升日本的话语权；关注北极航道和北极资源开发，鼓励日本的海运企业参与北极航道的开发，资助相关国家对北极资源的开发。②

2002年7月，韩国国家科技发展委员会制定了“极地S&T促进计划”。2004年，韩国通过《南极活动与南极环境保护法》。2006年，韩国国家科技发展委员会制定《促进南极研究的基本计划》（2007—2011年）。李明博政府时期，韩国政府开始重视北极事务。2008年，极地问题被列入政府100项国家施政课题；2012年，韩国国家科技发展委员会制定《促进南极研究的基本计划》（2012—2016年）；韩国还加强与北极周边大国的关系，为韩国参与北极事务、开拓北极航道奠定了良好基础。2013年2月朴槿惠上任后，韩国政府将北极问题列入国家施政课题，并被视为创造国家海洋发展的新动力。2013年5月15日，韩国被批准成为北极理事会正式观察员后，在国内学界和产业界的大力推动下，韩国政府于2013年7月发布《北极综合政策推进计划》。2013年12月，韩国政府又发表了内容更为详实的《北极政策基本计划》。2015

---

① 陈鸿斌：“日本的北极参与战略”，《日本问题研究》2014年第3期，第1—7页；庞中鹏：“试析日本的北极参与战略”，《决策与信息旬刊》2016年第2期，第10—11页；肖洋：“日本的北极外交战略：参与困境与破解路径”，《国际论坛》2015年第4期，第72—78页。

② 肖洋：“日本的北极外交战略：参与困境与破解路径”，《国际论坛》2015年第4期，第72—78页；万晓梦：“剖析日本北极政策的新发展”，《改革与开放》2017年第2期，第17—18页。

年 4 月 7 日，韩国海洋水产部公布了《2015 年北极政策执行计划》。韩国北极政策的主要内容是：积极参与北极理事会工作组和其他国际组织；加强对北极的研究活动，如气候变化研究和科研基础设施建设；拓展新的涉及北极的商业模式，如航运、造船、海洋植物，水产等；完善加强制度和基础设施建设；在海洋水产部建立极地相关部门；制定促进极地活动的法律；把握北极航道开发带来的经济机遇，凭借本国雄厚的经济实力拓展韩国在北极的存在。同时，将韩国塑造为北极国家可靠且负责任的合作伙伴，推动北极地区的可持续发展。①

“城市国家”新加坡也积极参与北极事务。2009 年起新加坡开始介入北极事务，2011 年 12 月新加坡正式向北极理事会递交观察员身份申请，并于 2012 年初任命外交经验丰富的司迪齐为首任北极事务特使。2013 年 5 月 15 日，新加坡正式成为北极理事会的观察员国。2013 年 10 月，新加坡议会在首届“北极圈论坛”上阐述了新加坡在北极存在的利益及所能发挥的贡献，这是新加坡官方首次明确的北极政策宣言。2014 年 10 月底，新加坡又在第二届“北极圈论坛”上，说明了新加坡参与北极事务的领域：极地航运规则制定、极地突发事件应对与预防、国际北极科考研究、密切与北极原住民交流、加强与相关北极国家和国际组织的沟通合作等。除政府重视，积极开展北极外交，并在多边国际场合通过影响议程设置、规则制定和条法解释等参与北极事务以外，新加坡产业界、学界和民间也在政府引导下，联合协同参与北极事务。新加坡参与北极事务，不但为新加坡创造了更多的商业与国际合作机会，而且扩大了其自身国际战略空间，增强了北极话语权，有助于树立良好的国际形象，提高国际地位及国际影响力。②

进入 21 世纪后，如欧盟、北约这样的国家联盟组织因有北极圈国家的加入而与北极事务有了密切的联系。自 2002 年以来，除去各成员

① 龚克瑜：“韩国的北极政策与北极事务”，《东北亚学刊》2014 年第 4 期，第 11—17 页；肖洋：“韩国的北极战略：构建逻辑与实施愿景”，《国际论坛》2016 年第 2 期，第 13—19 页。

② 何光强、赵宁宁、宋秀琚：“新加坡的北极事务参与及其对中国的启示”，《东南亚研究》2015 年第 4 期，第 18—26 页。

国的科研经费支持，欧盟共划拨2亿欧元用于北极科研。2007—2013年，欧盟共筹集19.8亿欧元用于支持北极原住民发展。2014—2020年，欧盟将从其结构和投资基金中筹集10亿欧元，用于支持北极原住民社区创新产业、中小企业和清洁能源等的发展。[①] 2008年11月，欧盟发布首份北极政策报告，强调了欧盟与北极所具有的重要而密切的关系，认为欧盟有必要也有义务通过各种渠道积极参与北极事务。2012年7月3日，欧盟正式发表《发展中的欧盟北极政策：2008年以来的进展和未来的行动步骤》的战略文件，基于欧盟对航运、能源与矿产资源及环境的利益需求，强调要加大欧盟在知识领域对北极的投入，以负责任和可持续的方式开发北极，同时要与北极国家及原住民社群开展定期对话与协商。2016年4月27日，欧盟外交事务与安全政策高级代表莫盖里尼以及欧盟委员会共同发布了欧盟北极政策建议，用于指导欧盟在北极地区的行动。该建议提出了欧盟在北极的三大优先领域：应对气候变化和保护北极环境、实现北极地区的可持续发展、开展北极事务国际合作，共包括39项具体行动内容。[②] 2009年1月28日，在雷克雅未克举行的研讨会上，时任北约秘书长夏侯雅伯阐述了北约所扮演的安全角色及其北极政策可能面临的挑战。北约在北极主要履行确保航行安全、和平解决争端与防范区域军事冲突三项安全职能，但一年后，北约却在多个场合表示“不支持北极的军事化”。2010年5月，北约专家小组向秘书长提交了一份有关制定新战略概念的报告，其中称北约有必要提升对包括北极海域在内的多个海域的情况监视。2010年11月，北约在里斯本峰会上宣布，其未来可能的北极政策将与该组织传统的“部队生成”和“威慑”角色完全不同，主要是确保该地区的可持续发展和政治稳

---

① 伊民：“欧盟北极政策明确三大优先领域强调在北极的广泛利益将开展39项行动”，《中国海洋报》2016年5月4日，第4版。

② 程保志：“北欧国家间的北极国际合作机制及其对东北亚国家的启示”，见杨剑主编：《亚洲国家与北极的未来》，北京：时事出版社，2015年版，第172页；戈佩玉：“欧盟北极外交实践：利益诉求与战略规划”，《中国集体经济》2016年第6期，第165—166页；伊民：“欧盟北极政策明确三大优先领域强调在北极的广泛利益将开展39项行动”，《中国海洋报》2016年5月4日，第4版。

定。即便如此，2009 年以来，北约还是在北冰洋地区举行了多次军事演习。①

总之，北极环境的快速变化，使得北极在相关国家及国际组织的战略中占有越来越重要的地位。随着在北极进行国际博弈的主体的增多，各种矛盾与问题也在增加与加剧，在推动北极地缘政治格局多元化发展的同时，也使得北极地缘政治格局的动态性增强、复杂性加大。②

---

① 程保志："北欧国家间的北极国际合作机制及其对东北亚国家的启示"，见杨剑主编："亚洲国家与北极的未来"，北京：时事出版社，2015 年版，第 174 页；李尧："北约与北极——兼论相关国家对北约介入北极的立场"，《太平洋学报》2014 年第 3 期，第 53—65 页。

② 朱宝林："解读加拿大的北极战略——基于中等国家视角"，《世界经济与政治论坛》2016 年第 4 期，第 141—155 页。

——第四章——

俄印关系中的地缘战略目标因素

一个国家在一个时期内所处的地缘政治环境，影响着其地缘战略目标的谋划与选择并影响着相应的外交实践。而国际关系史表明，大国或强国始终是国际舞台上的主角。在国际社会动荡不安的岁月里，唯有大国或强国因其深厚的实力基础及优势地位，才可能保有相对而言的自主与安全。努力复兴中的俄罗斯与正在奋力崛起的印度虽然各自面临的地缘政治环境不同，但却有着相同的地缘战略目标选择，即复兴或崛起为世界大国，成为国际体系中强大的一极。

第一节　俄罗斯的地缘战略目标：复兴为世界大国

俄罗斯踞有欧亚大陆中心的地理位置并拥有横跨欧亚大陆的广阔地缘空间，自 18 世纪开始，凭借这一优越的地理条件，其逐渐成为活跃在世界舞台中心的国际体系的主角，特别是曾以超级大国的身份称霸世界长达 45 年，所以追求并真实拥有世界大国地位始终是俄罗斯的基本地缘战略目标考虑与选择。这样的历史进程，让俄罗斯人习惯于扮演主宰的角色，习惯于发挥着大国或超级大国和世界强族的作用。[①] 换言之，成为强有力大国的观念、意识及追求已超越制度与时空，深深地植

① 宋瑞芝：《俄罗斯精神》，武汉：长江文艺出版社，2000 年版，第 71 页。

根于俄罗斯的民族性格之中。[①]

一、俄罗斯大国战略目标的思想基础

大国思想在俄罗斯有着悠久而又厚重的渊源。自然地理环境在塑造俄罗斯民族特性、民族思想方面发挥着独有的作用。早期的俄罗斯人生活在西起德涅斯特河、东到第聂伯河以及黑海北岸之间，被地缘政治学家称为“心脏地带”的欧亚大陆内部，欧洲和亚洲之间缓冲地带广袤的东欧平原，远离海洋，没有任何天然屏障，无险可守，并与大草原相连。在那里，森林与沼泽交错，河流纵横，土质以砂质黏土为主，地力瘠薄，气候条件也很恶劣。艰难的自然地理环境，以及来自草原蛮族或其他民族的频繁袭扰，迫使俄罗斯人“像风滚草一样”从一个地方迁移到另一个地方，直到俄罗斯平原的天然疆界——乌拉尔和白海为止。流动性逐渐成为俄罗斯人血液中流淌着的因素，索洛维约夫称之为“液态因素”。这种“流动性”后来演变成俄罗斯统一国家形成后的有意识的移民拓土，由此“液态因素”也增添了进攻性和扩张性。历经400余年的扩张，俄罗斯最后成为一个东西跨度达15000公里、南北跨度达5000公里的横跨欧亚大陆，拥有多个出海口，世界第一领土的大国。[②]辽阔的疆土，巨大的自然地理空间，优越的地理位置，既赋予了俄罗斯民族一种内在的扩张冲动，[③]也使俄罗斯人的心理欲求不断膨胀；它在造就了俄罗斯人宽广胸怀，豪爽、开朗的性格，以及温顺与牺牲精神的同时，也培育了俄罗斯人的“强壮”“宏大”观念，“中心”和“大国”意识。就连俄罗斯人所造之物，从建筑物到日用生活用品都给人以深厚、粗重、宏大的印象。

---

① 刘杰：“试论俄罗斯大国进程中的长周期规律”，《欧洲》1996年第4期，第24—30页。

② 见白晓红：“管窥俄国历史发展特点”，《光明日报·历史周刊》2000年6月2日；宋瑞芝：《俄罗斯精神》，武汉：长江文艺出版社，2000年版，第10页。

③ 朱听昌：《中国周边安全环境与安全战略》，北京：时事出版社，2002年版，第412页。

广阔的地理空间还使俄罗斯人形成了这样的认识，认为自己是主宰世界的中心，周围广阔无垠的土地都属于俄罗斯。[①] 广袤土地所提供的丰足资源与财富，使俄罗斯人支撑、承受了压在自己身上的重负，并且拖垮、击败了进入俄罗斯土地的侵略者。因此，在俄罗斯人心目中，“辽阔、深邃、巨大的俄罗斯大地，总能解救，帮他摆脱困难”。[②] 对俄罗斯民族来说，大地母亲就是俄罗斯。[③] 是拥有无限宽广胸怀的俄罗斯大地母亲，用其流淌不尽的乳汁，养育和拯救了所有的俄罗斯人。俄罗斯人之所以认为尽力拓展边界是最好的国家战略，[④] 是因为无限的空间、广阔的沃野、不尽的资源使其感受到了安全，体会到了民族的强大。因此，在俄罗斯人内心的大国思想中，俄罗斯首先是一个地理意义上的大国。俄罗斯位于欧亚大陆中心的地理位置及其横跨欧亚大陆的广阔地缘空间助长了俄罗斯人的大国思想和优越感。

在历史上，俄罗斯人对从沙皇俄国到苏联的向外扩展空间的政策和随之而来的对相邻的国家和民族所进行的侵略和奴役，以及他们自己为此所付出的巨大努力和牺牲，并无“不满”或“不安”。相反，在 19 世纪中期克里米亚战争失利后、20 世纪初期、十月革命胜利之初和 20 世纪 90 年代因苏联解体等造成的地理空间的缺失却激发起俄罗斯人强烈的民族感情，并由此显示出俄罗斯民族刚柔并济之力。别尔嘉耶夫在其论著中表述道，“俄罗斯土地的广袤无垠、辽阔广大与俄罗斯的精神是相适应的，自然的地理与精神的地理是相适应的”。[⑤]

自然地理环境对俄罗斯民族思想、精神的影响是真实、多侧面、持

---

① 宋瑞芝：《俄罗斯精神》，武汉：长江文艺出版社，2000 年版，第 10 页。

② 朱听昌：《中国周边安全环境与安全战略》，北京：时事出版社，2002 年版，第 412、413 页。

③ ［俄］Вл. 索洛维约夫等，贾泽林、李树柏译：《俄罗斯思想》，杭州：浙江人民出版社，2000 年版，第 268 页。

④ 朱听昌：《中国周边安全环境与安全战略》，北京：时事出版社，2002 年版，第 412、413 页。

⑤ ［俄］尼·别尔嘉耶夫，雷永生等译：《俄罗斯思想》，北京：三联书店，1995 年版，第 2 页。

续而深刻的，[1] 但决定俄罗斯民族思想、精神的产生及其特征的定型是俄罗斯民族独特的社会历史文化发展历程。俄罗斯几百年来的对外交往史，就是一部其从国际体系边缘走向世界舞台中心的历史，[2] 俄罗斯民族的大国思想也是在这一历史过程中由感性追求上升为民族理性和国家意识的。

在15世纪晚期至16世纪初期，沙皇俄国最终摆脱蒙古人的统治，形成为一个统一的中央集权国家之时，还仅是一个孤踞亚欧大陆深处，为其他欧洲国家所睥睨的粗鄙小邦。在被西面瑞典人、立陶宛人和波兰人与南面的土耳其人和克里米亚的鞑靼人的包围下，国家面临着严峻的生死威胁。同时，欧洲弱肉强食，大国得尊，享用天下财富的现实也深深地刺激了沙俄的统治阶层。在这种情况下，争取强盛，努力成为欧洲强国和大国的欲念很快占据了沙俄统治者的心头。统治者借用西方先进技术，强化军事力量，尤其是经彼得大帝的西化改革，沙皇俄国的军队成为欧洲最强大的军队之一。依靠军事强力，沙俄击败了瑞典王国、吞并了立陶宛王国、占领了波罗的海沿岸地区、从波兰和土耳其那里夺取了大片领土并直面黑海，俄国也因此由一个内陆国家变为一个濒海国家，进而挤进欧洲大国之列。自18世纪起，沙俄开始与欧洲的法、奥、英等欧洲大国一道，在欧洲扮演了举足轻重的角色，对于欧洲大陆的权力均衡发挥了巨大的作用。至叶卡捷琳娜二世统治时期，沙俄成为欧洲真正意义上的大国和强国，沙俄先后宣布武装中立政策，伙同普鲁士、奥地利三次瓜分波兰。从此，沙俄与法国、奥匈帝国、普鲁士、英国等欧洲大国一起，共同角逐欧洲和世界霸权。在打败拿破仑帝国后，沙俄还一度成为欧洲大陆上首屈一指的强国。[3] 在此期间，沙皇俄国还持续不断地向东方扩张，进入19世纪后，其领土已扩张至太平洋，沙俄最终成为横跨欧亚大陆、世界上领土面积最大的军事帝国。

国土的扩张，同时也拓展了俄罗斯人的视野。依靠国家的强大力

---

① 宋瑞芝：《俄罗斯精神》，武汉：长江文艺出版社，2000年版，第10页。

② ［美］罗伯特·A. 帕斯特，杨韵琴、胡利平译：《世纪之旅：七大国百年外交风云》，上海：上海人民出版社，2001年版，第205页。

③ 陆齐华：《俄罗斯和欧洲安全》，北京：中央编译出版社，2001年版，第8、12页。

量，俄罗斯人“从愚昧无知的深渊登上了世界光荣的舞台”。[①] 俄国作为不可小视的伟大强国，以及它在国际政治中所扮演的举足轻重的角色，[②] 使俄罗斯人真正体验到了强族拱手、弱国“献土”所带来的“快慰感”；而强大的国力在抵抗强敌入侵时所发挥的巨大作用，以及俄国在与其他列强角斗国际事务时遭遇的挫折，或俄国自身困难导致其大国地位受损时所带来的困难，更使俄罗斯人认识到国家的强大对于自身安全和民族自尊的重要性，俄罗斯人的大国、强国观念和意识逐渐形成并浸入和积淀于其内心深处。而苏联在短时期内所创造出来的惊世伟业、占据的超级大国的霸权地位及其给俄罗斯人带来的荣耀和尊严，以及斯大林时代及其以后的苏联政府积极宣扬的俄罗斯文化优越论，[③] 它们在激发起俄罗斯民族自豪感的同时，更是对俄罗斯人膨胀的大国思想产生了强烈、持久的影响。因此，从俄罗斯社会历史发展角度来看，自沙皇俄国至苏联，俄罗斯享有大国地位、充当欧洲和世界历史的主角已经数百年之久，俄罗斯人自然已习惯了作为主宰的角色，习惯了起大国或超级大国和世界强族的作用。[④]

大国思想既是俄罗斯独特的自然地理环境的反映，又是源于俄罗斯民族独特的社会历史文化发展经验。俄罗斯人是一个有着悠久东正教传统，深受宗教熏陶和影响的民族，在其思想和道德观中都充斥着宗教因素。[⑤] 宗教对纯厚、执着的俄罗斯人民具有很大的束缚规范力。[⑥] 深深渗透于俄罗斯人意识中的“关怀天下，视拯救人类为己任”的超民族主义的“救世”意识和“第三罗马”等宗教观念，以及因此形成的强

---

① 孙成木、刘祖熙：《俄国通史简编》，北京：人民出版社，1986年版，第258页。

② ［俄］H·A. 别尔嘉耶夫：“俄国魂”，见［俄］Вл. 索洛维约夫等，贾泽林、李树柏译：《俄罗斯思想》，杭州：浙江人民出版社，2000年版，第261页。

③ 杨堃、徐衍：《俄罗斯商人》，南昌：江西人民出版社，1998年版，第30页。

④ 宋瑞芝：《俄罗斯精神》，武汉：长江文艺出版社，2000年版，第71页。

⑤ ［美］罗伯特·康奎斯特，刘靖北、刘振前译：《最后的帝国——民族问题与苏联的前途》，上海：华东师范大学出版社，1993年版，第380页。

⑥ 霜木：“也谈俄国历史发展特点”，《光明日报》2000年9月7日。

烈的特殊历史使命感,[①] 成为俄罗斯人大国思想形成和固化的“酵母”和“催化剂”，而这种“特殊使命感”本身就是俄罗斯民族大国心态和理想的反映。它内含以下内容：

俄罗斯东正教王国对于第一第二罗马（君士坦丁堡）的继承性，完成了上帝的旨意和预言，所以俄罗斯民族是上帝的选民，负有作为基督教世界精神政治领袖的使命,[②] 俄罗斯民族是特殊的民族，其负有解放各民族的特殊使命，这个民族应该统治世界；俄罗斯是神圣国家，是历史上已经消失，未来也永不会再现的“全天下的王国”；“莫斯科即第三罗马”，其负有在世上实现千年王国的义务和责任，俄罗斯的命运就是整个世界的命运，并且“俄罗斯的命运是无与匹敌的”；[③] 俄罗斯宗教的特殊使命是与俄罗斯国家的力量和伟大联系在一起的，即是说，只有俄罗斯民族的无限发展，俄罗斯国家的强大并确保其大国地位，才能实现上述俄罗斯的“特殊使命”和神圣目的。这些观念、意识历经几百年的灌输，同千年王国等宗教学说一起深深渗透于俄罗斯人的灵魂之中。[④]

俄罗斯人的“救世”使命意识和“莫斯科即第三罗马”观念在俄罗斯历史中有着鲜明而又生动的体现：一方面，它在出现之时，或多或少为凝聚民族力量起到了推动作用；另一方面，产生了一个不可抵御的副产品，即为俄罗斯大规模向外扩张奠定了思想基础及由此而形成的大国霸权主义。[⑤] 历代沙俄统治者无不充分利用俄罗斯人的这些观念、意识，对俄罗斯周围的瑞典、波兰、立陶宛、土耳其、中国等国家的领土

---

① 冯绍雷：“俄罗斯——东西全部的文明”，见资中筠主编：《冷眼向洋：百年风云启示录》，北京：生活·读书·新知三联书店，2001 年版，第 30 页；宋瑞芝：《俄罗斯精神》，武汉：长江文艺出版社，2000 年版，第 42 页。

② 白晓红：《俄国斯拉夫主义》，北京：商务印书馆，2006 年版，第 221 页。

③ ［英］阿诺德·汤因比，郭小凌、王皖强译：《历史研究》下卷，上海：上海人民出版社，1997 年版，第 184 页。

④ 参见［俄］尼·别尔嘉耶夫，雷永生等译：《俄罗斯思想》，北京：三联书店，1995 年版，第 32、8、9、45 页；［俄］Вл. 索洛维约夫等，贾泽林、李树柏译：《俄罗斯思想》，杭州：浙江人民出版社，2000 年版，第 124、264、267 页；宋瑞芝：《俄罗斯精神》，武汉：长江文艺出版社，2000 年版，第 43 页。

⑤ 冯绍雷等：《国际关系新论》，上海：上海社会科学院出版社，1994 年版，第 132 页。

进行鲸吞和蚕食，对弱小的其他斯拉夫民族和东方各民族予以兼并、保护、“帮助”和“解放”，经过长达 4 个世纪的侵略扩张，把一个位于欧洲一隅仅有 200 多平方公里的小国扩张成为地球上领土面积最庞大的国家，野心勃勃地企图建立起称霸世界的“第三罗马帝国”。在 1815 年战败拿破仑后，沙俄还一度主宰了欧洲大陆，法国、奥地利、普鲁士都得尊重俄罗斯的安排，沙俄成为维护欧洲反动的“正统主义”和建立国际均势的“国际警察”，并且成为欧洲各斯拉夫民族的大本营。[①] 正是因为有着这样的历史文化传统，所以有人甚至把布尔什维克的“十月革命”和后来苏联实行的“世界革命”方针都看做是“救世观念”变相起作用的表现。[②]

而从斯大林时代及其以后的苏联对外政策和行为中，人们也的确能够看到、体验到俄罗斯人血液中固有的“救世”意识和“第三罗马”的幽灵。如，在第二次世界大战前，为了自身的强大和安全，苏联靠强占波兰的西乌克兰和西白罗斯近 20 万平方公里的领土，芬兰的 4.2 万平方公里领土，强行“接纳”爱沙尼亚、拉脱维亚、立陶宛等波罗的海沿岸三国及罗马尼亚的比萨拉比亚和北布科维纳建立了所谓的“东方战线”；第二次世界大战后，苏联又从日、德、捷、中等国夺取了新的领土和权益，它还以社会主义“大家庭”的家长自居，干涉、控制、镇压不听其摆布的其他成员国，与同被西方政治家称为“超级大国”的美国一起挟持欧洲、称霸世界、主导国际社会几十年。而苏联却认为，这一切都是自己对其他民族的“救世”和“恩赐”，是理所当然的“正当行为”和“收获”。[③] 今天，俄罗斯的民族爱国主义者同样没有放弃这种“伟大”的理想，“应当永远记住，俄罗斯的确自古就负有一项历史使命：担当起解决别国无法解决的任务”，“世界应当感谢俄国发挥了拯救者、解放者的作用。俄罗斯每过百年便履行一次历史使命……

---

① 宋瑞芝：《俄罗斯精神》，武汉：长江文艺出版社，2000 年版，第 59 页；冯绍雷等：《国际关系新论》，上海：上海社会科学院出版社，1994 年版，第 134 页。

② ［俄］Вл. 索洛维约夫等，贾泽林、李树柏译：《俄罗斯思想》，杭州：浙江人民出版社，2000 年版，中译本前言，第 5 页。

③ 宋瑞芝：《俄罗斯精神》，武汉：长江文艺出版社，2000 年版，第 60—74 页。

这是俄罗斯的天然使命……”①

至今，这种有着浓厚的宗教哲学基础、文化解释以及经过了“历史实践”的“救世”学说仍对俄罗斯人有着巨大的影响。俄罗斯共产党主席久加诺夫就曾讲道：“俄罗斯所要解决的不仅是自己国内的问题，而且要解决全世界文明的问题，尽管在这方面它只走了半步，但却先于世界文明，它指出了道路，或者相反，提醒人们不要步它走错之路的后尘。由此而产生出特有的俄罗斯的弥赛亚观念，包括革命的弥赛亚观念。”②

二、俄罗斯大国战略目标的现实支持

从近代帝俄崛起，到现代苏联与美国共同主导世界，大国思想一直都在影响着俄罗斯在国际社会中的定位及其外交走向。如今，这种思想也在深刻地影响着拥有诸多大国“标志”的俄罗斯政府其内外战略目标的选择与实践。

今日俄罗斯在国际社会中的尴尬处境，无疑强烈刺激、伤害了长期是横跨欧亚大陆的帝国的主人，③ 已习惯于占据国际社会主角位置的俄罗斯人的大国心理，无数俄罗斯人为自己失去作为伟大强国的公民的资格而感到悲伤和沉痛，因此俄罗斯人又重新回忆、憧憬起昔日强大的帝国来，“CCCP”再度成为俄罗斯人魂牵梦萦的词汇，其对大国角色和地位的追求愈发强烈，大国思想的表现愈加凸显。这种心理在当代俄罗斯人对其杰出历史人物的选择中也有所反映。为实现强国梦，恢复昔日超级大国的荣耀，俄罗斯民众宁可忍受经济上的困难，“我不在乎禁令。

---

① 学刚、姜毅主编：《叶利钦时代的俄罗斯——外交卷》，北京：人民出版社，2001 年版，第 267 页。

② ［俄］久加诺夫：“十月革命的含义和事业”，《苏维埃俄罗斯报》1997 年 11 月 6 日，转引自刘飞涛：“论普京外交思维的内在取向”，《东欧中亚研究》2002 年第 1 期，第 38—42 页。

③ ［美］兹比格纽·布热津斯基，中国国际问题研究所译：《大格局：美国的首要地位及其地缘战略》，上海：上海人民出版社，1998 年版，第 117 页。

我不害怕。二战都熬过来了，我们能渡过这一难关。”①

企望俄罗斯继续享有大国权力，扮演国际社会的主角也是俄罗斯各政治党派的共同呼声。大西洋主义者主张尽快融进西方社会，其目的是要借西方之力，在较短的时间内，迅速恢复并维护俄罗斯的大国地位，增强俄罗斯在国际事务中的发言权。斯拉夫派认为，应在保持和发扬俄罗斯历经千年形成的独特历史文化与传统思想的基础上，“渐进”地使俄罗斯成为一个位居世界各国之首的大国，继续肩负起拯救世界的“特殊历史使命”。持欧亚主义观点的人主张，俄罗斯应利用地处欧亚文明结合部的有利条件，吸收世界各民族文明中的积极因素并把欧亚两大洲联系起来，创造出“精神主义、人民政权和大国思想”三位一体的“欧亚文明”，摆脱社会危机，建设一个强大的俄罗斯国家并恢复俄罗斯的世界大国地位，成为世界文明中的一极。极端民族主义者则叫嚷“恢复俄罗斯的战略边界和历史形成的地缘政治空间，……恢复俄罗斯同其地缘政治使命相符合的世界超级大国的作用”。② 俄罗斯共产党主席久加诺夫在《俄罗斯的未来》一文中就曾写道：“可以毫不夸大地说，全人类的利益迫切需要恢复（以这种或那种方式）强大的欧亚地缘政治集团，而复兴后的俄罗斯理所当然地应成为其核心。”当代欧亚主义的积极倡导者A. 巴纳林同样声称，“俄罗斯是我们这个星球的中心，这不仅是从地缘角度上说的，而且也是从历史角度上说的。它不仅是东方与西方在空间意义上的连接点，而且是其在形态时间意义上的连

---

① 庞大鹏：“‘普京主义’析论”，《俄罗斯东欧中亚研究》2016年第1期，第17—35页。

② 参见叶自成：《东扩：克林顿与叶利钦》，上海：东方出版社，1999年版，第87页；学刚、姜毅主编：《叶利钦时代的俄罗斯——外交卷》，北京：人民出版社，2001年版，第6—15页；宫少朋、朱丽群、周启朋：《冷战后的国际关系》，北京：世界知识出版社，1999年版，第164—165页；宋瑞芝：《俄罗斯精神》，武汉：长江文艺出版社，2000年版，第314—315页；孙勇军：“欧亚主义思潮再度兴起”，《人民日报》2001年8月17日；［俄］沃斯克列先斯基：《统一的欧亚空间是新的地缘战略的绝对命令》，［俄］《独立报》1994年7月2日；［俄］阿·米特罗法诺夫：“各政党的对外政策观点”，《国际生活》1995年第11—12期。

接点”。[1]

大众的心态与呼声、思想界的言论、政治派别的主张都制约、影响着俄罗斯当权者的心态、言行及政府对外战略目标的选择。在借西方之力维持其世界大国地位的幻想破灭后，俄罗斯政府将“恢复世界大国地位”战略确定为国策。叶利钦当政时，一再强调俄罗斯的外交“应永远符合俄罗斯的大国地位”，俄罗斯现在和将来都应在世界大国中占有应有的地位。[2] 自1993年起，俄罗斯政府就将“恢复世界大国地位”，维护和加强俄罗斯在国际社会中的大国权威和影响定为对外政策的轴心。“俄罗斯联邦作为一个有着几百年历史，具有独一无二的地理位置，拥有足够的军事实力和雄厚的技术潜力、智力潜力、伦理潜力的大国，理所当然地置身于国际社会并享有充分的权利。”同时，作为联合国安理会常任理事国，作为一个负有维护世界和平与安全责任的大国，俄罗斯外交政策的优先方面之一，就是“保证俄罗斯……起着与其大国地位相适应的作用”。[3]

俄罗斯过去和将来都是伟大强国的意识也正是现任俄罗斯总统普京的“俄罗斯思想”的核心和基本内容。[4] 21世纪伊始，普京总统就声言，“俄罗斯在各方面仍具有优越的条件，有能力维护和加强自身的大国地位”。[5] 自普京执政以来，各类俄罗斯官方外交文件中，俄罗斯要恢复大国地位的提法屡见不鲜。[6] 在其签字批准的2000年《俄罗斯联邦对外政策构想》中，他向外界宣布，俄罗斯政府主要致力于实现的根

---

① 刘飞涛：“论普京外交思维的内在取向”，《东欧中亚研究》2002年第1期，第38—42页。

② 王正泉：“俄罗斯围绕外交构想的三次争论”，《国际观察》1998年第2期，第27—30页。

③ “俄罗斯联邦外交政策构想基本原则”，“俄罗斯联邦总统令第284号”，1993年4月23日。

④ 俞邃等：《普京：能使俄罗斯振兴吗?》，南京：江苏人民出版社，2001年版，第150页。

⑤ “俄罗斯联邦代总统令第24号”，2000年1月10日，转引自周尊南：“令人注目的普京外交”，《外交学院学报》2001年第3期，第33—38页。

⑥ 金峰：“普京外交思想的核心理念与特殊意义”，《河南师范大学学报（哲学社会科学版）》2013年第3期，第106—109页。

本目标就是“确保国家的可靠安全，维护其主权、领域完整、在国际社会中的牢固的权威地位。而这种地位应在最大程度上符合俄罗斯联邦作为一个大国，当今世界的一个势力中心的利益”。① 在其签署的俄罗斯国歌歌词及《2020 年前俄罗斯发展战略》中，也都表达了“俄罗斯永远追求第一”的思想。② 2008 年 7 月，时任总统梅德韦杰夫批准的《俄罗斯联邦对外政策构想》继续明确地传达了俄罗斯更加积极主动地参与制定国际议程、构建世界新秩序的抱负和恢复自身大国地位的信心。③ 2012 年 5 月，普京总统在其第三任期就职仪式上，承诺要让俄罗斯成为世界大国。第三任期开始后，普京批准的 2013 年版的《俄罗斯联邦对外政策构想》中，仍强调要将俄罗斯打造成为当代世界一个有影响力与竞争力的力量中心。④ 而最新的 2016 年版《俄罗斯联邦对外政策构想》则认为，俄罗斯不但要更积极、更多地参与到国际关系主要议题中去，而且俄罗斯还是地区及全球稳定的基本要素之一。⑤ 普京对大国地位的向往和对苏联的暧昧态度，让他的外交思想具备了俄罗斯领导人的共同特征。⑥

总之，俄罗斯人根深蒂固的大国心态，表明大国思想在今日俄罗斯仍有着极强的生命力。在重新对本国进行“历史定位”时，俄罗斯人迄今仍摆脱不掉“大国梦”的纠缠，大国意识和重铸辉煌的愿望仍不

---

① “俄罗斯联邦外交政策构想”，俄罗斯联邦总统普京批准，2000 年 6 月 28 日，见孙叔林：“俄罗斯亚太政策的调整”，张蕴岭主编：《2000 年亚太地区发展报告》，北京：社会科学文献出版社，2001 年版，第 275 页。

② 张学勤：《普京的大国战略思想在其对华外交政策中的体现》，对外经济贸易大学硕士学位论文，2011 年，第 14 页。

③ 柳丰华：“评新版《俄罗斯联邦对外政策构想》”，《国际论坛》2009 年第 3 期，第 64—67 页。

④ 朱丽峰、熊伊、钟忠译：“2013 年《俄罗斯联邦对外政策构想》”，http：//blog. sina. com. cn/s/blog_ 4ed7c2630102vo19. html；陈志新等：“普京重回克宫发誓要建世界大国西方舆论一片嘲讽”，http：//world. huanqiu. com/roll/2012—05/2696544. html。

⑤ “俄中是全球稳定基本要素”，《人民日报》2016 年 12 月 4 日。

⑥ 金峰：“普京外交思想的核心理念与特殊意义”，《河南师范大学学报（哲学社会科学版）》2013 年第 3 期，第 106—109 页。

见有丝毫的减退。[①] 21 世纪初，俄罗斯数次调整对外政策构想，但始终追求俄罗斯的大国地位，为此，国家的发展要保证其全球竞争力，维持俄罗斯在全球事务中的影响力，提高、加强其在各种国际组织中的地位的目标一直没有改变。

第二节　印度地缘战略目标：崛起为世界大国

历史文化、战略思维及独立以来国力的发展，塑造了印度人的大国思想。受大国思想观念的影响，争当亚洲和世界强国，争取实现大国地位一直就是独立以来印度人始终坚持不懈追求的理想与目标。

一、印度大国战略目标的思想之源

印度人的大国心理和思想根源既是由于其独特的地理环境与数千年的厚重历史文化积累所形成的，也是近代西方殖民主义侵略带来的一个“客观结果”。

三面环海的南亚次大陆是世界地理中的一个独特的单元。其北部是高耸入云、难以逾越的喜马拉雅山脉，而山的那边也是不毛之地；东北部是难以穿越的峻岭、丛林地带；西北部是兴都库什山脉和浩瀚的沙漠。历史上，西北部兴都库什山的一些山口是印度次大陆与其他亚洲地区和欧洲交往的主要通道。印度自然景观丰富多变，虽然为印度洋所环绕，但具有大陆性特征。旱季气温常在 40℃ 以上，酷热难耐，来自西比沙漠的干热风刮过，更是土地龟裂，草木凋零。而雨季的暴雨、洪水在摧毁家园和生命的同时，还引发疫病流行。一年不同季节中所出现的极度炎热、极度多雨或极度干燥的极端自然状况，影响着印度人的性格及其对待生活的态度：为躲避炎热，解除酷暑，人们往往紧闭门窗，足不出户或寻找一个蔽阳林荫之处，自我静坐宁思，抑制或忘却欲念；对

---

① ［俄］Вл. 索洛维约夫等，贾泽林、李树柏译：《俄罗斯思想》，杭州：浙江人民出版社，2000 年版，中文版前言，第 24 页。

暴雨连连，江河横溢，泛滥成灾，人们又感到无力、无助和无奈，唯有敬畏和消极接受。严峻、恶劣的自然地理环境培养了印度人的忍耐力和求稳、安静、散漫、平和、不爱激动的心理特征。而温暖的气候、茂盛的植物、丰富的物产，又使人们无需付出艰苦劳动即可生存下去或过着“丰衣足食”的生活，使得人们不愿去做长远考虑。①

自然地理环境因素使印度人形成了“自我克制”“分散静处”，不喜打扰他人，也厌烦他人打扰自己生活的性格特征和心态，只是“满足”、忍受自然预定的命运。并且，印度教徒又被严禁跨过叫做“黑水”的大海，违者将遭受到种姓制度的惩罚。② 所以，优越的地理位置并没有引发印度人的外向扩张冲动，在印度历史上找不出几个其向南亚以外区域扩张的事例。受自然条件的制约和传统文化的影响，无论是人民还是统治者都对“国家”的兴衰漠不关心、置身事外，更有一些王公贵族一直保持离心倾向，一遇机会便脱离处于瓦解之中的中央帝国，分裂自主，独立称王。历史上，一批批强悍的外族人和依仗船坚炮利的西方殖民者经由西北部兴都库什山脉的几个山口或经由海路侵入印度。从最古时代起，较为“先进”或较为强大的外族势力就已渗入次大陆。③ 先是雅利安人进入了印度，之后又有波斯人来到印度，亚历山大大帝率领他的强大军队曾占领印度西北一隅。德里苏丹国在印度立世300 年，莫卧儿王朝皇帝巴布尔征服了大部分印度，最后印度又成为大英帝国王冠上的耀眼明珠。印度的历史成为“一个接一个的征服者的历史”。④ “尽管这些征服者都把次大陆看做外部实力基地的扩展，没有一个能够完全占有整个次大陆，所以印度人从来没有长期统一、强盛国家的经历与感受，也根本不曾有过‘印度国家’的大概念。从政治层面上来讲，优越的地理位置没有使印度形成为一个对世界其他地区能产生

---

① 马加力、尚会鹏：《一应俱全印度人》，北京：时事出版社，1998 年版，第 6 页。

② ［英］特雷弗·菲希洛克，袁传伟、任荣康译：《印度人》，上海：上海译文出版社，1990 年版，第 7 页。

③ ［美］罗伯特·A. 斯卡拉皮诺，辛耀文译：《亚洲及其前途》，北京：新华出版社，1983 年版，第 105 页。

④ 《马克思和恩格斯全集》第 9 卷，北京：人民出版社，1956 年版，第 246 页。

重大影响的大国。但是，他们后来却都以印度中心观来看世界”，[①] 认为印度是一个整体，他们都是印度的一员。自古代至近代，出现在南亚次大陆上、比较有实力的统治王朝，如三个最著名的强盛王朝——孔雀王朝、笈多王朝和莫卧儿王朝，都有着强烈的征服天下成一大国的欲念。[②] 这就是当代印度人根深蒂固的“大印度”观念的历史之源。

独特的自然地理环境与社会历史发展进程，还影响了印度民众的静寂宗教与哲理，培育和发展了印度“别具一格而又多姿多彩”的社会历史文化传统和思想。[③] 印度的社会历史表明，印度是世界上最富于宗教传统的国家之一。在印度，宗教不仅是一种个人信仰和精神寄托的方式，还是一种潜在的精神力量，潜移默化地渗透于个人的思想观念和社会生活的各个方面，从民众的价值观念、生活方式到国家的政治、经济都深受传统宗教文化的影响。印度教是印度的主体宗教，印度教徒占今日印度人口的2/3以上，印度文化就是以印度教为主体的多元文化综合。印度人内心深处的民族思想、信仰，都渗透着不同的宗教信仰与思想成分：传统宗教文化影响着印度人的理想和追求，就是“梵我一如”，个人同“终极实在”及其显现物的合一。这种“神人合一”的观念，培养了印度人以追求个人的精神解脱为最高境界，以及超自然中心的文化心理取向。社会历史和文化宗教传统还培养了印度人热衷公理、宽容、互让和团结一致的情感，以及非暴力的和平思想；追求真理和价值完善的目标，采用最好的手段或方式，达到最有价值的目的。换言之，印度人是在追求至真至纯，至善至美，追求自我完善和灵魂的净化和升华，推崇通过不同路径去实现最高、终极真理。这些思想还造就了印度人内心中的宏大抱负，认为印度是世界上深邃思想和价值观的发源地，是“精神和伦理道德上的大国”。又因这些思想在其邻近地区乃至

---

① ［美］斯蒂芬·科亨，刘满贵译：《大象和孔雀：解读印度大战略》，北京：新华出版社，2002年版，第5页。

② 陈乐峰：《印度社会述论》，北京：中国社会科学出版社，1991年版，第3—7页。

③ ［美］威尔·杜兰，台湾幼狮文化公司译：《世界文明史·东方的遗产》，北京：东方出版社，1999年版，第473页；［美］罗伯特·A. 斯卡拉皮诺，辛耀文译：《亚洲及其前途》，北京：新华出版社，1983年版，第105页。

全世界都有着广泛的影响，能够平衡、包容和融合来自西方、伊斯兰世界以及其他方面的外部影响，所以印度人认为，印度是伟大的国度，世界上任何其他的文明、科学以及文化都无法与之匹敌。印度（和印度人）在世界上拥有对其他国家指手画脚的资本，其他国家理应向印度表示尊重。①

总之，在相对封闭的自然地理环境中，很早就迈入了高度文明阶段的印度人，在创造了辉煌的文化成就的同时，其基于地域的“大一统”思想也较早地萌生出来。并且，在所有的文明古国中，只有印度和中国代表着“大一统”的帝国文明。与中国一样，印度深谙大国之理。②

印度人的大国思想更是近现代西方殖民主义者“教化”的产物，是近代西方殖民者，主要是英国殖民者，用“血与火”改变了印度的社会结构，强行为印度文化思想注入的“新”的因素。殖民者带来的西方近代资产阶级民族民主思想和近代西方文化诱发了具有较强民族意识和爱国主义思想的优秀印度知识分子的民族民主情绪。一方面他们深入、广泛发掘、发现印度伟大的过去和文化，并为之感到骄傲，同时用以启迪、唤醒印度人的民族自豪感、民族自尊心和自信心，以及爱国主义和民族独立等民族意识，争取国家的独立和民族的复兴；另一方面，他们也汲取了西方现实主义强国思想并将之传输给印度广大民众。这些思想也是印度民族领袖创建民族独立理论的依据。民族意识在印度迅速蔓延和成长起来，并在19世纪中期的民族大起义、20世纪上半期的自由运动中表现强烈。而且，这些具有较强民族意识和爱国主义思想的优秀知识分子——印度民族主义精英，在倡导民族解放、颂扬印度伟大历史文化和民族精神的同时，也宣扬复兴的印度民族将会创造出一种更高的文明。“那些满身沾满泥巴、心灵纯洁而又生活在水深火热中的人民，总有一天将控制整个世界，在他们生活的土地上建立一个人间的天堂。”

---

① ［美］斯蒂芬·科亨，刘满贵译：《大象和孔雀：解读印度大战略》，北京：新华出版社，2002年版，第2、21、38、49页。

② ［美］斯蒂芬·科亨，刘满贵译：《大象和孔雀：解读印度大战略》，北京：新华出版社，2002年版，第6、48页。

他们为之奋斗的印度会成为一个无所畏惧的国家。①

简言之，西方殖民者在印度人的内心植入了近代民族意识，使得“印度重新发现了自己”。拥有璀璨、伟大历史文明，为整个世界做出杰出贡献的印度，应该重新成为、而且必将成为世界上有重要影响的大国，这样的思想意识也在印度人的心中萌发生长。

印度现代史上及当代政治精英的大国思想观念，对大国地位的追求，以及印度独立后历届政府致力于使印度成为世界上举足轻重大国的内外战略与政策，也深深地影响了印度人的国家观。这其中，以尼赫鲁为首的印度第一代统治者的大国思想观念及其以追求大国地位为目标的治国方略对其后的印度有着决定性的影响。从尼赫鲁为首的印度第一代统治者开始，就以“大英帝国天然继承者”自居并全盘接受了大英帝国借助印度地理优势，利用印度丰富资源和雄厚人力，逐步向亚洲大陆和海湾地区拓展的所谓“印度中心”观，他们坚信印度与俄罗斯、中国和美国同属大国之列。

二、印度大国战略目标的现实支持

独立后的印度处在南亚次大陆的中心地带，占据了南亚次大陆近3/5 的面积，围绕其周边的其他南亚中小国家都没有与印度抗衡的实力基础。加之南亚次大陆的重要地缘战略地位，印度拥有实现其“大印度”战略的优越地缘政治条件。这使得印度不但将自己视为次大陆“遗产”的天然继承者、独一无二的地区霸主，而且并不满足于只是做一个地区性大国，而是要崛起成为超越南亚地域限制的全球性大国之一。“南亚次大陆是以印度为中心的，并且只要世界谈到亚洲便会想到印度，这不是因为印度自身有任何野心，而是印度的地缘优势使印度不可避免地在亚洲乃至世界起到很重要的作用。”②

---

① 傅加令、孙丽娟：《东方文化之谜》，北京：中国工人出版社，1991 年版，第 84、92 页；［澳大利亚］A. L. 巴沙姆，闵光沛译：《印度文化史》，北京：商务印书馆，1997 年版，第 581 页。

② 齐晓璇：《印度地缘政治思想研究》，国际关系学院硕士学位论文，2012 年，第 6 页。

作为印度独立后首任总理，尼赫鲁坚信，印度的规模、地缘位置和历史传统，赋予了其在亚洲和世界中的领导角色。[①] 他认为，“在将来，太平洋将要代替大西洋而成为全世界的神经中枢。印度虽然并非一个直接的太平洋国家，却不可避免地将在那里发挥重要的影响。在印度洋地区，在东南亚一直到中亚细亚，印度也将要发展成为经济和政治中心”。他还援引 G. D. 梅尔的话：“印度注定迟早要成为一个强大的超民族国家中心。”并且他还认为，这个“巨大的超民族国家中心”具有巨大的国家机能。在尼赫鲁的思想中，小的民族国家将来注定是要灭亡的，所以，“印度以它现在所处的地位，是不能在世界上扮演二流角色的；要么就做一个有声有色的大国，要么就销声匿迹……”[②] 尼赫鲁还抛下掷地有声的豪言：“当今世界上唯有美、苏、中三国雄视全球，第四个大国非印度莫属。”他确信，印度的国际地位只能与美国、苏联和中国相比。[③] 因此，努力实现世界大国地位就成为独立后至今印度对外战略的总目标。[④]

当代印度领导人视印度为全球角色，认为多种族、多文化的印度国家更适应现代世界。印度应与其他大国平等，而且在精神方面领先他们。[⑤] 印度的政治领导人对大国思想都有过透彻的表白。2000 年 1 月，印度国防部长的费尔南德斯在印度全国军校联合会成立 52 周年的纪念会上讲到，印度将在下个世纪成为世界领袖之一。印度内政部长阿德瓦尼 2001 年 3 月 5 日在安达曼群岛首府视察时称，21 世纪属于印度。他说：“20 世纪属于西方，中国在 21 世纪成为世界的领导，但本世纪末

---

① P. S. Jayaram, “*Idia's National Security and Foreign Policy*” (New Delhi: ABC Publishing House, 1987), p. 11.

② ［印］贾瓦哈拉尔·尼赫鲁，齐文译：《印度的发现》，北京：世界知识出版社，1956 年版，第 57、712 页。

③ V. M. Hewitt, *The International Politics of South Asia*, (Manchester University Press, 1991), p. 195.

④ K. Subramanyam, “Nuclear India in Global Politics”, *World Affairs*, July-September, 1998.

⑤ Kanti P. Bajpai and Harsh V. Pant, *India's Foreign Policy*, (Oxford University Press, 2013), p. 66.

来的岁月将属于我们印度。”[①] 印度总理瓦杰帕伊将印度称为“一个复活了的强大国家”。[②] 曼莫汉·辛格在出任总理后，对记者们说：“我将努力实现拉吉夫·甘地的构想，使21世纪成为印度世纪。”[③] 而怀揣印度强国之梦的莫迪在竞选时就向选民承诺，希望用10年时间，把21世纪变成印度的世纪。执政后，他到处宣讲，“21世纪一定是印度的世纪!”在访美期间，莫迪更是毫不掩饰地表示，要向美国学习如何成为一个有世界影响力的强大国家。[④]

印度各政治派别也一直以宣扬大国意识来煽动民族主义，为自己捞取政治资本，扩大自己的政治基础。自独立以来，印度注定要成为世界上伟大的文明和国家之一，也成为印度政治精英和各党派的共识。而有着漫长殖民地经历的印度广大民众也喜欢和愿意听外人称印度是世界上最大的民主国家，盛赞印度是世界上伟大国家之类的话语。世界历史也表明，一个被压迫民族的民族意识和爱国意识一旦觉醒和形成，他们就会产生一种强烈的要实现“自我主宰”的心态，显示出强烈的民族自尊心和进取心。在这种心态的驱动下，人们特别渴望一个可以一雪前耻，能维护、保证他们民族尊严，强大的新国家的诞生，建立起一个崭新的社会秩序。为实现这一愿望，他们甚至愿意并勇于做出牺牲，也极其愿意和容易接受与之相关、有利并且极富鼓动性的思想和意识。处于这种情势之中的民众心理、意识与其民族精英的思想观念也更能、更容易相一致。在反抗英国殖民主义统治，争取民族解放、独立运动的过程中，印度人的民族意识和爱国意识觉醒和形成，并且也逐渐接受和认同其民族精英的大国思想观念，印度独立后内外政策更进一步增强了这种思想认同。

---

① “印度宣称21世纪不属于中国而属于印度”，http://news.sina.com.cn/w/200502.html。

② “前进中的巨人”，《亚洲新闻》2000年8月11日。

③ 中新网：“印度新总理誓言人性化改革 称21世纪是印度世纪”，http://news.qq.com/a/20040520/000472.htm。

④ 朱元冰：“莫迪：把21世纪变成‘印度世纪’?”，《同舟共进》2015年第12期，第26—28页；方兴东：“莫迪36小时横扫硅谷　21世纪属于印度还是中国”，http://tech.qq.com/a/20150929/057739.htm。

西方战略家和地缘政治学家的鼓噪也是影响印度人大国心理的重要因素之一。诚如基辛格在《大外交》一书中所写到的，“脱离英国殖民统治而独立的印度，团结了许许多多不同语言、宗教和族裔成为联邦……她比19世纪的欧洲国家更能接受邻国的宗教和意识形态思潮……”① 由于印度地处欧亚大陆外缘“弧形地带”的中央部分，是亚洲、非洲、欧洲之间海陆交通枢纽，尤其是他控制着连接太平洋和大西洋的交通要道和石油输送纽带，即控制着素有“海上生命线”之称的印度洋战略通道，因此印度一直受到西方战略家和地缘政治学家的重视。

历史上不少西方战略家认为，“五把钥匙锁住世界”，印度洋就抓住了其中的苏伊士运河、马六甲海峡和好望角三把。英国的麦金德把印度定为海上力量，是需部署部队以阻止俄国势力发展的重要桥头堡之一。② 印度洋还是德国地缘政治家豪斯霍弗最感兴趣的两个区域之一，并且他将印度列入他所划定的心脏地区。美国的地缘政治思想家斯皮克曼则将印度列为第四个可能的力量中心。他认为，印度尽管现在不重要，但他将来有发展能力，是欧亚大陆边缘的重要国家。而美国海权论鼻祖艾尔弗雷德·马汉更是断言：“谁掌握印度洋，谁就把握住了整个世界。”③ 第二次世界大战后，美国现代地缘政治学家索尔·柯恩在其分裂的世界图式中，将南亚划为独立的地缘政治区。1982年柯恩又将印度定为区内占主导的二等强国。基辛格将印度列为21世纪的六强之一。④ 布热津斯基视印度为谋求地区主导地位或全球地位，有能力改变

① ［美］亨利·基辛格，顾淑馨、林添贵译：《大外交》，海口：海南出版社，1998年版，第749页。

② ［英］哈·麦金德，林尔蔚等译：《历史的地理枢纽》，北京：商务印书馆，1985年版，第60页。

③ “打大国牌走东盟棋步步‘东进’印度想冲出南亚”，http：//news. enorth. com. cn/system/2001/09/11/000140513. shtml。

④ 王恩涌：《政治地理学：时空中的政治格局》，北京：高等教育出版社，1998年版，第12、297—298、306页。

现有地缘政治状况，以至影响美国利益的关键的地缘战略棋手。① 亨廷顿也在其“文明冲突论”中将印度文明列为对世界发展进程具有重要影响的文明之一，预言印度是将来世界舞台上的主要活动者之一。② 美国总统乔治·W. 布什还盛赞，“印度是 21 世纪伟大的民主国家”。2010 年 11 月，奥巴马访问印度时，表示印度正在崛起为世界强国。当今美国总统特朗普也利用国际场合赞扬，“印度是世界上最大的民主国家，实现了‘惊人的’增长”。③

上述思想观念、言论，对自古以来就受外来文化思想影响并善于接受、融合不同族源文化思想的印度人不可能不产生强烈刺激和影响，使他们更有理由相信印度就是全球性的国家并必将是重要的全球性角色。

第三节　俄印关系中的大国战略目标作用

一个世界大国不仅需要有强大的综合实力，而且还需要有一个能够展示其大国角色的广阔的、良好的地缘政治、经济活动空间。在谋求和恢复大国地位的过程中，俄罗斯与印度在这些方面都互有所需，由此减少了两国发展关系的阻碍，促使俄印关系保持了一个较长的密切期。

一、俄罗斯方面

自近代以来，俄罗斯一直将印度列为其重点地缘战略区域。早在 16 世纪，俄罗斯人就憧憬到印度去大捞横财。沙皇俄国崛起后，彼得

---

① ［美］兹比格纽·布热津斯基，中国国际问题研究所译：《大格局：美国的首要地位及其地缘战略》，上海：上海人民出版社，1998 年版，第 54—55 页。

② ［美］塞缪尔·亨廷顿，周琪等译：《文明的冲突和世界秩序的重建》，北京：新华出版社，1999 年版，中文版序。

③ 陈金玉：“冷战后美国的印度政策评析——从克林顿政府到乔治·W. 布什政府”，新疆大学硕士学位论文，2007 年，第 11 页；薛珊珊：“奥巴马称赞印度崛起称其为美国在亚洲‘基石’”，http：//news. 163. com/10/1104/15/6KLFEE5000014JB6. html；“在越南举行的亚太经合组织峰会上，特朗普称赞印度总理莫迪”，http：//www. 360doc. com/content/17/1112/15/22587800_ 703160653. shtml。

大帝将印度定为其南向扩张目的地，即通过中亚经阿富汗侵入印度，最终控制印度洋。随后，印度成为俄罗斯与其他列强，特别是与英国角逐的最为敏感的地方。沙皇保罗一世为有效重创英国，还曾下旨组织远征军，要去远征那时已是英国最重要殖民地的印度，只是因其早逝，没有成行。苏联时代，南亚次大陆与印度洋是苏联与美国争霸的地缘政治较量场。在巴基斯坦加入美国阵营后，苏联将全力拉拢印度作为自己对发展中国家外交的一个优先方面。苏联在喀什米尔、果阿问题上支持印度；苏联尤其在经济和军事方面支持印度大国战略目标所需，大规模援建印度视为大国经济根基的重工业基础建设项目，提供各种军事装备并成为印度最大的武器供应国。1976年12月，苏联同意为印度的原子反应堆提供重油和重水，进入20世纪80年代，苏联又开始援建印度的核电站项目。① 两国在联合国互相支持并在有关裁军、世界秩序等许多国际问题上保持一致；同时，双方高层互访不断并形成机制化。印度成为苏联亚洲地缘战略的重要支撑点及其对发展中国家战略的“基石”。

而自冷战结束以来，与其他大国纷纷强力扩展地缘空间，增强对国际事务的影响力相反，俄罗斯的地缘政治和经济空间急剧缩减，周边地缘环境也处于一种破碎状态。与此同时，因俄国力虚弱，其国际地位下降，“承担特殊的国际义务”减少，对国际事务的影响力也持续减弱。事实上，当代国际社会史无前例变化的主要因缘之一，即是俄罗斯地缘政治和经济空间的收缩及其地位由国际舞台的中心滑向边缘。俄罗斯似乎要步入历史上奥斯曼帝国和奥匈帝国的后尘。② 因此，当代俄罗斯欲图“西进”有着难以解决的困难。要重构俄罗斯的地缘政治和经济空间，尽一切可能扩大俄罗斯的国际影响力，东进南下，重新打造与东方国家的关系自然成为俄罗斯的重要战略选择。而在历史上，处于困难之际的沙俄及苏联也是选择如此战略来抵制“西退”的。独立后的俄罗斯，在经历短暂的迷茫及遭到西方的“轻视”后，将战略目光重新转

① Peter · J. S. Duncan, *The Soviet Union and India* (Routledge, London and New York 1989), pp. 10–29.

② Vladimir Baranovsky, *Russia and Europe: The Emerging Security Agenda*, (Oxford University Press, 1997), p. 7.

向亚太地区。这样，曾是苏联在发展中国家中最大、最重要盟友和经贸对象的印度，在俄罗斯恢复与旧盟友关系、拓展地缘战略活动空间、恢复世界帝国地位的过程中，重新居于前列地位，成为俄罗斯地缘战略的重要优先方向之一。俄印两国关系全面恢复并很快步入全面、密切的发展阶段。进入21世纪后，为重新恢复世界大国地位，俄罗斯继续努力增强其国际影响力，扩展地缘政治空间，印度被视为“俄罗斯的优先伙伴之一”，深化、发展俄印关系成为俄罗斯南亚战略的重点。

自2000年执政后，普京将俄罗斯定位为亚洲的重要行为体，他的总统第三任期更是将亚太地区作为外交政策的优先方向。① 为此，普京特别强调发展与中国、印度友好关系的重要性。他表示，印度成为强大的、独立自主的大国和国际事务中的重要因素符合俄罗斯的利益。为确定21世纪两国关系发展的原则和方向，推进、深化双方战略合作，俄印两国基于对世界上“两个最大的多种族、多语言、多宗教国家所负特殊责任”的理解与认同，2000年10月，在普京总统访问印度时，两国政府签署了战略伙伴关系协定，正式将两国关系提升为战略伙伴关系。② 在西方遇堵，俄罗斯日益东向亚太地区之时，印度对其战略意义也更加突出。21世纪初，俄罗斯外交构想虽数易其稿，但都将深化发展与印度的互惠战略伙伴关系作为俄罗斯外交政策的一个最为重要的方面。俄罗斯一再表示，俄印之间的牢固关系是历经时间考验，建立在相互信任与理解、共同的需要基础之上的。印度是俄罗斯亚洲外交政策的优先对象，认为印度对俄罗斯有着重要的地缘政治意义。在许多国际事务或问题领域，印俄有着共同的利益或看法，印度与俄罗斯是真正的战略伙伴。③

国力发展缓慢的俄罗斯更倾向于采取与其他国家合作的方式来重塑其地缘政治的强大地位。而曾长期遭受西方殖民压迫的印度，有着极强

---

① Nikolas K. Gvosdev, Christopher Marsh, *Russian Foreign Policy: Interests, Vectors, and Sectors*, SAGE, 2014. , p. 151.

② “21世纪威胁来自海洋”，［俄］《红星报》2000年8月5日。

③ Anilkumar B Halu, *Indo-Russian Relations in the Post-Cold War Period (1991—2003)* (Delhi: Authorspress, 2010), Preface, p. 2.

的独立性，始终反对西方霸权主义，一直是西方难以“整合”的国家。如今，印度已经发展成为拥有核武器，具有相当实力的主要地区大国并在积极迈向世界大国。因此，与印度联手，会引起其他大国的“特别”关注，有利于扩大俄罗斯的国际影响力，推广自己的国际“游戏规则”理念，如反对削弱联合国作用、推动多极化等等。而且，南亚地区历来也是西方“柔软的腹部”，局势一直处于不确定的状态，这就为俄罗斯重新展示其大国作用，恢复、巩固自己在南方暖洋地区的地位和传统战略影响，提供了机遇和空间。受传统地缘战略影响，加之与印度关系的历史基础和实现大国战略目标的需求，俄罗斯必然继续选择印度作为其重要地缘战略支撑点之一，这对俄罗斯控制西方“柔软的腹部”，恢复、保持全球影响具有重要意义。一旦俄罗斯实力恢复，时机成熟，印度还会成为俄罗斯向东部和南部非洲扩展地缘政治、经济空间的有力跳板。

二、印度方面

在冷战时期，印度人的大国心理得到很大满足，增强了其争取世界大国地位、实现大国抱负的信心。这是因为，印度虽然国弱、落后，在全世界国家等级中排序靠后，承担的国际义务也极其有限，但是其坚持反帝、反霸，倡导和平，坚持独立自主的外交立场，赢得了广大发展中国家的好感。印度在不结盟运动中的主导地位及不结盟运动的国际影响，并且与两大超级大国之一的苏联建立了战略同盟关系，依靠苏联的支持、“提携”，这些均使印度拥有了较大的国际影响力和较高的国际地位。印度还乘机占据、巩固了其在南亚大陆的“超级大国”地位。冷战后，印度设定的条件指标——联合国安理会常任理事国的席位、核国家地位、在国际社会中的角色及影响等，都得到了俄罗斯的有力支持。

在当代国际社会，拥有联合国常任理事国席位已然成为体现大国地位最显著的标志。而拥有世界第七位的地理规模，第二位的人口数量，位居世界前列的资源储藏及悠久的历史文化底蕴，却没有获得这一席位，这成为印度人挥之不去的心结。在1992年的联合国大会期间，印度正式向大会提出成为联合国安理会常任理事国的要求。其后，印度利用各种国际场合，不断要求联合国改革，讨论发展中国家成为联合国安理会常任理事国的问题。2011 年 2 月 11 日，印度联合巴西、德国、日本等国发表声明，呼吁当届联大在闭幕之前取得“一个具体的成果”。印度有些学者甚至公开宣称衰落的英国应该将其常任理事国席位拱手让给其前殖民地印度。① 在此问题上，俄罗斯一再承诺支持印度的政策和立场，称印度是联合国安理会常任理事国合适的候选国和“最现实的竞争国”。② 为迎合印度争做拥有自己权力的世界大国的意愿，③ 2004 年 12 月普京访问印度时明确表示，俄罗斯支持印度成为拥有表决权的联合国安理会常任理事国。④ 2015 年 9 月，在俄印两国外交部就第 70 届联大相关广泛议题展开的磋商中，俄方重申，一旦通过对安理会常任及非常任理事国的扩容决议，俄将支持印度出任安理会常任理事国。⑤ 2015 年 12 月，普京与莫迪在莫斯科举行会晤，在会晤后的记者会上，普京对媒体表示，俄罗斯主张进一步加强印度在解决全球和地区问题中的作用。俄方认为，印度作为负责任的大国，“是联合国安理会常任理事国当之无愧的候选国之一”。⑥

因 5 个联合国常任理事国都是拥有核武器的国家，并且印度人还受到以“实力应对实力”思想的影响，所以印度将拥有核武器视为其获取世界大国地位、成为多极世界中独立一极的可靠保证。他们认为，只有发展核武器，印度才能像中国一样受到美国等世界大国的重视与尊重。“当今的国际政治格言是实力……一个拥有 8 亿人口和武装了核武

---

① 《中国评论》月刊网络版：“印度难成联合国常任理事国的原因”，http：//www.zhgpl.com/crn-webapp/mag/docDetail.jsp？coluid = 0&docid = 101911361。

② “21 世纪威胁来自海洋”，［俄］《红星报》2000 年 8 月 5 日。

③ Dr. Narendra Singh, *Economic Policies of The Indian Political Parties* (OMEGA Publications, New Delhi, 2009), p. 271.

④ 中新网：“普京支持印度取得联合国安理会常任理事国否决权”，http：//news.163.com/41205/0/16R5PNP40001121Q.html。

⑤ 参考消息网：“俄罗斯支持印度成为联合国安理会常任理事国”，http：//world.huanqiu.com/hot/2015—09/7513748.html。

⑥ 王修君：“普京：俄视印度为联合国常任理事国候选国”，http：//www.chinanews.com/gj/2015/12—25/7687115.shtml。

器的国家是不能被忽视的。当中国弱小的时候，他的领空被经常侵犯，领海被故意超越，合法权益也被否认。一旦他显示了核能力，承认便随之而来。中国的经验对所有发展中大国都是历史经验，也是印度该好好考虑的时候了。”

早在独立之初，印度就曾认为，“没有核武器，国家就没有影响力，核武器是一国实力的重要标志”。[①]“核武器将给予我们威望、权力和地位。当我们拥有核弹的时候，印度人就会挺起腰板走路，理直气壮地讲话。”[②] 在20世纪60年代中期的一次国会会议上，印度的一位政治家断言：“对原子弹的回答就是原子弹，别无其他。”1965年，印度的巴哈杜尔·夏斯特里政府批准了地下核试验计划。1974年，印度成功进行了核试验，向世人表明印度已经成功掌握了核技术并已具备了生产核武器的能力。核试验的成功更是极大地鼓舞了印度的政治家们，当时的英·甘地相信，印度因此会受到大国的尊重，印度的国际地位和声望也因此会得到提高。此后，英·甘地政府计划继续进行核试验，但都因为害怕美国的报复而被迫放弃。[③] 20世纪90年代，印度国内主张公开发展核武器的呼声越发高涨。一些印度专家指出：“现在是印度做出抉择而不能再是骑墙观望的时候了。要么公开实行核计划，接受西方社会很可能实行的经济制裁，要么签署《核不扩散条约》。追求核武器可能是为了取得大国地位，如果印度因为缺乏经济影响而不能获得西方尊重的话，他可能通过展示核武器获得这样的尊重。”[④] 印度著名的战略安全专家K. 苏布拉马尼亚姆则直接向印度政府建议，“如果印度打算扮演一个全球性角色和避免战争，那么他就应当发展最低的核威慑力量，拥

① M. S. Rajain, Studies on India's Foreign Policy (New Delhi: ABC Publishing House, 1993), p. 183.

② "The Nuclear Risk Shifts to South Asia", *The New York Times*, 31 January 1993.

③ *India Today*, 25 May 1998, p. 28, http://www.cass.net.cn/s28yts/wordch-en/ch-lzssh3.htm.

④ Raju · G. C. Thomes, *Democracy*, *Security*, *and Development* in India (New York: St. Martin's Press, 1996), p. 158.; 孙士海：“印度的对外战略思想及其核政策”，《当代亚太》1999年第10期，第13—19页。

有适当数量的核弹头和射程为2500—3000千米的导弹”。[①] 他在其《全球政治中的核印度》一文中写道，（印度）保持最低的核威慑，防止核威胁，就必定会成为全球性的角色，必定会成为（他所言的21世纪由美、中、日、欧盟、印度等构成的多极力量中心）的一极。然后，印度才能将其全部注意力集中到国家的经济、技术、社会和政治发展上。[②] 终于在印度人民党上台执政后，印度政府改变了不发展核武器、和平利用核能的政策，而是将发展拥有核武器及战略威慑能力作为大国、强国的象征及获得大国尊重、成为全球性角色的依靠。瓦杰帕伊政府在1998年连续进行了5次地下核试验，随之，其正式宣布印度为拥有核武器的国家。

在印度发展核能力的过程中，得到了来自俄方的技术支持。1997年3月，在印度总理高达访问俄罗斯时，俄方就承诺向印度提供两座原子能反应堆和相关核技术。在印度核试爆后遭受国际社会制裁之时，俄罗斯不但反对对印进行经济制裁，而且普京总统还访问了印度并参观了巴巴原子能研究中心，在给印度以鼓舞的同时，俄罗斯已事实上承认印度的核国家地位。2006年，俄罗斯不顾美国反对，为印度提供了60吨铀。2007年1月，普京访问印度时，与印度总理曼莫汉·辛格签署谅解备忘录，承诺为印度建造4座核电站，帮助印度发展民用核能。2009年12月，俄印签署一份民用核能合作协议。这份协定对印度核试验“放行”，保证未来即使印度进行核试验，俄罗斯也会向印度提供核燃料，俄罗斯还同意为印度安装4座以上的核反应堆。[③] 2016年8月10日，在与印度总理莫迪出席俄罗斯援建印度库丹库拉姆核电站一号机组的移交仪式上，普京表示，俄印在和平利用核能领域的合作对两国关系的发展具有重大意义。2016年10月13日，普京在接受记者采访时，还

---

① K. Subramanyam, “In Search of Security after the Cold War”, *World Affairs*, *The Journal of International Issues*, October-December 1997.

② K. Subramanyam, “Nuclear India in Global Politics”, *World Affairs*, July-September 1998.

③ “普京访印度巩固旧友谊”, http：//news. sohu. com/20070127/n247873698. shtml；“俄罗斯印度签核能合作协议”, http：//finance. ifeng. com/roll/20091207/1552449. shtml。

宣布了两国正在铀浓缩领域开展技术合作。①

国际关系的发展历程表明，一个国家能否成为一个大国，在国际社会中拥有的权力和所能发挥作用的大小，以及持续时间的长短，都取决于该国综合国力的强弱。而综合国力的物质基础和核心要素是经济实力。经济实力从根本上影响着一个国家的生存能力、发展能力和对外影响力。它反映着一个国家在国际社会中的自由度，是衡量一个国家在国际关系中的地位的重要尺度。同时，经济实力也是国家维护和实现国家利益，在国际上发挥作用的最重要手段。② 吉尔平认为，一个国家采取什么行为，并不仅仅出于追求政治权力的需要，而是由多种因素决定的，其中经济考虑占有重要分量。③ 进入 21 世纪以来，各国对外政策和对外关系几乎都是以促进彼此间的经济合作，最大限度地获取和扩大经济利益为出发点。经济内容占据了一国对外政策和对外关系的主要部分，其在国家间交往中的作用也日益突出。正如地缘经济学的创始者之一、美国兰德公司前政治研究部主任所罗门说："现在我们正进入一个地缘经济的时代，贸易、金融和技术的流动变化，将决定新时代的力量现实与政策。今天的大国游戏不再是争夺殖民地、抢夺黄金、矿产和自然资源，而是竞争市场和流通着的资本、技术和就业机会。"④

对此，俄罗斯和印度都有清醒而深刻的认识。正是因为经济实力因素，一直自以为已是世界大国之一的印度，尽管在经济的世界中显示了出色的商业头脑和非凡的创造力，⑤ 在国际社会中却仍被认为只是一个

---

① "俄罗斯：核能合作对俄印关系意义重大"，http：//money.163.com/16/0812/00/BU7RS1AH00253B0H.html；伍浩松："俄罗斯可能向印度转让铀浓缩技术"，《国外核新闻》2016 年第 11 期，第 26 页。

② 程毅、夏安凌等主编：《国际关系中的经济因素》，武汉：华中师范大学出版社，2001 年版，第 63、52 页。

③ 王逸舟：《西方国际政治学：历史与理论》，上海：上海人民出版社，1998 年版，第 545 页。

④ 程毅、夏安凌等主编：《国际关系中的经济因素》，武汉：华中师范大学出版社，2001 年版，第 52 页；［美］罗伯特·A. 帕斯特，胡利平、杨韵琴译：《世纪之旅：七大国百年外交风云》，上海：上海人民出版社，2001 年版，前言第 2 页。

⑤ 齐晓璇："印度地缘政治思想研究"，国际关系学院硕士学位论文，2012 年，第 33 页。

潜在的大国，不时遭到其他大国的轻视。经济实力的衰弱也是导致俄罗斯国际地位剧降、时常受到西方欺压的主要因素。俄罗斯要重振大国雄风，当务之急是振兴经济。所以，对已经成为全球化世界经济的一部分、正在积极推进既定大国战略、但经济实力相对不足的俄罗斯和印度，经济上的考量在其大国外交中更是占有相当大的比重，地缘经济因素是俄印关系恢复、巩固和深化的重要原因。

21 世纪初，虽然俄印双边贸易额在 200 亿美元以下徘徊，但印度一直是俄罗斯重要的经贸伙伴。印度是俄罗斯机械制造和化工产品的重要出口市场，并且双方合作的领域也不断得到深化和扩展，尤其是在核技术和航天领域。印度在高新技术领域的非凡成就也越来越吸引俄罗斯人。十余年来，为恢复、扩大对印度市场的占有份额和“获取”印度高新技术，俄罗斯对印度方面几乎是“有求必应”，同时也获得了可观的经济回报。而印度人认为，获取俄罗斯资源与技术的支持与合作，可以加快解决印度能源缺乏、基础设施落后和一些产业自给能力欠缺等方面的问题，从而提升、增强印度所需的大国实力。而历经几十年的合作、交往，苏联时期两国建立起的全面、深入、密切的经贸关系，也为新的俄印经贸关系发展提供了良好基础。俄印政府间经贸、科技等领域建立起的机制有效运作。俄印两国政治领导人形成定期访问、会晤的机制，有关部委也一直保持着定期接触。两国议会间、地区间，以及实业界和人文领域的交流也不断扩大。双方奠定了雄厚的法律法规基础，签署了共计 250 多份协议。俄印在机械制造业、化工和矿山工业、航空制造业、制药、医疗，以及纳米和生物技术领域正合作进行一些长期的大型项目。两国还不断加强金融和银行的合作势头，其中包括俄罗斯外贸银行和俄罗斯储蓄银行参与的合作。俄罗斯在印度的资本投入累计约 40 亿美元，而印度商业界对俄罗斯经济的投入是这个数字的两倍，约为 80 亿美元。[①] 俄罗斯和印度进入了全面发展的特惠战略伙伴关系阶段。

此外，受在大国之间寻求平衡、左右逢源的意识的影响，印度人认为，虽然时下的俄罗斯实力不逮，但仍不失为一个强国。而且俄罗斯在

---

① “普京总统谈俄罗斯与印度关系”，https：//tieba. baidu. com/p/4821054187。

资源、科技与人文等方面具有的深厚潜力，决定了其将来或许还会成为一个世界大国。所以，无论是从当前还是长远考虑，俄罗斯都是印度发挥大国力量平衡作用的有力因素。从地缘政治角度方面，印度正在进入中亚，中亚的某些国家也将其视为合作的另一种选择，但印度认为，这一进入必须与俄罗斯合作，至少要得到其默许，才能获得成功。① 能源的缺乏也使印度非常看好中亚地区，与俄罗斯的密切关系将有利于印度在中亚地区的活动，在条件成熟时，也许印度还可以利用中亚的能源运输管道，转运俄罗斯、中亚的油气资源，解决其能源安全问题。② 而且，印度人心目中的理想世界是由几个大国组成的世界，而不是一个超级大国外加其他大国组成的世界。③ 与俄罗斯这个仍具强大军事能力的核大国的密切合作，会促进这一理想世界的实现。

总之，21世纪初，对于衰弱的俄罗斯和实力尚不充分的印度，在21世纪新一轮国际制度安排中确立自己的大国地位已是非常迫切的议题。由于自己的“大国”地位根本就没有得到次大陆及全球的承认，印度还须借助俄罗斯的力量以扩大影响；而为恢复、巩固自己在南方暖洋的地位和传统战略影响，稳定其在南亚的重要地缘战略支撑点，俄罗斯也会继续在经济、政治等领域予以印度有力的援助，密切双边合作，并帮助印度提升在地区和国际舞台上的地位。俄罗斯与印度还自恃处于发达国家与发展中国家的“中间地位”，认为他们可以借此在南北之间就改革国际经济秩序、摆脱债务危机的途径等问题充当“中间人”，④ 以此显示俄罗斯和印度作为大国在国际舞台的重要作用。

尽管有着长期稳定、重要的贸易关系，但由于俄印双方贸易范围极其有限，贸易总额很小，经济方面已经不是印度发展与俄关系的重点。

---

① David M. Malone, *Does the Elephant Dance? Contemporary Indian Foreign Policy* (Oxford University Press, 2011), pp. 240－241.

② David M. Malone, *Does the Elephant Dance? Contemporary Indian Foreign Policy* (Oxford University Press, 2011), p. 94.

③ ［美］斯蒂芬·科亨，刘满贵译：《大象和孔雀：解读印度大战略》，北京：新华出版社，2002年版，第166页。

④ 学刚、姜毅主编：《叶利钦时代的俄罗斯——外交卷》，北京：人民出版社，2001年内部版，第199页。

印度认为，俄罗斯已经难以满足印度经济实力增长的需要，双方的合作与需求将集中在武器交易、核合作和政治对话方面。印度正在设计更具变化的地区与全球政策，以求与其新的全球经济地位相一致。印度还认识到，俄罗斯实力下降，社会脆弱，其对外强硬，内部软弱，可能是一个摇摆中的地区大国，在国际社会中，俄罗斯给予印度的支持或影响有限。① 当代印度仍是一个被民族宗教问题、种姓制度、地方主义分解为无数个独立单元的“分裂”国家，缺乏民族认同，缺乏社会与政治凝聚力，这使得印度经济社会发展严重缓慢，经济实力长期薄弱，经济发展与人口规模存在着不相称性，难有大的国际影响力。事实上，当代俄罗斯也相应地降低了印度在其对外战略中的地位，不再像苏联那样给予印度一个“超乎寻常”的位置。所以，现实及至未来，俄罗斯恐难以达到印度人所希望的那种“真正盟友”或伙伴的支持力度，并且不再过多地倚重印度。

冷战结束后，印度人对印度独立半个世纪以来在国际关系格局中的实际地位和作用进行了反思，结果发现，自己在处理国际问题时犯下了一系列错误，造成了与美、俄、中等大国的关系不是别扭就是被利用。② 特别是向苏联“一边倒”的对外政策，导致在苏联解体后，印度在国际社会凸显孤立，经济陷入困境，以至于印度不得不对其对外政策进行“痛苦”的调整。③ 因此，印度人认为，今日印度的对外政策应更加体现印度的“中间”文化价值，与各大国都保持一种适当的距离，尽量发展能使印度游刃有余地发挥作用的多边外交关系，并且，投入更多的精力，进入更大的亚太地区，才是印度的未来所在。④ 印度人所需

---

① Raja Menon and Rajiv Kumar, *The Long View from Delhi: To Define the Indian Grand Strategy for Foreign Policy* (Academic Foundation, New Delhi, 2010), pp. 75 - 76; *David M. Malone*, *Does the Elephant Dance? Contemporary Indian Foreign Policy* (Oxford University Press, 2011), pp. 235, 245.

② 一知：“印度外交：认识和局限”，《南亚研究季刊》2000 年第 2 期，第 58—63 页。

③ V. P. Dutt, *India's Foreign Policy in a Changing World* (Vicas Publishing House, PVT LTD., 1999), pp. 31, 75.

④ ［印］G. V. C. 奈杜：“印度与亚欧会议”，［印］《战略分析》1998 年 6 月，转引自一知：“印度外交：认识和局限”，《南亚研究季刊》2000 年第 2 期，第 58—63 页。

要的是这样的一种战略环境：既要受到大国的重视，又要不被大国所强制，在大国的竞争中使自己拥有更大的外交活动空间，从而能够最大限度地有利于自身的发展和崛起。[①] 印度为实现自己的大国地位并增强自信心，避免在国际社会中被“边缘化”的状况，改善战略困境，将积极参与外交活动，“张扬”其国际舞台上的角色，推行务实的对外政策，致力于全方位发展与其他大国间的关系。由此，印度对俄罗斯政治支持的需求将下降，俄印关系将趋于弱化。[②]

---

① K. Subramanyam, “Nuclear India in Global Politics”, *World Affairs*, July-September, 1998.

② Marlène Laruelle, Jean-FranÇois Huchet, *China and India in Central Asia: A New “Great Game”* (Palgrave Macmillan, 2010), p. 45; David M. Malone, *Does the Elephant Dance? Contemporary Indian Foreign Policy* (Oxford University Press, 2011), pp. 224, 239.

第五章

俄印的地缘安全理念

安全是与民族、国家密切相关的主题，保护国家不受外敌侵犯、保护国民免遭涂炭和免受奴役是最根本的国家利益。所谓安全，是指人或人的集合组织在客观上不存在威胁，主观上不存在恐惧。在主观上，安全是人或人的集合组织对现实与未来的“无所畏惧”和自信；在客观上，是具有对抗一切现实或潜在威胁的实实在在的保障。[①] 每个国家人或人的集合组织由于国家所处地缘位置不同，周边客观环境差异，而对自己赖以生存和发展的客观环境安全与否都有其独特的主观心理感受和评价。一国国民的安全感知也深刻影响着其所在的主权民族国家。而且，国家自产生以来，就经常要应对各种生存与发展问题、挑战或威胁。在任何时代，任何国家都不可能没有威胁（敌人），即使没有现实的威胁（敌人），也会有潜在的威胁（敌人）。如今，国民的心理安全也已成为一个国家安全的重要组成部分。[②] 国民及国家对安全的潜在或现实威胁（敌人）的主观感受和态度以及对其周边地缘安全环境的看法或观念，影响着决策者对重大安全利益的判断和国家安全战略的制定，也决定着国家提出的安全总目标和制定的安全战略能否获得民众的支持。

---

① 夏保成：《国家安全论》，长春：长春出版社，1999 年版，第 3 页；李少军：《国际政治学概论》，上海：上海人民出版社，2002 年版，第 150 页。

② Stephen Cohen, *The Security of South Asia*: *American and Asian* (Illinois: University of Illinois Press, 1987), p. 163.

第一节 俄罗斯人的安全感与俄罗斯的地缘安全理念

处于亚欧大陆心脏地带的俄罗斯，其独特的地缘环境和历史文化传统不但塑造了俄罗斯人本能的不安全感，也“定制”了俄罗斯国家安全理念——以广阔的地理空间，维护和巩固自身的安全。至今，这一理念仍是俄罗斯思考其安全问题的“习惯方式”，影响着俄罗斯对外政策目标的选择，即始终在寻求一种绝对的安全保证。

一、俄罗斯人对其地缘安全环境的主观感受

地理环境是人类生存和发展的物质基础，它在某种程度上决定了人类生活的内容，因此地理环境自然也是国家存在、民族发展的基础，关系到国家与民族的生存能力。① 影响一个民族或一个国家的国民主观安全感受的首要因素就是地理环境。客观的地缘条件，以及自身社会、文化历史发展的历程，塑造了俄罗斯人“本能”的不安全感。

当早期俄罗斯的先民选择没有天然障碍、平坦开阔的东欧平原上的一块林中空地为其安身立命之所时，就开始在地理环境上给俄罗斯人植入了“不安”的基因，因为这是一个地理条件比较“苛刻”的地方。首先是这里的土地十分贫瘠。在刀耕火种的年代，一块已开垦出来的土地的地力会很快被消耗掉；其次是气候恶劣。“气候与土壤的古怪任性，常常使俄罗斯人最微不足道的期待都告落空。”② 所以，完全依靠土地造化之物繁衍生息的俄罗斯先民只能不断迁移，寻找可供开垦的新土地。早期的俄罗斯人可谓是居有其地，但居无“定所”，生活始终处于一种“不安定”的变动状态。

更为不利的是，俄罗斯先民选择的这处作为生息之地的广阔平原，

---

① 沈伟烈、陆俊元：《中国国家安全地理》，北京：时事出版社，2001 年版，第 35 页。
② 杨堃、徐衎：《俄罗斯商人》，南昌：江西人民出版社，1998 年版，第 36 页。

在其周围“没有自然障碍”，[①] 而且还与中亚大草原相连，所以经常会有草原游牧民族“便利”光顾。而一旦遭到游牧民族入侵，无险可守的俄罗斯人就很难抵挡，最终只能被迫迁向它方。除来自南方和东方的游牧民族外，在俄罗斯历史发展过程中，西方的立陶宛人和波兰人、北方的瑞典人也都曾侵袭过他。外族侵袭使俄罗斯人深受失去生命、财富被毁、颠沛流离等苦难的折磨，总是紧张地准备应对不知何时就会到来的突袭。俄罗斯历史学家克柳切夫斯基在写到这段俄罗斯历史时说，“与草原的游牧民族、波洛夫齐人以及凶恶的鞑靼人的斗争，从 8 世纪几乎一直延续到 17 世纪末叶，这是俄罗斯人民最痛苦的历史回忆，这段历史记忆深刻地印在他们的脑海里”。[②]

长期生活在这种条件艰苦并为外族侵袭威胁的“不安定”的地理环境中，加上俄罗斯人各自孤立的村社生活，在缺乏便利、有力的交通工具的情况下，与外界沟通和往来极为困难；加上极权主义的统治，俄罗斯人形成了顽固自闭，对外界以及陌生人接触谨慎、不信任的心理。[③] 这些因素都在催生着俄罗斯人内心深处的不安全感。

每个民族周围世界的变化，以及自己的种种社会生活遭遇，都对其心理发育产生着重要的影响。在俄罗斯民族国家形成和崛起的近现代史中，俄罗斯又成为那些欲想征服欧陆或称霸世界的强国的终极目标，俄罗斯人也因此继续倍受这些国家的侵略和扩张之害。历史上，侵犯俄罗斯领土的重大事件包括：1812 年，拿破仑帝国的入侵；1919—1922 年，西方列强合力进行的绞杀苏俄的战争；1941—1945 年，法西斯德国的大规模侵略战争等等。俄罗斯人也因此付出了巨大而沉痛的代价。尤其是 1941 年法西斯德国的入侵，不但给苏联造成了难以估量的财产损失，而且使苏联付出了 2000 余万人的生命代价，在现代俄罗斯人的心灵刻下了永难磨灭的沉痛创伤，俄罗斯人内心深处的不安全感由此“固化”起来。

---

① ［美］亨利·赫坦巴哈等，吉林师范大学历史系翻译组译：《俄罗斯帝国主义》，上海：生活·读书·新知三联书店，1978 年版，第 3 页。

② 白晓虹：“管窥俄国历史发展特点”，《光明日报·历史周刊》2000 年 6 月 2 日。

③ 杨堃、徐衍：《俄罗斯商人》，南昌：江西人民出版社，1998 年版，第 36 页。

广阔的平原和毫无天然防卫的边界使俄罗斯易攻难守，但同时也为俄罗斯有意识地向外进行扩张提供了便利，激发了俄罗斯人奔向海洋的冒险欲望。“自卫迫使俄罗斯人赶走侵略者，并在他们居住的地方坚定地保卫自己，但由于居住的地方对他们没有什么自然保护条件，他们就不得不经常扩张他们的边界……”[①] 而俄罗斯人历史上的“移民拓荒”传统和后天从基督教中接受的“使命”思想，也促使俄罗斯人产生了一股潜在的扩张“冲动”，其向外拓展的天性也得以挥洒。[②] 实际上，自莫斯科公国时期起，俄罗斯就在东西南北四个方向进行地缘扩张。伊凡三世通过历时长达 30 年的反对立陶宛—波兰的战争，从立陶宛那里获得了奥未河上游和德斯纳河流域的土地并迫使立陶宛臣服。而伊凡四世为了夺取通向波罗的海的门户，在 1558—1583 年长达 25 年的时间里发动了一系列侵略战争，引得俄罗斯北部和西部的欧洲国家——瑞典、丹麦、立陶宛和波兰等一同反对俄国，致使其侵略野心非但没有得逞，反而还被迫割让了一部分国土。自彼得一世时起，俄罗斯开始进入大规模扩张领土时期。通过彼得一世的“西化”改革，军事实力已经壮大的俄罗斯战胜了北方强大的瑞典王国，取得了“北方战争”的胜利，占有了立沃尼亚、爱沙尼亚、英格里亚和部分卡累利阿等地方，最终在“值得用黄金来衡量”的波罗的海区域有了自己的出海口。借“北方战争”胜利的余威，俄罗斯又南下侵略波斯，夺得了里海西岸和南岸地区。与此同时，俄罗斯又通过巧取豪夺，占领了中亚和东亚的广阔土地。叶卡捷琳娜二世统治时期，通过伙同普鲁士和奥地利三次瓜分波兰，俄罗斯强占了波兰约 46 万平方千米的领土，基本确立了现代俄罗斯西部边界的走向。俄罗斯还通过对南方土耳其的侵略，夺得了东起库班河，西至德涅斯特河的黑海北岸，加强了俄罗斯在黑海地区的存在，巩固俄罗斯在西南方的出海口，基本上确定了现代俄罗斯的南疆。进入

---

① 杨辉、李彦彬：“俄罗斯政治文化的特点以及对其对外政策的影响”，《北京工业职业技术学院学报》2003 年第 4 期，第 71—73 页。

② 参见［美］亨利·赫坦巴哈等，吉林师范大学历史系翻译组译：《俄罗斯帝国主义》，上海：生活·读书·新知三联书店，1978 年版，第 3 页；宋瑞芝：《俄罗斯精神》，武汉：长江文艺出版社，2000 年版，第 32 页。

19 世纪后，俄罗斯主要是通过对中国领土的蚕食鲸吞，将其领土扩张至太平洋，俄罗斯的东部边界也基本确定下来。

第二次世界大战前夕，已经具备了相当实力的苏联，为了自己的利益，“伙同”法西斯德国瓜分了波兰，将波兰近 20 万平方公里的领土并入苏联；发动对芬兰的战争，取得了 45840 平方公里的芬兰领土，将卡累利阿地区苏芬边界线向北推移了 150 公里；苏联还强行将爱沙尼亚、拉脱维亚和立陶宛三国，以及罗马尼亚的比萨拉比亚和北布科维纳“接纳”进苏联。第二次世界大战结束后，苏联不但将战前强占他国的领土合法化，而且又从日、德、捷、中等国家那里夺取了新的领土。苏联还以武力强控东欧并凭借强大的军事实力与美国在亚非和拉美地区展开角逐。特别是为了控制南亚，苏联发动了侵略阿富汗的战争。①

“一部俄国史，就是一部不断对外殖民，进行领土扩张的历史。”②在持续数世纪的领土扩张进程中，俄罗斯以每天平均 129. 5 平方公里的速度向外扩展，最终成为地跨欧亚大陆，世界上领土面积最大的国家。俄罗斯领土面积最大时曾达到 2200 万平方公里，几乎所有与俄罗斯相邻的国家和民族都曾遭受过其侵略和奴役。③ 曾遭受其他强国侵略和扩张之害与痛苦的俄罗斯，更是给其周边相邻的国家和民族带去刻骨铭心的劫难和哀伤，引发他们对俄罗斯持续世代的敌视、仇恨、怀疑和不信任感。所以，俄罗斯向外扩张的结果，实际上是在俄罗斯周围增添了更多新的现实和潜在的威胁（敌人），反过来也愈发加重了俄罗斯人的不安全感。

文化上的“孤立”也刺激着俄罗斯人内心的不安全感。历史上，俄罗斯位于拉丁基督教文明、拜占庭文明、伊斯兰文明和中华文明等几大文明的边缘地带，但是俄罗斯文化的主体主要是由被西方拉丁基督教

---

① 参见林军：《俄罗斯外交史稿》，北京：世界知识出版社，2002 年版，第 42—64 页；宋瑞芝：《俄罗斯精神》，武汉：长江文艺出版社，2000 年版，第 44—62 页；刘从德：《地缘政治学：历史、方法与世界格局》，武汉：华中师范大学出版社，1998 年版，第 176—196 页。

② 宋瑞芝：《俄罗斯精神》，武汉：长江文艺出版社，2000 年版，第 32 页。

③ 朱听昌：《中国周边安全环境与安全战略》，北京：时事出版社，2002 年版，第 412—413 页。

文明所排斥的拜占庭文明和蒙古人带来的东方极权主义专制文化所构成。进入近代以后，俄罗斯既参与了欧洲的国际关系体系，又卷入了中亚大草原政治，同时还与中华帝国发生政治联系，[①] 使得俄罗斯人从文化、心理到对外行为都兼具欧洲、拜占庭、中亚大草原及东亚的特征。俄罗斯地处拉丁基督教文明、拜占庭文明、伊斯兰文明与东亚文明等几大文化传统的十字路口的地缘文化特征，也使其可以秉持实用主义，借用这些文化传统中的某些成分，但俄罗斯人却不能将其归源于其中任何单独的一个。[②] 最终俄罗斯人不得不承认自己是三个历史时期文化传统的继承者，即基辅罗斯的全部遗产、金帐汗国的部分遗产以及作为欧洲国家体系一员的经历。其结果是，俄罗斯文化成为一种既不为西方，也不为东方认同的"独特文化"。西方人将俄罗斯人推向东方，而在东方人眼里，俄罗斯人是地道的西方人。加上西方国家对俄罗斯扩张野心的谨小慎微，东方国家对俄罗斯侵略的仇视和戒备，使文化上"孤立"的俄罗斯人在寻求与世界其他中心交往时，带有极深的恐惧心理。而且，他们还要捍卫世俗权威和宗教的统一，以应对来自西方拉丁基督教世界和东方穆斯林世界的威胁。[③]

最后，历史上，历代沙俄统治者的残暴专制，以及苏联政府对国内采取的高压统治，也加重了俄罗斯人的不安心理。

综上所述，俄罗斯人内心不安全感的产生，是其独特的地缘政治环境和历史文化传统综合影响作用的结果。今天，俄罗斯人外在行为上所表现出来的孤僻、谨小慎微，甚至畏缩、摇摆不定、拐弯抹角的习惯；在朝向既定目标走去时，总是瞻前顾后、东张西望，显得凄凄惶惶的样子，好像一只处在猎人监视下的兔子，随时准备夺路而逃，

---

① Hugh Ragsdale, *Imperial Russian Foreign Policy* (Woodrow Wilson Centre Press and Cambridge University, 1993), p. 344.

② 龚洪烈："俄罗斯外交：历史与现实"，《东欧中亚研究》2000年第2期，第71—77页。

③ 参见刘从德：《地缘政治学：历史、方法与世界格局》，武汉：华中师范大学出版社，1998年版，第178页；Hugh Ragsdale, *Imperial Russian Foreign Policy* (Woodrow Wilson Centre Press and Cambridge University, 1993), pp. 345 - 350。

这些就是俄罗斯人内心根深蒂固的不安全感的表征。俄罗斯人的不安全感就是在其民谚中也有反映，如，“胳膊拗不过大腿”“乌鸦才直线地飞”等。①

俄罗斯人的不安全感影响着他们对外界现实和潜在威胁（敌人）的判断，而周边国家对俄罗斯崛起与向外扩张的反应又对俄罗斯人的判断发挥着催化或强化的作用。

由于一开始就选择对其威胁最大、出海口最近的西方作为扩张的主要目的地，俄罗斯与西方国家因此结下了“恶缘”。当俄罗斯击败靠近他的瑞典王国，迫使波兰屈服之时，当时的西欧强国——英国、法国、荷兰就已然强烈感受到来自俄罗斯的有力挑战。他们认为，“德国和整个北方现在势如累卵，因为俄罗斯人比土耳其人更可怕。他们不像土耳其人那样愚昧无知，烧杀抢劫完了一走了之。俄罗斯人在文韬武略上越来越成熟，论工于心计和狡诈，俄罗斯人胜过许多。他们正在逐渐逼迫我们的生活”。出于对俄罗斯迅速崛起的震惊和不满，他们鼓动奥斯曼土耳其起来反对俄罗斯并迫使俄罗斯吐出一部分既得利益，自此之后，西方一直是俄罗斯争夺、称霸欧洲和世界的强大敌手。

俄罗斯这个曾在1648年威斯特伐里亚和会上被各与会国认为不够资格参加的国家，自1750年起成为欧洲每一场主要战争和每一次重大国际会议的积极参加国和主谋国：俄罗斯在七年战争中战胜普鲁士，1760年以胜利者的身份进入普鲁士的首都；1768—1774年和1787—1791年两次发动俄土战争给奥斯曼土耳其以重创并从中获得丰厚收益。在“终于迫使欧洲把他当做政治舞台制衡因素来对待”的同时，也使西方列强更加惊恐不安，开始将俄罗斯视为其安全和既得利益的主要威胁。1762年，法国驻彼得堡代办指出，“若对俄之野心未善加抑制，其后果对邻邦或将不堪设想”。② 拿破仑战争后，俄罗斯成为维也纳体系

---

① 杨堃、徐衍：《俄罗斯商人》，南昌：江西人民出版社，1998年版，第37页。

② ［美］亨利·基辛格，顾淑馨、林添贵译：《大外交》，海口：海南出版社，1998年版，第120页。

主导因素的现实，更使“整个欧洲都感受到其军事及政治威力”，[①] 他们“把俄国视为欧洲国家体系的一大威胁”，[②] 从此，西方患上了“恐俄症”。

出于对俄罗斯迅速强大及其持续向外进行领土扩张的恐惧，西方国家采取了联手抵制的策略与方式。他们共同的认识是，“俄罗斯是一支庞大可怕的力量——神圣而深具侵略野心，令人生畏，必须以合作或对抗来加以遏制”。[③] 19世纪40年代，英法利用埃及危机，迫使俄罗斯签署了《伦敦公约》，放弃其通过1833年与奥斯曼土耳其签署的《温卡尔—伊斯凯莱西条约》中所获得的“奥斯曼帝国保证人”的有利地位。19世纪50年代，在克里米亚战争中英法又联手俄罗斯并使其丧失了自拿破仑战争后在欧洲事务中所占据的重要领导地位。西方列强还经常使俄罗斯在外交上陷于被动境地，令其如火中取栗，遭受“胜而不利”的痛苦折磨。19世纪70年代，俄罗斯费尽心力通过俄土战争所取得的战果，终为西方列强所巧取豪夺，与兵不血刃而得到塞浦路斯的英国和得到波斯尼亚等地的奥地利相比，俄罗斯的胜利果实却所剩无几。[④] 20世纪初，在西方列强的怂恿、支持下，日本在日俄战争中击败了俄罗斯，俄罗斯被迫将其远东的部分收益出让给日本。西方还把第一次世界大战爆发的责任都归咎于俄罗斯。

到了苏俄和苏联时期，西方“恐俄”和“抑俄”的缘由中又增添了意识形态因素。此时的西方更是带有一种“仇恨”的心理来对待俄罗斯，并认为这是自拿破仑战争以来削弱甚至消除俄罗斯这一“心头大患”的最好时机。[⑤] 他们公开敌视“红色”俄罗斯，不愿让其得到片刻

---

① ［美］Hajo Holborn，张学明译：《欧洲的没落》，台北：问学出版社，1978年版，第16页。

② ［美］A. W. 德波特，唐雪葆等译：《欧洲与超级大国》，北京：中国社会科学出版社，1986年版，第19页。

③ ［美］亨利·基辛格，顾淑馨、林添贵译：《大外交》，海口：海南出版社，1998年版，第124页。

④ 林军：《俄罗斯外交史稿》，北京：世界知识出版社，2002年版，第110—111页。

⑤ 冯玉军、霜木：“俄罗斯与西方：文明冲突的历史考察”，《现代国际关系》2000年第4期，第19—24页。

安宁，必置其死地而后快。在第一次世界大战结束至第二次世界大战爆发前这段短暂的和平时期，西方联合干涉并组织支持俄罗斯国内叛乱势力，使俄罗斯（苏俄、苏联）陷入内忧外患之中，不得喘息。西方还谋划在东欧建立“防疫线”并试图用经济封锁“困死”苏俄（苏联）。“世界上唯一的共产主义国家在很长一段时间内成了国际社会的‘贱民’。”西方不仅将其拒之于巴黎和会之外并不准其参加国联，而且某些西方大国还长期不承认苏联的主权地位。

在法西斯德国战争机器已经发动，目标首先指向西方的第二次世界大战即将爆发之际，西方一方面允许苏联在 1934 年加入国联，希冀让其去抵挡法西斯祸害并使他们自相残杀，另一方面又致力于使“祸水东引”，积极策划了目的在于借他人之手削弱或消灭苏联的“慕尼黑阴谋”。第二次世界大战结束后，西方更是对经过人类有史以来最大一场战争洗劫而壮大起来的苏联恐惧到了极点。在他们看来，苏联把一个大国所拥有的力量和一个世界范围的信仰运动所拥有的能量都结合在了一起。于是，他们公推实力居世界之首的美国为西方世界的盟主，并对苏联实行了“一种长期的、耐心而又坚定、警惕地遏制俄国对外扩张倾向的政策”，导致第二次世界大战中结成的盟友分道扬镳，爆发冷战。那时，西方不但建立起了强大的北大西洋公约组织，还通过《美日安保条约》《美韩安保条约》《东南亚条约》和《巴格达条约》将苏联包围起来，以此给苏联人民造成强大的心理压力与威胁。

由于俄罗斯的地缘政治、经济中心都靠近西方，一旦有来自西方的强大势力的入侵，“中心”就面临被占领、毁灭的危险。1812 年拿破仑帝国的入侵，使莫斯科仅余 300 幢石头房屋；在十月革命胜利后的初期，处于外国武装干涉和国内叛军进攻下的苏俄实际控制地区也只有从彼得堡到莫斯科的周边地区；① 而20 世纪的两次世界大战更是给俄罗斯的“中心”地带造成毁灭性打击。

地缘政治、经济中心暴露在西方强邻的威胁之下，以及俄罗斯与西方相抗争的历史，使俄罗斯从中得出了这样的经验认识：直接侵入俄罗

---

① 宋瑞芝：《俄罗斯精神》，武汉：长江文艺出版社，2000 年版，第 80 页。

斯领土，给俄罗斯造成巨大破坏，使其蒙羞，以及与其对抗的、严重威胁其安全的最强大的敌手主要来自于西方。西方的威胁是现实多于潜在，西部的安全始终是俄罗斯防御的重点。从近代到现代，俄罗斯人都深恐西方国家对其发动联合攻击。进入21世纪以来，欧美在对俄问题上主张采取共同的行动，他们给俄发出的明确信号是，在任何可能的情况下他们都愿保持与俄罗斯的合作，然而其真实目的是通过与俄罗斯的合作，以规则约束俄罗斯。他们继续排斥俄罗斯对其近邻的影响，压缩其地缘政治空间，鼓动、支持乌克兰、格鲁吉亚等国与俄罗斯发生冲突，支持乌克兰与格鲁吉亚加强与北约的关系，支持摩尔多瓦的民主改革，让其赶走俄罗斯部队。① 现实及至未来，西方的压力和威胁时常提醒和强化着俄罗斯人传统的、“本能的不安全感”。②

在南方，由于历史上俄罗斯不断入侵与其相邻的土耳其和伊朗，蚕食其领土，在俄罗斯与这两个国家之间埋下了永久敌视和不信任的种子。曾经，这两个国家总是利用各种机会，借用西方大国之力，抵制俄罗斯的扩张，幻想收复历史失地的可能。因期望俄罗斯失败，参加第一次世界大战的土耳其加入了同盟国一方，在第二次世界大战中，土耳其和伊朗都倒向德方。第二次世界大战结束后，他们又都加入西方阵营，成为西方遏制苏联的战略基石和重要的地缘战略支点。即便是后来反对美国的伊朗霍梅尼政权，依旧对苏联怀有戒备和敌视心理，我们“不要西方，也不要东方，只要伊斯兰”；“我们赶走美国人，并不是为了让苏联人取代他们，如果苏联试图有一天向我们施加压力，我们将拿出能撵走美国的同样力量来对付他”。③ 他们还与俄罗斯国内的伊斯兰分离主义分子建立联系。而俄罗斯南部及其周边地缘政治又处于一种“破碎状态”：种族复杂、宗教矛盾和国家间边界领土纠纷较多，因此俄罗斯

---

① Stefan Fröhlich, *The New Geopolitics of Transatlantic Relations: Coordinated Responses to Common Dangers* (The Johns Hopkins University Press, Baltimore, 2012), pp. 113 – 115.

② ［美］亨利·基辛格，顾淑馨、林添贵译：《大外交》，海口：海南出版社，1998年版，第401页。

③ 刘竞：《苏联中东关系史》，北京：中国社会科学出版社，1987年版，第295、298页。

的南部边界显得特别脆弱，可渗透性极强。[①] 21 世纪初，这一地区的原苏联加盟共和国已然独立并在俄罗斯自身实力相对弱化时期，对于俄罗斯来说，来自于南方的难以缓解的威胁既现实，又急迫，又最易使俄罗斯陷入诸多麻烦缠身的境地。

对于俄罗斯人来说，相比较而言，来自东方的威胁是可以缓解且易于抵挡的。近代崛起的日本曾给俄罗斯造成很大威胁。第二次世界大战期间，日本还一度迫使俄罗斯面临两线作战的危险。二战结束后，日本成为西方盟友，仍然被俄罗斯视为威胁。而 1949 年前处于严重内忧外患境地的中国，虽然也因曾被俄罗斯侵略而对其抱有敌视和怀疑心理，但根本构不成对俄罗斯的威胁。中华人民共和国成立后，一度与苏联结盟，后来虽分裂，双方之间甚至曾在边界发生武装冲突，但受中国和平外交政策和意识形态影响，双方都视对方为“可解除”的潜在威胁。20 世纪 80 年代末以来，双方关系的恢复和快速发展即是明证。而且，俄罗斯在东部这一带有着天然的屏障——由“不可到达”的北极海岸、叶尼塞河背后的“勒拿地带”荒野和从阿尔泰到兴都库什的山脉组成，“这三大屏障具有比围绕法国的海岸和山脉更宽广、更有效和更优越的防御价值”。[②] 但即便如此，当代东亚地区面临的一些危机问题，如俄罗斯与日本之间的领土纠纷、美国的强势存在，还是让俄罗斯人难以“心安”。

21 世纪初，全球气候环境的变化，使得北极地缘政治进入高热期，俄罗斯北方的“天然安全保障”也开始“融化”。

令俄罗斯人还感到不安的是，现在要面对的是独立后一个全新的地缘政治现实，即国家实力严重衰弱，对与自身利益相关的国际问题的影响力也急剧下降，世界大国地位已不复存在。

上述困境和压力，加之其他一些经济强国和经济联盟的崛起，使俄罗斯在国际社会中面临被边缘化的危险，这更加重了俄罗斯人内心深处

---

① Hugh Ragsdale, *Imperial Russian Foreign Policy* (Woodrow Wilson Centre Press and Cambridge University, 1993), p. 332.

② 刘从德：《地缘政治学：历史、方法与世界格局》，武汉：华中师范大学出版社，1998 年版，第 88 页。

的文化孤独感。而独立以来社会的动荡不安和生活水平的急剧下降，使俄罗斯人又产生了强烈的失落感，对俄罗斯的前途也感到盲然，缺乏自信心。21世纪初，俄罗斯人似乎真的陷于“四方不安”、内心烦忧的境地，其内心的不安全感也进入一个更加波动、起伏不定的阶段。

二、俄罗斯的地缘安全理念

在俄罗斯人的内心世界中，不安全感是绝对的，安全感是相对的和暂时的。他们感到自己和自己的国家总是处于强敌的威胁之下，认为俄罗斯边界永远是不安全的，“边界即战场”，邻国即敌国。而历史上一次次血的教训，特别是1237年蒙古人的征服、1815年拿破仑的入侵、20世纪的第二次世界大战，更使俄罗斯人意识到拥有远离敌人的广阔地理空间对维护自身安全的重要性。从历史到现实，俄罗斯人根深蒂固的不安全感及其对外界现实和潜在威胁（敌人）的判断都在深刻地影响着俄罗斯的地缘安全理念——为了生存和安全，俄罗斯始终在追求一种绝对的安全保证，力图构建起一个可靠的地缘安全环境。

（一）从帝俄到苏联

在早期，为了自身安全，俄罗斯人不得不向森林边缘的蛮荒地带“奔逃”，以求远离“强敌”，或寻找有天然屏障的地方。自俄罗斯崛起之时，其统治者开始依靠自身的强力，有目的地“经营”地缘“安全圈”,[①] 致力于将其周边的“强敌”及威胁予以排除或“推向”远方：从16世纪中叶到18世纪初，如克柳切夫斯基所言，沙皇俄国开始“为从未隶属于莫斯科国家的领土而战”,[②] 通过对其周边的喀山汗国、鞑靼汗国、阿斯特拉罕汗国和西伯利亚汗国的一系列武装占领和蚕食活动，将自己的领土面积扩大到1400余万平方公里，扩大并巩固了自身

---

① 学刚、姜毅：《叶利钦时代的俄罗斯——外交卷》，北京：人民出版社，2001年内部版，第281页。

② ［美］亨利·基辛格，顾淑馨、林添贵译：《大外交》，海口：海南出版社，1998年版，第121页。

安全防御的地缘空间。

18 世纪初的“北方战争”，人们更多地着墨于俄罗斯人向海洋推进的欲望，而实际上，俄罗斯还有一个主要目标就是要驱逐这一地区的主要强国——瑞典王国。因为瑞典不但在 1583 年从伊凡雷帝手中夺去了涅瓦河口之外的芬兰的所有领土，使其在立沃尼亚的战果化为乌有，而且在 1609 年，瑞典又迫使莫斯科放弃了对立沃尼亚的占有要求。1611 年，瑞典军队还曾攻占了诺夫哥罗德，一度使俄罗斯陷于万分危急的境地；[①] 并且，瑞典王国还制约着俄罗斯的海外贸易。瑞典国王古斯塔夫·阿道夫曾宣称：“没有朕的旨意，俄国的商人现在连一只船都不能在波罗的海出现”，“瑞典人现在可以根据自己的意愿领导俄国贸易”。[②] 所以，在俄罗斯看来，俄罗斯偏西部的地缘政治、经济中心正处在这一强邻的严重威胁之下，只有打败瑞典，消除这一现实而又紧迫的威胁，俄罗斯才能安全立足。历经 21 年，俄罗斯在与瑞典王国之间的“北方战争”中最终取胜，将瑞典赶出了东波罗的海，推向更北的地区。自此，瑞典不再对俄罗斯安全构成威胁。而且，“北方战争”的胜利也激发了俄罗斯解决陆上所有不安全因素的欲望。与此同时，在打败瑞典后，俄罗斯势力踏入了波罗的海地区，成为一个“海洋国家”。这一结果极大地改变了当时欧洲的传统格局，特别是海上均势，因而震动了西欧的英、法、荷等欧洲强国，并逐渐形成各有关国家共同抵御俄罗斯的态势。从此，西部的安全状况在俄罗斯人不安的内心中占据了重要位置，俄罗斯历代统治者也都将消除西部的不安定因素或事态置于其核心考量。

除了为夺取出海口向欧洲列强施加压力外，俄罗斯还在陆上进行了最大限度的领土扩张，以寻找不可逾越的天然安全疆界。[③] 然而，在俄

---

① 林军：《俄罗斯外交史稿》，北京：世界知识出版社，2002 年版，第 26 页；曹维安：《俄国历史新论——影响俄国发展的基本问题》，北京：中国社会科学出版社，2002 年版，第 79 页。

② 林军：《俄罗斯外交史稿》，北京：世界知识出版社，2002 年版，第 28 页。

③ 刘从德：《地缘政治学：历史、方法与世界格局》，武汉：华中师范大学出版社，1998 年版，第 178—179 页。

罗斯以西的欧洲陆上自然环境中，没有令俄罗斯人满意的天然屏障，并且，俄罗斯向西推进又遇到英国、法国和德意志等欧洲强国的抵制，导致这一目标很难实现。既然在西部无法寻求到这种天然的安全保障，以一个或多个邻国作缓冲地带，增加防御纵深，确保自己的地缘政治、经济中心免受直接攻击就成为俄罗斯的合理选择。① 与此同时，俄罗斯极力在东、南两个方向上向外进行领土扩张，不断扩大自己的势力范围。这样，一旦抵挡不住西方强敌的入侵，就可延长战略防御纵深，实施战略后退、建立起新的防御战线并利用广阔的地缘空间拖垮、击败进入俄罗斯土地的侵略者。另外，18世纪欧洲列强的扩张潮流也冲击着俄罗斯的地缘安全理念，俄罗斯转而认为拥有超出既有“国界”的势力范围，或在邻国获取自由活动的机会和权力会更好地满足自身地缘安全的需要。

俄罗斯最先是选择其近邻波兰为建立缓冲地带的关键，波兰也因此成为俄罗斯吞食的主要目标。究其主要原因，当时的波兰是俄罗斯西邻的一个与其始终不睦的大国；俄罗斯与波兰接壤的地区又是一马平川，这既为进攻俄罗斯的敌人，也为俄罗斯自己西向扩张提供了天然的有利条件，所以俄罗斯一直视波兰为其西部不安全的一个重要因素。在波兰强盛时期，波兰不但剥夺了俄罗斯的胜利果实，而且还利用地理上的便利条件，数次侵入俄罗斯。在1610年和1611年，波兰曾两度占领俄罗斯的地缘政治、经济中心莫斯科。在18世纪的“北方战争”之后，波兰还曾侵入过俄罗斯。然而这之后，波兰开始走向衰落，这为俄罗斯征服、控制波兰提供了难得的机遇。从1772年至1795年，俄罗斯伙同其他国家三次瓜分波兰，占有了2/3以上的波兰领土。在经历拿破仑军队由波兰侵入俄罗斯后，俄罗斯更是确定波兰为其他国家侵略俄的前哨站，在打败拿破仑后的“分赃”会议上，俄罗斯利用自己所取得的对欧洲事务的发言权，重新确立了欧洲领土的划分，又兼并了9/10的波兰领土。从此，在长达一个多世纪的时间里，波兰处于沙俄的统治之

① 刘从德：《地缘政治学：历史、方法与世界格局》，武汉：华中师范大学出版社，1998年版，第181页。

下，直至1917年十月革命后才重新获得独立。[1] 这样的历史过程也使得波兰人形成了固执的反俄、仇俄心理，波兰也因此成为俄罗斯始终难以化解的夙敌，波兰总是不会放过任何一个能够摆脱俄罗斯控制或反对俄罗斯的机会。

独立不久的波兰即于1920年4月对苏俄发动武装进攻并一直推进到基辅附近，曾引起布尔什维克领导人的警觉和敌意。而第二次世界大战期间，纳粹德国经过波兰等地对苏联发动的攻击更是极大地震惊了苏联领导人。在盟国间讨论有关波兰问题时，苏联都是毫不让步，战时同盟在一定意义上就是因碰上波兰这块礁石而粉碎的。因为苏联坚持，波兰问题关系到苏联的安全，历史上侵略者对俄的两次大规模入侵都是经由波兰，这里已经成为苏联政治中心的门户。这使得从沙俄至苏联时期的俄罗斯人，“一辈子都生活在一种恐惧和紧张的状态中”，所以波兰必须对苏联“友好”，成为苏联安全的防御屏障，这样就能在很大程度上消除西部的不安全因素。[2]

纵观历史，与俄罗斯西部相邻的国家实际上都是其蚕食用以作为缓冲地带的对象，这种情况更是在苏联时期发展到极致。在第二次世界大战爆发之初，苏联通过发动对芬兰的战争，兼并爱沙尼亚、拉脱维亚和立陶宛三国，“接纳”罗马尼亚的比萨拉比亚和北布科维纳，从北、西和西南三个方向扩张其势力范围，建立起“东方战线”。而在第二次世界大战结束后，在苏联占领、控制下的整个东欧都成为其安全缓冲地带。在那个时期，历经数个世纪不断努力并为此付出巨大代价的俄罗斯终于在西部取得了优势地缘安全环境：西欧所有的工业区和人口稠密地区都在苏联飞机半小时至一小时的航程之内；相反，苏联的主要地缘政治和经济中心却都处在其来自西部方向的现实与潜在对手大部分攻击手段的有效覆盖范围以外。[3]

---

① 刘从德：《地缘政治学：历史、方法与世界格局》，武汉：华中师范大学出版社，1998年版，第180页。

② 刘从德：《地缘政治学：历史、方法与世界格局》，武汉：华中师范大学出版社，1998年版，第181页。

③ 陆齐华：《俄罗斯和欧洲安全》，北京：中央编译出版社，2001年版，第34页。

历史上，俄罗斯也正是借助广阔的地缘空间实施纵深防御战略，经受住了拿破仑战争与两次世界大战。“十月革命”后掌握政权的布尔什维克党也是通过割让部分领土，获得了极其宝贵的“喘息”时间，从而平息了国内的动乱，巩固了胜利果实。这些历史经验使得俄罗斯在考虑西部安全问题的时候，总是意欲将其边界尽可能向西方推进，[①] 以延长与西方敌对者或威胁的空间距离。俄罗斯认为，拥有远离敌人或威胁的地缘空间，同时辅以强大的武力部署是俄罗斯成功抵御外来侵略或威胁，防止、抵抗可能发生的冲突或战争，获取安全、和平的可靠保证。

俄罗斯向西推进，扩展安全缓冲空间的“举措”及所造成的地缘政治形势始终令欧洲国家忐忑不安，他们一直将俄罗斯视为欧洲既定政治秩序或国际体系的破坏者。西方的政治精英与地缘政治思想家们也将占有优越的欧亚大陆中心位置、实力日益膨胀起来的俄罗斯视为欧亚大陆地缘政治秩序最危险的威胁。因此，崛起后的俄罗斯与其他欧洲国家就陷入彼此互不信任，或紧张的威胁与反威胁的状态。

而俄罗斯崛起与强大之际，正是东方的中华帝国与奥斯曼土耳其帝国等国家衰落之时，其他列强在东方的势力又相对分散、薄弱，这就为俄罗斯向东方扩展地缘空间提供了极为有利的条件。俄罗斯东部的亚洲大陆多为平原与平缓的山地，这也便于俄罗斯扩张活动的展开。回顾历史，我们也看到，俄罗斯也常以此方向的势力扩张或圈占势力范围来缓释或承受来自西方的地缘政治压力与紧张局势。[②]“取东补西”或“借东抗西”虽没有成为俄罗斯对外战略与政策堂而皇之的一种程式，却频频在“恰当”的历史时段，“浓墨重彩”地彰显于俄罗斯的外交行为之中，特别是在俄罗斯处于外交困境的时候。如在1856年克里米亚战争失败后，为扭转俄罗斯对欧洲外交的困局，当时新任外交大臣A. M. 戈尔恰科夫就在给沙皇亚历山大二世的第一份外交备忘录中主张俄国应脱离欧洲，在亚洲扩展其未来国家利益。为此，俄罗斯甚至准备不惜以与

① 龚洪烈：“俄罗斯外交：历史与现实”，《东欧中亚研究》2000年第2期，第71—77页。

② Christer Pursiainen, *Russia Foreign Policy and International Relation Theory* (Ashgate, 2000), p. 52.

当时的世界霸主——英国发生直接冲突为代价。[1] 特别是在南部方向，为使西方列强的视线偏离其西部的“国际焦点”，俄罗斯在其南下争夺西亚、南亚的扩张行动中，采取了类似其在西部的方式。一是夺取黑海的出海口，极力攫取黑海海峡的独享权，打开、控制通向地中海的海上门户，在助力俄罗斯势力在巴尔干，甚至整个南欧地区扩张的同时，意图对欧洲形成陆路与海上南北双线的战略夹击之势，向欧洲列强施加地缘战略压力。二是在此方向上进行最大限度的陆地扩张，占领高加索，进入波斯；从中亚南下，征服阿富汗，然后经由阿富汗，向南亚次大陆扩张。一旦其战略目的实现，俄罗斯在其南向就可获取他人难以逾越的天然安全疆界——地中海、阿拉伯海与印度洋。俄罗斯也将其南向这些地区开辟成与西方列强进行地缘政治较量、势力抗衡的新的角斗场，其重要性将随着历史进程的推进而日益提升。

从17世纪末到20世纪初，通过对土耳其和波斯的一系列战争，持续对中亚的蚕食，沙俄夺取黑海沿岸的大部分土地，将土耳其“推回”亚洲；吞并了里海西岸和高加索等广大区域，将波斯北部置于其直接控制之下；俄罗斯南部的边界向中亚方向推进了约1300千米，一直到达阿富汗的东北部。[2] 俄罗斯在南部的武力扩张，不仅加剧了俄与其他列强间激烈的利益冲突，所带来的更严重的后果是，俄与这些受到侵害的国家、民族，尤其是与土耳其、伊朗结下了永久之仇，使得这些地方成为日后列强用来反俄、抑俄的前沿。随着占领土地而来的还有大量具有不同传统文化、宗教信仰的种族，大大增加了俄罗斯国土、种族、文化与宗教构成的多样性与复杂性。如，高加索与中亚等地一直是民族分离主义、宗教极端主义最活跃的地区，始终是俄罗斯国家整合的难点。这些地区的种族与宗教集团与其原属地的同一种族、同一宗教集团还有着难以割裂的联系，造成中亚与高加索地区地缘政治的脆弱性及边界的可渗入性，反俄的国家或势力将这些地区视为俄罗斯地缘安全的“软

---

① 参见 Milan Haunter, *What is Asia to us?*（Routledge, 1992）。

② 刘从德：《地缘政治学：历史、方法与世界格局》，武汉：华中师范大学出版社，1998年版，第182—189页；刘竞、张士智、朱莉：《苏联中东关系史》，北京：中国社会科学出版社，1987年版，第37页。

肋”。简言之，这些地区成为日后俄罗斯难以消化的“横喉之鲠”。然而即便如此，在南部邻国、民族处于任列强宰割之时，沙俄仍然能够依靠武力或其他暴力方式对其南部疆土实施有效控制。

沙俄之后的苏俄及苏联虽然于1921年与伊朗签订了友好条约，1925年与土耳其签订了互不侵犯条约，但苏俄和苏联与伊、土两国在黑海与海峡问题、归还沙俄夺占领土等方面的分歧却难以协调，加上土耳其和伊朗的反俄动向及亲苏联敌对者的立场、态度，苏联感到十分地不安，因此在很大程度上延续了沙俄的南向策略。其结果是，非但没有消除两国对苏联（俄罗斯）的戒心与敌视心理，反而将其推入西方反苏（俄）阵线的怀抱里。但在那个时期，俄罗斯却意外顺利地实现了将其势力或影响力“挤进”阿拉伯世界的夙愿。出于对苏联社会主义制度的向往和对其在第二次世界大战期间为战胜法西斯所做出的巨大贡献的崇敬心理，二战结束后，摆脱殖民统治并取得政治独立的中东许多国家纷纷倒向苏联，或欲想走上苏联式的社会主义道路，因而这些国家愿意与苏联建立政治和经济贸易关系。苏联先后与埃及、叙利亚、黎巴嫩和伊拉克建立了外交关系，从此成为中东地区各类矛盾和冲突的操纵者或参与者。然而这一局面并未持久，当这些国家认清苏联的真实目的，即只是利用他们为其进入南方暖洋地带及与西方争夺霸权铺路搭桥后，又纷纷排斥并脱离了苏联的掌控。苏联在中亚的情形也基本如此，其对阿富汗的强力控制，导致阿富汗由亲苏变为离苏，按捺不住心中“怨火”的苏联最终于1979年12月27日直接出兵，对阿富汗实施全面军事占领。苏联的这一行为，不但影响了其与阿拉伯及其他伊斯兰国家的关系，而且使自己长期陷入南部地缘政治的“泥淖”之中。从一定意义上讲，是阿富汗战争拖垮了苏联。

总之，正是因为在处理与土耳其、伊朗和阿富汗等国的关系上采用了僵硬的扩张政策，苏联的南部边界出现了反苏地带。[①] 苏联对可能出现的伊斯兰联盟十分不安。实际上，在南部，苏联也是处于与西方阵营

---

① 刘从德：《地缘政治学：历史、方法与世界格局》，武汉：华中师范大学出版社，1998年版，第191—192页。

的直接对抗状态。

然而在南部方向苏联获得了一个“意外”，就是苏联利用印度人对西方的不信任和安全需求，与印度建立起“特殊”关系，这多少使其闻到了南方暖洋的气息。

但在苏联强盛时期，由于中亚和高加索地区的广大民众对社会主义抱有热望之情，加之苏联对内的强力控制，对国内分离主义势力的严厉打击，以及其所拥有的强大实力，其在中东和南亚的势力和影响得以扩大，因而在相当程度上平衡了苏联南线脆弱性的地缘政治和边界的可渗入性，并使其在南线也拥有了地缘安全优势。而对西方世界来说性命攸关的中东和海湾石油产区几乎都位于苏军外高加索集群的眼皮底下。①就是在南亚，苏联也有了可用来牵制西方的力量。

回顾历史，从沙俄到苏联，俄罗斯在国际社会中的地位取决于其对南部和西部边界所持的态度，以及如何应对这两个地区带来的威胁与机遇。第二次世界大战结束后，苏联基本上实现了俄罗斯崛起以来所追求的地缘安全目标，而且地缘周边还较为完整。与沙俄不同的是，苏联尽可能地在世界不同地区建立起自己的地缘战略基地和支撑点，极力地扩大、加强其地缘政治优势。作为当时世界上两个超级大国之一的苏联，在国际舞台上可以“安全”地享有充分的活动“自由”。俄罗斯人的安全需求得到了相当大的满足，其不安全感一度减缓至俄罗斯历史上的最低水平。今天的俄罗斯人怀念 20 世纪六七十年代的苏联，也是对此的一个侧面反映。

（二）当代俄罗斯

20 世纪 90 年代初，苏联的解体使俄罗斯的安全环境发生了历史性的剧烈变化，并产生了一系列新的安全问题。其地缘安全天然屏障的消散、国家实力的衰弱、大国地位的丧失，以及由此带来的俄罗斯人巨大的心理落差，所有这些使得俄罗斯人的“不安全感”再度显现，尤其体现在当代俄罗斯人的思想和行为之中。加之，地缘空间已经极大压

---

① 陆齐华：《俄罗斯和欧洲安全》，北京：中央编译出版社，2001 年版，第 34 页。

缩，所以俄罗斯的国家安全面临严峻挑战。

今日的“俄国在高加索地区的边界退回到了19世纪，在中亚则是退回到了19世纪中叶。更有戏剧性和令人痛苦的是在西部。由于华约解散、苏联解体，俄罗斯的边界退回到了1600年左右，即‘雷帝’伊凡四世统治之后不久，俄罗斯从东欧撤军更使俄罗斯丧失了上千公里的战略防御纵深。与以往历史相比，俄罗斯的地缘政治和经济中心更加暴露，莫斯科离俄罗斯的西部边界也不过400公里。俄罗斯的莫斯科、圣彼得堡、加里宁格勒、斯摩棱斯克、沃洛涅日等重要政治和经济中心城市都覆盖在北约战术空军飞机进行直接打击的范围之内。但西方对俄罗斯的未来走向还是放心不下，仍然视俄罗斯为其重要安全威胁，认为来自仍然拥有庞大武装力量的俄罗斯的威胁不能清除”。[①] 因此，西方要充分利用百余年来难得的时机，实现麦金德的地缘战略设想，力图通过完全控制中东欧，彻底隔断欧亚大陆心脏地区与西欧之间的联系，防范和遏制俄罗斯的重新崛起。在西方素有地缘战略家之称的基辛格对此曾有清晰的表述，“俄罗斯总是世界秩序必不可少的因素……同时也是世界秩序的潜在威胁”，必须警惕俄罗斯这一“式微中的帝国企图在周边邻国重振权势雄风”的野心；“应设法就可以预见的趋势准备反制力量，在支持俄罗斯自由市场和俄罗斯民族的同时，强化对俄罗斯扩张行动的障碍”；必须对俄罗斯的势力加以遏制。[②] 为此，西方在拉拢除俄罗斯以外的其他独联体国家，极力阻挠独联体一体化进展并实施排斥俄罗斯的欧盟东扩的同时，制定并实施了北约东扩计划。1994年1月，北约正式宣布东扩计划；1999年3月12日，北约接纳波兰、匈牙利、捷克成为正式成员，北约的前沿阵地就此向东推进了600多公里，俄罗斯因此失去了48万多平方公里的缓冲地带。2002年11月，北约再次接

---

① Vladimir Baranovsky, *Russia and Europe*: *The Energing Security Agenda* (Oxford University, 1997), p. 7.

② ［美］亨利·基辛格：“我们不了解世界”，《新闻周刊》1997年1月27日，转引自龚洪烈：“俄罗斯外交：历史与现实”，《东欧中亚研究》2000年第2期，第71—77页；［美］亨利·基辛格，顾淑馨、林添贵译：《大外交》，海口：海南出版社，1998年版，第755、757页。

纳包括波罗的海三国在内的7国为其新成员，北约力量已逼至俄罗斯的家门口。而在俄罗斯人眼里，北约东扩对俄罗斯的威胁不亚于战争的危险。[①] 而西部让俄罗斯更加不安的是，与其具有泛斯拉夫共同特性的乌克兰与其日益疏离转而靠向西方，不但引发俄罗斯将失去其文明源头的担忧，而且“澄清”了亨廷顿在此划出的文明分界线。

在南部，自黑海经北高加索各共和国直到中亚地区的南端，俄罗斯安全也面临着最现实的危险。美国著名地缘政治学家布热津斯基对此曾有精彩评述：高加索的丢失重新唤起了俄罗斯对土耳其影响力卷土重来在战略上的担心。失去了中亚，使人感到丢掉了这一地区丰富的能源和矿产资源，也使俄罗斯人对潜在的伊斯兰挑战忧心忡忡。[②] 而进入21世纪后，俄罗斯在该地区面临更加严峻的地缘政治环境。“9·11”事件后，美国借口反恐战争，还曾一度正式驻兵乌兹别克斯坦和吉尔吉斯斯坦等中亚国家，在打败塔利班和“基地”组织后，控制阿富汗。接着，西方执行双重标准，在相关国家鼓动颜色革命，打击、阻止亲俄力量执政，使俄罗斯国内的伊斯兰原教旨主义势力获得全球范围的支持，俄罗斯对伊斯兰原教旨主义的处理也感到力不从心，加剧了国际恐怖主义势力的扩展，对俄罗斯国内的伊斯兰极端势力有极大的影响，也影响到国内穆斯林与其他族群的关系。[③] 并且，格鲁吉亚与北约建立起密切关系并准备加入北约。这一最新地缘政治变化现实，更使俄罗斯感到极大的不安和心痛。事实上，俄罗斯已经处于北约的半包围之中。

在地缘战略空间大幅压缩的同时，俄罗斯的出海通道也受到钳制。波罗的海三国的独立使俄罗斯在波罗的海只剩下了圣波得堡、维堡（部分为芬兰使用）和加里宁格勒3个港口，其他位于波罗的海的港口，如塔林、文茨皮尔斯、里加、克莱彼达等则归属了新独立的国家。在黑

① Г. К. Широков，С. И. Лунев，РОССНЯ КИТАЙ ИИНДИЯ В СОВРЕННЫХ ГЛОЬАЛЬНЫХ ПРОЦЕССАХ，Москва，с. 152.

② ［美］兹比格纽·布热津斯基，中国国际问题研究所译：《大格局：美国的首要地位及其地缘战略》，上海：上海人民出版社，1998年版，第117页。

③ Stephen K. Wegren，ed.，*Return to Putin's Russia*：*Past Imperfect*，*Future Uncertain*（Rowman & Littlefield Publishers，INC.，2013），p. 237.

海，俄罗斯只拥有诺沃罗西斯克（新罗西斯克）和图阿普谢两个港口。[①] 俄罗斯丧失了大量便捷、战时可以援助陆上战场，争取战争主动权的海上航路。这无疑刺痛了俄罗斯人自崛起以来强烈的向海心理，因为在他们的心目中，俄罗斯的切身利益与大洋密切相关，没有海洋的俄罗斯将会窒息而死。[②]

由于联盟国家的分裂，俄罗斯周边出现了一系列新独立国家，并由此陷入历史矛盾、领土争议、民族纠纷和宗教冲突之中，使俄罗斯周边的地缘政治环境处于非常不稳定的状态。俄罗斯的陆上疆界为1.4万千米，其中的60%是与原来的加盟共和国接壤。而在这些疆界中，合法划定的还不到20%，有人认为，“俄罗斯70%的疆界处于无保障状态”,[③] 有的国家还向俄罗斯提出了领土要求。未划定的边界对俄罗斯的地缘政治环境构成了巨大的潜在威胁。与此同时，新独立国家内部或这些国家之间的领土纠纷与武装冲突也使有着多民族和多种文化的俄罗斯感到恐惧。

总之，如今的俄罗斯，诸多地缘优势已经化为乌有，成了一个麻烦甚多的民族国家。在地理上没有了便捷的与外部世界联系的通道，在西面感到受到威胁，在南面感到脆弱，在东面感到潜在的危险。并且，在东、西、南三面，俄罗斯都面临着与邻国爆发削弱自己的冲突的潜在危险。[④] 随着气候变暖，北极加速融化，原本无人居住和难以通航的、几乎永久冰冻的北部地区也不再是地缘政治的安全地区。

历史上，俄罗斯周边地缘政治形势的变化主要是其势力膨胀、向外扩张所致。而自20世纪80年代末以来，其周边地缘政治形势的变化却主要是其势力收缩和国力虚弱、国际地位下降所致。在为经济改革进程

---

① [美] 兹比格纽·布热津斯基：“你们本来可以成为富裕和幸福的国家”，[俄]《共青团真理报》1998年1月6日。

② “21世纪威胁来自海洋”，[俄]《红星报》2000年8月5日；李静杰、郑羽：《俄罗斯与当代世界》，北京：世界知识出版社，1998年版，第107页。

③ [俄] 卢金：“我们处于非常糟糕的地缘政治形势”，[俄]《独立报》1995年3月14日。

④ [美] 葆拉·多布里扬斯基，周岳峰译：“俄罗斯的外交政策：是福还是祸?”，《国外社会科学文摘》2000年第9期，第43—46页。

中的挫折付出极大代价后，自 1997 年起到 2008 年金融危机前，俄罗斯经济形势一度有所好转，但与苏联时期相比，20 世纪 90 年代其国内生产总值还是下降了近 50%。由于金融危机的爆发与国际能源价格的下跌，俄罗斯经济发展再度减速，2015 年，俄罗斯名义 GDP 仅为 13113.71 亿美元。[①] 鉴于此，俄罗斯总统普京曾明确承认，当今的俄罗斯不属于代表着世界最高经济和社会发展水平的国家，还面临着十分复杂的经济和社会问题。“俄罗斯处于其数百年来最困难的一个历史时期。”[②] 在 2016 年的国情咨文中，普京指出，俄罗斯经济存在投资、技术、人才缺乏的问题，竞争发展不足、商业氛围有缺陷，致使经济发展缓慢。[③]

在沙俄和苏联时期，俄罗斯虽然国家实力不如当时世界上的其他大国，但依靠专制统治，尚可以维持一支强大的军力。而如今，在如此低的国家实力条件下，实行了“民主化”制度的俄罗斯的军费额度远远不能满足其实际建设的需要，因而无力使军队的战斗准备程度和作战能力保持在应有的水平上。独立之初，俄罗斯海军维修经费短缺 50%，研发经费削减 20%，严重制约着俄罗斯军工企业的生存和军工技术研发的进步。[④] 科索沃战争期间，当俄罗斯国内要求军事介入的呼声愈来愈高之时，当时的俄罗斯国防部长谢尔盖耶夫被逼无奈，不得不承认，俄罗斯军队 1/3 的武器装备没有做好战斗准备，先进武器的占有率只有 28%，大约有 60% 的战略导弹已经超期服役，70% 以上的海军舰艇需要维修，2/3 的空军战斗机不能起飞。普京执政后，开始大幅提高俄罗斯军费预算。2001 年军费预算额度较 2000 年增长 50%，但也只有 80

---

① “2015 年俄罗斯国内生产总值 GDP 初值”，http：//blog. sina. com. cn/s/blog_ 416ba4c90102w4gj. html。

② 佟家栋、冼国明：《世界经济发展报告（1997—1998 年度）》，天津：南开大学出版社，1998 年版，第 196 页；陆齐华：《俄罗斯和欧洲安全》，北京：中央编译出版社，2001 年版，第 22、25、31 页。

③ “俄罗斯 2016 年过得怎么样？听听普京的报告”，http：//world. huanqiu. com/hot/2016—12/9763395. html。

④ 陆齐华：《俄罗斯和欧洲安全》，北京：中央编译出版社，2001 年版，第 28、39—41 页。

亿美元，仅相当于1985年苏联军费的1/20。[①] 2016年，俄罗斯军费开支升至692亿美元，但与同年度6110亿美元的美国军费开支相比仍是低的可怜。[②] 在世界实践中，存在着的一些标志着国家出现危机的极限指标，将之与俄罗斯经济生活主要领域的指标相比不能不引起人们的特别担心与忧虑。俄罗斯现役军队人数为76.6万，[③] 却需要保障其1707.55万平方千米广阔国土的稳定与安全。

而今，在俄罗斯面临内外困境之时，西方国家正力图巩固体现他们优势地位的国际关系结构。这一过程，恰恰是利用俄罗斯目前的困境，以削弱俄罗斯在政治、经济和军事领域的地位，压制、排斥俄罗斯在解决重大国际问题上发挥作用，甚至是以忽视俄罗斯国家安全利益等方式进行的。如，以北约东扩、欧盟扩展来阻挠独联体一体化进程；加紧重新整合巴尔干和中东；排斥俄罗斯对欧洲事务或涉及其他对俄罗斯安全至关重要地区事务的发言权；限制、排斥俄罗斯在全球性和地区性国际组织中的影响和作用；极力延缓和阻挠俄罗斯大国实力的恢复和大国利益的实现；不予承认俄罗斯具有一个大国、一个当今世界有影响的力量中心的地位。

在抛弃了马克思主义信仰后，俄罗斯人仍然在承受着因民族信仰转换而带来的不安或虚弱心理。正如俄罗斯总统普京在《千年之交的俄罗斯》一文中坦言道，俄罗斯在政治、社会和经济动荡、巨变及激进改革中已经精疲力竭，民族的忍耐力、生存能力和建设能力都已处于枯竭的边缘，社会简直要崩溃，并且是从经济上、政治上、心理上和精神上的全面崩溃。[④] 正是迫于上述困境和压力，“俄罗斯将不惜发动先发制人的核打击来削除对俄罗斯联邦及其盟国的战争威胁”。俄罗斯不能允许

---

① Alexei G. Arbatov, *The Security Watershed*: *Russians Debating Defense and Foreign Policy after the Cold War* (Gorden and Breach Science Publisher, 1993), p. 227.

② 兰林枫：“2016年全球军费开支排行出炉”，http://www.qiaowang.org/shss/fzss/7666.html。

③ “2016年全球军力排名”，http://www.360doc.com/content/16/0508/00/31555808_557164046.shtml。

④ 陆齐华：《俄罗斯和欧洲安全》，北京：中央编译出版社，2001年版，第22页。

他人用武力的语言同自己讲话，并将运用一切外交和军事政治手段来阻止这种企图。[①]

地缘政治、军事实力、集体安全既是俄罗斯民族传统安全思想的重要依托，又是其核心内容。[②] 在对俄罗斯内外环境进行审视后，俄罗斯将其外部主要威胁界定为：军事—政治集团和联盟得到加强，外国军事基地和庞大的军队建制有可能在直接毗邻俄罗斯边界的地区出现，明确将北约东扩列为俄罗斯在国际领域面临的主要危险；毗邻俄罗斯边界的武装冲突；国际恐怖主义；对俄罗斯联邦的领土要求；他国妄图阻止俄罗斯强大并成为多极世界有影响力的中心之一，阻止其实现国家利益和削弱其在欧洲、中东、外高加索、中亚和亚太地区的地位等。

俄罗斯永久的地理实况，使得“一代代的人都是面临着同样的问题，并且或多或少地以习惯的方式做出反应”。[③] 俄罗斯对其外部主要威胁的界定都是基于“新的地缘政治形势……将对俄罗斯国家安全构成直接威胁”的判断，[④] 并出于阻止其地缘政治环境进一步恶化的目的做出的。

俄罗斯的历史表明，地理对俄罗斯人的重要性超越其他许多民族。地理环境不仅深刻影响着俄罗斯人的民族特性，而且“地理—国家命运”的地缘政治观念成为俄罗斯人思考国家安全问题的“习惯方式”，因此地缘政治也在俄罗斯保障国家安全上打下了不可磨灭的烙印。传统上，俄罗斯精英是以地缘政治作为判定国际体系的基本工具，认为国际体系的权力平衡和“自然”的联盟都与俄罗斯国家的地缘位置和自然方面的因素密切相关。俄罗斯的利益范围占据了北半球的大部分。[⑤] 俄罗斯国家杜马国际事务委员会主席卢金曾强调：“不具有天然地形地貌

---

① 参见 1993 年《俄罗斯联邦军事学说基本原则》，2000 年“俄罗斯联邦军事学说”；庞大鹏：“俄罗斯的民主与法治”，《国际论坛》2002 年第 1 期，第 71—76 页。

② 吴康如、张文茹：“俄罗斯联邦国家安全思想探源”，《东欧中亚研究》2001 年第 1 期，第 37—42 页。

③ 梅孜：《美国国家安全战略汇编》，北京：时事出版社，1996 年版，第 70 页。

④ 参见 1997 年《俄罗斯联邦国家安全构想》。

⑤ Magda Leichtova, *Misunderstanding Russia: Russian Foreign Policy and the West* (Ashgate, 2014), p. 18.

保护的俄罗斯，觉得容易受到经常的地缘政治侵略是其命运无可辩驳的历史事实，他容易受到来自西部、南部和东部的攻击。在这个国家的历史记忆中，对漫长的和容易受到边界沿线敌对联盟侵犯的担心和害怕至今犹存。"① 除白罗斯与亚美尼亚外，原苏联的其他加盟共和国在独立后，都具有一定的反俄倾向。在他们的教科书中，许多内容都是将俄罗斯描述成绝对邪恶的形象，从而打造自己的民族、国家的历史文化认同；② 俄罗斯西部和南部的地缘政治状况也一直处于紧张和恶化的态势，搅动着特别敏感于疆界变化的俄罗斯人，加剧其不安心理。"地缘政治统一性的丧失引起的伤痛，要比马列主义思想和苏维埃制度的破产更加使广大公众难以承受"，并且他们认为，俄罗斯已处于"四面楚歌"的境地。③ 正因如此，俄罗斯在涉及伊拉克、阿富汗、中东及巴尔干等问题上，与西方多有异议和分歧。对于北约东扩，俄罗斯虽然嘴上说"不担心"，并不断与北约进行接触、协调，但实际上，其自北约东扩伊始就紧张地关注着这个对抗苏联的冷战"产物"的演变进程，并一直持反对立场。早在 1992 年，当时的俄罗斯总参谋部军事学院院长罗季奥诺夫将军就指出："俄罗斯作为欧洲国家，在与独联体毗邻的前华约东欧国家拥有十分重要的利益。这些国家加入直接或间接针对俄罗斯的军事政治集团，将严重影响俄罗斯的安全，极大地损害其战略地位。"④ 在北约正式宣布开始东扩计划后，叶利钦总统强烈指责西方国家是在发动"新冷战"，是将俄罗斯视为一个威胁，是对俄罗斯的不信任，并想将其势力伸展到俄罗斯的边界，是对俄罗斯国家安全的直接威胁。1996 年 3 月，时任俄罗斯外长的普里马科夫在与挪威外交大臣古达拉会谈时指出："俄罗斯只能同不东扩的北约合作。北约东扩将引起

---

① 林军：《俄罗斯外交史稿》，北京：世界知识出版社，2002 年版，第 460 页。

② Marlène Laruelle, *Russian Nationalism, Foreign Policy, and Identity Debates in Putin's Russia: New Ideological Patterns after the Orange Revolution* (Ibidem-Verlag Stuttgart, 2012), pp. 49 - 50.

③ 林军：《俄罗斯外交史稿》，北京：世界知识出版社，2002 年版，第 459、460 页。

④ 学刚、姜毅：《叶利钦时代的俄罗斯——外交卷》，北京：人民出版社，2001 年内部版，第 281 页。

分裂和分割，到那时，就谈不上任何稳定了。”① 甚至在2002年5月14日建立北约—俄罗斯“20国机制”的会议上，俄罗斯仍然表示反对北约东扩。俄罗斯国家杜马一度搁置美俄第二阶段削减战略核武器条约，并且放弃了苏联不首先使用核武器的承诺且改变了核武器的指向。普京执政以来，努力阻止美国修改《反弹道导弹条约》和部署国家导弹防御系统。奥巴马政府时期，美国全球战略调整，导致北约东扩步伐加速，其所推动的“颜色革命”导致地区解构及地区国际环境政治化趋势加重，形势更加动荡，格鲁吉亚与乌克兰要求加入北约更加剧了俄罗斯的不安全感。2008年4月，北约峰会后，普京指出，“我们视俄罗斯边境地带出现的强大军事同盟为我们国家安全的直接威胁。不是声称此过程不直接针对俄罗斯就足够了，国家安全靠的不是承诺”。② 北约东扩还在俄罗斯国内激起了高涨的民族主义情绪。时至今日，俄罗斯国内已普遍认识到北约东扩将给俄军事安全，乃至整个国家安全所带来的现实与潜在的威胁。③ 2008年俄罗斯与格鲁吉亚发生冲突，特别是2014年“乌克兰政治危机”爆发以来，俄罗斯与北约关系陷入更“冷”状态。2015年版的《俄罗斯联邦军事学说》正式将北约东扩列为俄罗斯面临的主要外部危险之一。2016年6月30日，普京又公开指责北约在俄罗斯边界“狂暴的军事化”打乱了欧洲的军事平衡，俄罗斯将予以反击。普京说：“我们经常被指责开展军事活动，在哪里？我们是在自己的领土上。那么（北约）在俄罗斯边境发展军事力量就正常吗？他们在波兰、波罗的海沿岸地区正在部署快速反应部队，补充进攻性武器库存，这一切都旨在破坏数十年建立起来的军事均势。”④

自沙皇俄国至苏联，南疆一直都是俄罗斯动荡不安和较脆弱的区

---

① 叶自成：《东扩：克林顿与叶利钦》，上海：东方出版社，1999年版，第62、80、97页。

② Stephen K. Wegren, ed., *Return to Putin's Russia: Past Imperfect, Future Uncertain* (Rowman & Littlefield Publishers, INC., 2013), p. 237.

③ 陆齐华：《俄罗斯和欧洲安全》，北京：中央编译出版社，2001年版，第36—37页。

④ “2016年版《俄罗斯联邦军事学说》”，http://max.book118.com/html/2016/0301/36534988.shtm；“普京当面警告芬兰总统：敢加入北约试试看”，https://tieba.baidu.com/p/4649781770。

域。沙俄是以军事征服，苏联是以高压政策维持着这一地区的稳定。随着苏联解体，南高加索和中亚国家独立，俄罗斯国势虚弱，南疆更加动荡。车臣危机即表明这一地带分离势力之强，并且它们多与境外极端势力有着密切的联系，不断在俄罗斯境内制造恐怖事件，严重威胁着俄罗斯的安全稳定。而俄罗斯与其他原苏联加盟共和国之间存在着的一些"不甚明确"的边界问题，更使南部边界显得特别脆弱，有利于外部势力的渗透。在这一地区与俄罗斯毗邻的中亚国家还一直是伊斯兰极端主义势力进取的目标，如乌兹别克斯坦的伊斯兰极端主义势力、塔吉克斯坦的伊斯兰反政府武装等，一旦这些国家被纳入极端势力的轨道，俄罗斯将在中亚地区面对一个可能出现的强大的伊斯兰军事政治联盟。[①] "9·11"事件后，出现在这一地区新的、可能更严重的问题，就是美国借口反恐，开始在离俄罗斯最近的传统利益地区建立军事基地，准备将俄罗斯从其在中亚的军事政治地盘上赶出去。俄罗斯国家安全面临着来自南部最直接和最现实的威胁，这使独立以来的俄罗斯一直坐卧不宁。而且，南部地区的任何风吹草动似乎都会严重威胁俄罗斯联邦统一的发展前景。

其实，俄罗斯在独立之初，就把地缘政治因素作为其对外政策的基础之一。第一任外长科济列夫一上任就表示："在放弃乌托邦思想后，我们开始推行实用主义，……人们很快就认识到，地缘政治正在取代意识形态。"[②] 俄罗斯总参军事学院的皮鲁莫夫教授指出："研究地缘政治进程中的初步工作已证明，地缘政治观点对更好、更深刻地理解当今世界所发生的事件，以及对实现新的、现实的地缘观点，并在此基础上建立新的俄罗斯安全体系极为重要。"1994 年以后，俄罗斯调整对外战略的重要内容之一，就是重新以关注俄罗斯的地缘安全环境状况，把阻止俄罗斯地缘安全环境的进一步恶化作为俄罗斯外交的重要任务。[③] 在

---

① 陆齐华：《俄罗斯和欧洲安全》，北京：中央编译出版社，2001 年版，第 5、34—35 页。

② ［美］兹比格纽·布热津斯基，中国国际问题研究所译：《大格局：美国的首要地位及其地缘战略》，上海：上海人民出版社，1998 年版，第 129 页。

③ 叶自成：《东扩：克林顿与叶利钦》，上海：东方出版社，1999 年版，第 283 页。

2000—2015 年俄罗斯总统批准的各版本《俄罗斯联邦军事学说》中都明确提出，当前俄罗斯军事安全面临的主要外部威胁包括：在俄联邦及其盟国边境和毗邻水域建立（增强）并加强军队（舰队兵力）集团；有损于俄联邦军事安全的军事集团和联盟的扩张，如北约东扩；某些国家违反联合国章程，在与俄联邦毗邻的国家和与其友好的国家派驻军队，或在俄罗斯联邦的邻国境内使用武力，或出现以挑衅为目的的武力炫耀；在俄罗斯联邦及其盟友、邻国境内存在（出现）武装冲突策源地及冲突升级；国际极端武装团伙在毗邻俄罗斯联邦及其盟友边界地区的活动；对俄联邦及盟友提出领土要求，干涉其内政等。此外，俄罗斯军事学说强调，为建立和维护稳定，保证在外部威胁出现的初期阶段能够做出反应，俄联邦武装力量和其他军队的有限兵力可在联盟集团或国家集团及独立基地（设施）编成内，部署在俄罗斯联邦境外的某些重要的战略地域。这充分体现了地缘政治思想对当代俄罗斯决策者安全观念的影响，地缘观念在当今俄罗斯国家安全中仍然占有无可替代的重要地位。①

正是基于根深蒂固的地缘空间观念，在独立之初欲借西方解决自身安全问题的尝试遭遇严重挫折后，俄罗斯开始向传统安全理念回归，显示出深刻的俄罗斯民族传统的安全心理烙印。无论是其近邻政策，强调其对传统势力范围区域的“特殊责任和利益”，建立周边睦邻地带，还是反对在俄罗斯联邦邻国领土上部署外国军队和有损于俄联邦军事安全的军事集团和联盟的扩张，以及防范、阻止边境的武装挑衅，人们都可感受到俄罗斯传统的“缓冲区”和“中间地带”意识：尽力向外推进防御战线，利用俄罗斯疆界可供使用的地缘空间，以决定性的军事集群尽可能快地将敌人推移出去，争取在敌人的土地上打击敌人，使敌人与俄罗斯保持一定的安全距离，阻止现实和潜在的威胁在地缘上靠近俄罗

---

① 童师群等译：“2015 年版《俄罗斯联邦军事学说》”，http：//max. book118. com/html/2016/0301/36534988. shtm；陆齐华：《俄罗斯和欧洲安全》，北京：中央编译出版社，2001 年版，第 36—37 页。

斯,[1] 极力维护现有出海口的安全，重点防御西部，整治南部，稳定东部，避免两线作战。虽然现实以至未来，俄罗斯不可能再用军事手段占领和控制他国领土的方式，来扩展其地缘安全空间，但并不排除俄罗斯会通过国际合作或利用某种国际机制去寻求防止这些国家为其他大国所控制的办法。在2001年与中国等国创建上海合作组织后，2002年俄罗斯总统普京提出应当在世界上建立“稳定的弧形地带”，并在这一框架内建立一个新的“十分有前途的世界安全组织”。而稳定弧的中间部分即是俄罗斯南部的中亚国家，它还涵盖了俄罗斯的传统势力范围——伊拉克、伊朗等国家。[2] 2015年，俄罗斯又与独联体的一些国家启动建立了欧亚经济联盟，以进一步加强彼此间的经济联系。

第二节　印度人的安全感与印度的地缘安全理念

印度相对封闭的地理环境有着严重的脆弱性，即西北部兴都库什山脉的缺口和三面环海都给外来征服者提供了便利的条件。从雅利安人进入南亚直至21世纪初期，频频到来的异族征服、入侵及独立后与邻国关系的紧张与冲突使印度人经常遭受“外侮”，以及由此造成的不同种族、不同教派及不同种群之间的相互排斥、猜疑、不满和仇杀，使得次大陆始终处于战争、社会冲突和动荡之中。这使得印度人对自己生存环境的安全有着独到的主观感受，也影响着独立以来印度的国家安全理念。

一、印度人对自身生存环境安全的主观感受

印度人对其生存环境安全的主观感受主要受其独特的历史和社会文化的影响和作用。

---

① Vladimir Baranovsky, *Russia and Europe*: *The Emerging Security Agenda* (Oxford University, 1997), p. 29.

② 潘志平：“新疆周边环境2002年度报告”，http://www.doc88.com/p-8691950207034.html。

如果从雅利安人出现在印度河中上游旁遮普一带算起，“异族”对印度的入侵和征服从大约公元前1500年一直持续到公元20世纪中期。常常是前一群侵略者们或掠夺了财富后离开，或留下来，慢慢地融入印度本地文明，[①] 后一群侵略者们就已接踵而至。

最早的雅利安人与当时南亚次大陆的土著居民“达萨”（Dasa）敌对、战斗了数个世纪，才将其势力扩展至次大陆的绝大部分地区，并奠定其后印度社会文化发展的主流，但雅利安人却与其外部的野蛮人和最低种姓——首陀罗始终处于相对立状态。[②] 从公元前4世纪晚期希腊人入侵之后，外族入侵愈加频繁起来，先后有帕提亚人、西徐亚人、月氏人，以及其后的胡纳人和许多来自中亚和伊朗高原的部族侵入。进入中世纪后，印度主要经受的是突厥人和蒙古人频繁、强大的入侵。伽色尼的马茂德在位20年，屠掠、洗劫印度达17次之多，而在突厥人刚占领印度的部分地区后不久，蒙古游牧部落便涌入印度。14世纪末，强大的蒙古征服者洗劫了德里，并在16世纪占领印度大部分地区，建立起莫卧儿王朝。[③]

18世纪时，波斯人和阿富汗人还在轮番袭击印度，并将德里抢劫一空，但到了此时，来自遥远西方的欧洲人已是侵略印度的主角。早在15世纪末，葡萄牙人就已抵达印度次大陆开始殖民活动。之后，不甘落后的荷兰人、法国人和英国人也争先恐后地来到印度次大陆从事殖民活动。18世纪中期，英国人发起普拉西战役，巩固了其在孟加拉的地位。之后，英国人又在次大陆发动了一系列殖民扩张战争，清除其他殖民势力，结束了莫卧儿王朝的统治，[④] 随即开始了英国对印度近200年的残酷殖民统治。英国殖民者不但将印度变为向其输出财富的“母

---

① ［美］扎米尔·卡利扎德、伊安·O. 莱斯，张淑文译：《21世纪的政治冲突》，南京：江苏人民出版社，2000年版，第92页。

② ［澳大利亚］A. L. 巴沙姆，闵光沛等译：《印度文化史》，北京：商务印书馆，1997年版，第25—26页。

③ 参见［澳大利亚］A. L. 巴沙姆，闵光沛等译：《印度文化史》，北京：商务印书馆，1997年版；周一良、吴于廑：《世界通史》上古部分，北京：人民出版社，1973年版。

④ 雷启淮：《当代印度》，成都：四川人民出版社，2000年版，第55—56页。

牛”，而且还将印度作为其对东方其他国家和民族进行侵略和扩张、与其他列强争霸的重要基地，强迫印度人做其殖民扩张的“走卒”。在20世纪的两次世界大战中，印度人为英国的殖民利益付出了沉重的物质和生命代价，而西方殖民者只是榨取财富，并不“融入”印度本地文明，甚至以暴力手段摧毁印度人以往的生活方式，这些都深刻地影响着民族意识已开始萌生的印度人的生存危机意识，并开启了他们争取民族生存的独立斗争的序幕。

次大陆内部复杂、多变的地理环境，以及众多的种族、宗教和封闭的村社生活，种姓制度等独特的社会文化生活，为地方势力割据提供了极为有利的条件，这些是历史上南亚次大陆从来没有出现过一个长期统一、强大集权国家的重要原因。在印度次大陆，很难有一个能有效维护全体居民安全的中央政权。因此，一方面是频遭外族的入侵，另一方面，南亚次大陆众多的小邦和地方势力彼此也在不停地争斗着，并夹杂着宗教动乱、种姓冲突。印度人一直处在一个动荡不安、分裂的社会结构当中。

雅利安人进入印度后，就分为许多各占一方的独立部落。在与“蛮族”作战的间歇，他们也彼此相互征战。① 在国家出现后，南亚次大陆又出现众多的邦国，并且不断进行征服战争，从而将印度政治史书写成为一部割据战争史。相传，公元前6世纪初，在印度有16个小国，彼此进行着不断的争霸战争。直至公元前3世纪，孔雀王朝的阿育王统治时期，才形成了一个除印度半岛南端外的幅员广阔的帝国，但在阿育王死后，帝国即告分裂。② 此后，一直到17世纪晚期，蒙古人统治下的莫卧儿帝国，其领土疆界才比阿育王统治时期的疆界有所扩大。但莫卧儿帝国中央对地方独立势力的征讨始终没有停止过，到18世纪初，帝国就开始解体。英国殖民者即借机利用印度王公之间的分离、争斗才控制住整个次大陆。今天，地方独立势力仍然是令印度政府头痛的问题。

---

① ［澳大利亚］A. L. 巴沙姆，闵光沛等译：《印度文化史》，北京：商务印书馆，1997年版，第35页。

② 周一良、吴于廑：《世界通史》上古部分，北京：人民出版社，1973年版，第162、281页。

印度社会极具独特性的标志之一就是其种姓制度。不同种姓之间充斥着相互排斥、猜疑、不满和仇杀。从某种意义上说，种姓制度是印度社会众多冲突的根源，种姓冲突是印度社会冲突。[①] 高级种姓任意对待低级种姓，如对贱民进行“惩罚”、施暴，使低级种姓生活在极不安全的环境当中，而低级种姓的反抗又增加了高级种姓的不安全感。进入现代以来，印度社会高低种姓之间的矛盾越来越多地表现为暴力冲突。在印度的比哈尔邦，从 1971 年至 1999 年 2 月，发生的种姓之间集体屠杀事件就达 59 起，有 600 人丧生。一些高级种姓集团为了对付贫困农民组织的“夺地运动”和“抢收地主庄稼”，建立了自己的私人武装。[②] 而曾在印度家喻户晓的女土匪首领普兰·黛维就是因为不堪忍受高级种姓的压迫才铤而走险的。为向欺负过她的高级种姓复仇，她一次就杀了 20 余人。普兰·黛维成为被压迫种姓的代表，并在 1996 年的印度议会选举中当选为议员。[③]

由于历史上进入印度次大陆的种族众多，印度次大陆社会的宗教文化也极为复杂。在当代印度，盛行的宗教就有印度教、佛教、伊斯兰教、基督教、锡克教、耆那教和袄教（即拜火教）等。其中，印度教徒最多，约占印度人口总数的 80% 以上；其次是伊斯兰教徒，占印度人口总数的 13% 多。[④]

印度教文化和伊斯兰教文化有着根本的差别。印度教是多神教，崇拜牛而食猪；而伊斯兰教是政教合一的一神教，忌食猪而食牛。在印度，尤以这两大教派之间的冲突，在发生的频率、规模、伤亡人数以及造成的影响等方面为甚。[⑤] 公元 8 世纪初，穆斯林在入侵南亚次大陆时，为与印度教徒争夺财富、人口和领地，发生了血腥冲突。712 年，穆斯

---

① 尚会鹏：《种群与印度教社会》，北京：北京大学出版社，2001 年版，第 165 页。

② Venkitesh Ramakrishnan, *A History of Massacres*, Frontline, No. 5, 1999，转引自孙培均、华碧云：《印度国情与综合国力》，北京：中国城市出版社，2001 年，第 253 页。

③ 孙士海：《印度的发展及其对外战略》，北京：中国社会科学出版社，2000 年版，第 259 页。

④ “印度人口数量”，http://www.renkou.org.cn/countries/yindu/。

⑤ 尚会鹏：《种群与印度教社会》，北京：北京大学出版社，2001 年版，第 175 页。

林在征服信德地区时，屠杀了所有 17 岁以上拒绝信奉伊斯兰教的男子。1024 年，入侵印度的穆斯林军队杀死了 5 万名保卫湿婆神庙的印度教徒。当年，莫卧儿王朝将伊斯兰教定为国教，也是靠刀剑和异教税强制推行。印度教和伊斯兰教结下了不解的仇怨。进入近代以后，两大教派之间的矛盾在英国殖民者的挑拨下更加尖锐，冲突越来越多，规模也越来越大，最终导致印巴分治。随着印巴分治方案的实施，两大教派之间的仇杀也达到登峰造极的程度。从 1947 年 8 月至 1948 年春，在 9 个月的时间里，因教派仇杀而丧生的人数近 60 万，造成 1400 万难民在印巴两国之间进行了大迁徙。[①] 从 20 世纪 60 年代初至 20 世纪 90 年代，印度又经历 4 次教派冲突浪潮。据统计，自 20 世纪 60 年代末期以来，在印度发生的教派冲突每年都达 500 多起。[②] 互不相容的宗教差异把印度变成两个社会，双方矛盾冲突不断，并且影响到印度与其周边伊斯兰国家的关系。如印度和巴基斯坦两国之间矛盾、冲突的根源之一，主要是因历史延续下来的印度教和伊斯兰教两教派间的仇杀。

生活在这样一个冲突频繁、剧烈的社会当中，使印度人时常产生躁动不安的情绪，结合印度人的极端心理，也易于采用过激的行为方式。1977 年，遍及马哈拉施特拉邦的“种姓战争”，只是起因于一所大学的更名；1984 年 10 月 31 日，因“金庙事件”伤害了锡克教徒的感情，英·甘地被其锡克教卫兵枪杀。噩耗传开，德里发生了大规模骚乱，愤怒的印度教徒四处袭击锡克教徒，放火焚烧他们的商店和房屋，造成上千人丧生，数万人无家可归。旁遮普的锡克教恐怖组织则以更疯狂的爆炸和暗杀活动进行报复。1990—1993 年席卷印度各地的印度教与伊斯兰教之间的冲突是围绕恒河河畔的阿约迪亚寺庙发生的。[③] 进入 21 世纪以来，印度的教派冲突仍在延续。2002 年 2 月 27 日，一列载有 75 名印

---

① 赵德喜、王佑生：《印巴对抗何时休》，郑州：中原农民出版社，2000 年版，第 5—6 页；赵晓春、刘跃进：《尼赫鲁家族》，北京：社会科学文献出版社，1996 年版，第 140 页。

② 孙士海：《印度的发展及其对外战略》，北京：中国社会科学出版社，2000 年版，第 255 页。

③ 尚会鹏：《种群与印度教社会》，北京：北京大学出版社，2001 年版，第 174 页；孙士海：《印度的发展及其对外战略》，北京：中国社会科学出版社，2000 年版，第 258 页。

度教徒的火车在印度西部的古吉拉特邦的戈特拉镇遭遇袭击，58 名教徒被活活烧死。其后，印度的“世界印度教大会”呼吁向穆斯林发起猛烈的报复，报复行为演变成血腥的暴力冲突。2008 年 11 月 26 日，伊斯兰极端分子对孟买的地标泰姬陵饭店发动了恐怖袭击，震惊了世界。2012 年 7 月 19 日，印度东北部的阿萨姆邦先后有 4 名穆斯林遭到杀害，从而引发了当地穆斯林和印度教徒之间的报复性冲突。事件造成将近 80 人死亡、40 多万人流离失所，400 多个村庄化为灰烬。2016 年，又围绕一句带有浓厚印度教意味的口号“神母印度万岁”，印度各地发生了一系列耐人寻味的社会政治事件。① 这些极端、过激行为使所有印度人的心里都难以获得安宁。

历史上，外侮、内患，不断的战争、冲突、骚乱，使印度人经常要面对威胁、恐怖、仇恨和死亡，始终处于一种不安全的环境之中。而现代印度自独立以来，对外战争也很频繁，较大规模的国家间战争就有 4 次，即 1947—1948 年的第一次印巴战争、1962 年的中印边境冲突、1965 年的第二次印巴战争和 1971 年的第三次印巴战争，而印巴两国之间围绕克什米尔问题的冲突几乎就没有中断过。印度人的不安全感不但受古代和近代历史的影响，更是受到现代发生事件的真实影响。

次大陆恶劣的自然环境，如温差变化大、酷热、苦旱和河水的泛滥，也在引导着印度人的安全意识。在他们眼中，大自然是可怕的。而自然环境的固执和严酷无情，在塑造印度人极端性格和坚忍毅力的同时，也已把他们的自信心摧毁殆尽，他们对可怕的大自然感到无奈、无力和无助，唯有敬畏和消极接受而已。②

正因为如此紧张不安的人文和自然环境，印度人内心有着极强的安

---

① 席雪莲：“印度宗教冲突引发惨剧暴徒点燃列车烧死 58 人”，http：//fo. ifeng. com/special/zhutifoyeduihua/chongtuyujuexing/detail_ 2012_ 03/13/13168175_ 0. shtml；“孟买‘11·26’：被无视的恐怖袭击”，http：//www. cankaoxiaoxi. com/s/military/mengmaikongbuxiji/；“印度宗教大冲突的背后”，http：//money. 163. com/12/0828/13/8A0H4PSH00253B0H. html；毛克疾：“就是这句话，点燃了印度的宗教冲突”，http：//www. guancha. cn/MaoKeJi/2016_ 04_ 13_ 356829. shtml。

② 马加力、尚会鹏：《一应俱全印度人》，北京：时事出版社，1998 年版，第 5—6 页。

全心理需求。所以，尚武精神成为印度文明不可缺少的一部分，随身携带个人武器曾风行一时，几乎是印度人的一种着装准则。并且，这种传统一直延续至20世纪。历史上，印度人的钢铁冶炼质量及刀剑枪支铸造技术也极其高超。更重要、显著的反映是萌生出不杀生、非暴力思想以及逃避、遁世的观念，公元前6世纪产生的佛教就汇集了这一思想观念。实际上，从古至今，印度人都在追求一个永恒定局和完全的心理安全。①

南亚次大陆相对封闭、独立的地缘环境，以及历经长期历史发展形成的独特文化，使现代印度人在与世界上的其他国家、民族交往时，常会显露出一种地缘文化孤立感。印度人认为自己总是不为其他国家、民族认同，或受到他们的蔑视与不尊重。独立以来，印度政府周边树敌，常以南亚霸主的心态对待其他的南亚小国。印度国内的政治人物、政治派别为达到自己的某种政治目的，也经常以“外部敌人”“威胁”言论、宣传去影响和吸引印度广大民众的注意力。他们不断地向印度公众传播这样的安全思想——印度所面临的国外敌对势力的威胁，包括从斯里兰卡这样的小国到美国这样的超级大国。这些国家干涉印度的国内事务，正如这些国家在国际事务上与印度作对一样，均是出于相同的原因：这些国家对印度的崛起或是印度民族团结怀有恐惧心理。印度周边的小国在迷失了方向的领导人带领下与印度为敌；距离稍远些的较大国家则想阻止印度成为亚洲势力的核心。他们还具体列举出许多来自巴基斯坦、中国、美国，甚至那些“与印度作对”的小国的威胁“实例”。这些思想言论深深影响着印度人内心深处的不安全感。“许多年来，印度人似乎一直认为，没有任何国家像自己一样面临如此之多的威胁。”②

因此，印度人形成了这样的意识，此时的友邻可能就是彼时的敌

① ［澳大利亚］A. L. 巴沙姆，闵光沛等译：《印度文化史》，北京：商务印书馆，1997年版，第115页。

② ［美］斯蒂芬·科亨，刘满贵译：《大象与孔雀：解读印度大战略》，北京：新华出版社，2002年版，第38页。

人。[①] 从彼方来与自己结邻的，是敌人或危险。彼此接近是发生在自己身边的矛盾、战争和暴力冲突的根本缘由。自己安全的最大威胁或危险、造成自己生存环境不安全的因素就是“近邻”。因此，印度人愿意生活在相对封闭的种姓、村社之中，很少与不同种姓、村社的人交往。印度人解决冲突的方法也是将冲突的各方完全分离开来，或“孤立”自己，自我寻求安全。

二、印度的地缘安全理念

印度人对自己生存环境安全的主观感受也影响着独立以来印度国家的地缘安全理念。即，潜在的敌人是邻国，只有并总是邻国是潜在的敌人，[②] 或“近邻国家最可能成为你的敌人”。从地缘安全战略角度考虑，印度认为，南亚具有地缘战略一体性，其周边国家，特别是周边极具挑战性的国家制约着印度地缘政治影响力的扩展。[③] 而屡遭强族侵略的历史，尤其是近代200年处在西方大国残酷殖民统治下的历史，又使其在与世界强族、大国接触时，极为敏感与谨慎，视任何进入印度洋，或从陆上靠近印度的大国为其威胁或敌人。

当代南亚国家之间存在的如此多的安全及缺失共同的安全感知、地缘安全心理都与上述印度地缘安全理念有关。20 世纪 40 年代末，英国殖民势力退出南亚后，南亚成为一个以印度为中心的地区，印度是这一地区最强大的“超级大国”，没有哪个南亚小国可以冒犯或摆脱印度的权威影响，整个次大陆都是印度的势力范围。在独立伊始，印度与比邻而居的巴基斯坦就因历史、宗教和文化上根深蒂固的矛盾，并出于复仇目的，围绕克什米尔问题大打出手，这似乎就已开始验证印度的“邻国

---

① ［美］斯蒂芬·科亨，刘满贵译：《大象与孔雀：解读印度大战略》，北京：新华出版社，2002 年版，第 5 页。

② Stephen Cohen, *The Security of South Asia: American and Asian Perspectives* (University of Illinois Press, 1987), p. 163.

③ Arndt Michael, *India's Foreign Policy and Regional Multilateralism*, (Palgrave Macmillan 2013), pp. 25, 27.

是潜在敌人”的安全理念。在20世纪60年代和70年代，印巴之间又发生了两次大规模的武装冲突，其中1971年的第三次印巴战争还达到印度肢解巴基斯坦的目的。两国在双方边界的紧张武装对峙和冲突一直持续至今日。而且，当初反对印巴分治的印度对巴基斯坦怀有兼并之心，直到今日，印度也并未完全承认巴基斯坦存在的合法性。出于对印度的恐惧，在20世纪50年代，巴基斯坦加入了西方阵营，积极发展与南亚区域外世界大国的关系，并与印度展开军备竞赛。至20世纪末，两国都拥有了核武器，巴基斯坦成为印度的宿敌和主要对手。巴基斯坦又是历史上外族从陆上入侵印度的必经之地，冷战时期巴基斯坦也一直获得美国及其他大国的援助，这也是让印度不安的因素。因此，印度始终视巴基斯坦为自己彻底控制南亚次大陆的重大障碍、现实和未来的安全威胁。历史上，外族由陆上进入次大陆的通道也是在西部，西部成为印度地缘战略防御重心。

印度独立后，坚持大国思想，出于主宰南亚目的，在打压巴基斯坦的同时，强化了对南亚其他小国的控制，将其纳入印度的战略安全体系。印度先后与不丹、锡金和尼泊尔订立新的“友好条约”，加强与他们的“特殊关系”，使其服从于印度的安全利益需要。① 对印度洋上斯里兰卡和马尔代夫，印度也保持着对其采取“安全措施”的主动权。孟加拉国原是巴基斯坦的东部领土，这使印度感到在与巴基斯坦发生冲突时，总有两线作线之虞，印度必须肢解巴基斯坦。为此，1971年印度发起第三次印巴战争，在印度军队的帮助下，孟加拉国独立。随后，印孟两国签订了《友好合作与和平条约》。印度向孟加拉国提供了大量经济援助，两国关系一度极为密切，但不久，印孟关系就因孟加拉国国内政变和两国边境纠纷，以及恒河水分配问题而趋于紧张。② 20世纪80年代以来，两国关系发展虽然较平稳，但因孟加拉国与巴基斯坦传统的宗教文化联系，印度一直对其心存疑虑。英·甘地执政期间，印度对南亚小国推行所谓“英迪拉主义”，即“大棒加经济援助”，并借此兼并

① 张忠祥：《尼赫鲁外交研究》，北京：中国社会科学出版社，2002年版，第67页。
② 雷启淮：《当代印度》，成都：四川人民出版社，2000年版，第55—56页。

了锡金。

在20世纪50年代中期以前，当时的中华人民共和国还很虚弱，又有朝鲜战争的牵制，所以综合国力在发展中国家里首屈一指的印度认为，有喜马拉雅山脉阻挡的北部边界是安全的。尽管在印中两国间存在着边界分歧，印度对中国怀有不信任心理，但印度对发展与中国的关系还是持积极的态度，在国际社会也给予中国许多支持。1954年，两国还共创了和平共处五项原则。随着中国在20世纪50年代中后期表现出的强劲上升势头，以及解放军进军被印度视为安全“缓冲区”的西藏，印度的态度发生了根本改变，开始将中国视为印度安全的威胁。1959年12月9日，尼赫鲁在印度议会上讲道：“即便我们百分之百地同他们友好，事实上仍然是这样：有一个强大的国家待在我们边境上。那种情况的本身改变了整个局势……”紧接着，在1959年12月12日，尼赫鲁又明确讲到：“基本事实是，每逢中国一强大，他就成为扩张主义者。”印度政府还向印度国民散布“中国威胁论”，煽动国民的民族主义情绪。由于印度在中印边境地区推行前进政策，最终导致1962年10—11月的印中边界冲突。[①] 战争结果是印度遭到惨败。从此，中国就被列进印度的安全威胁表中。但其后双方关系的发展历程表明，印度所谓的“中国威胁”就是心理上的。“中国成胁”是印度用来转移国际社会注意力，进行军备扩张的借口。

印度这种“以邻为壑”的思想及其南亚整体安全体系战略与政策，是受其大印度观和英国殖民当局在印度实行的地缘安全战略的影响。因为历史上，南亚次大陆虽然没有一个完全统一的国家，但他们都视次大陆为一个“整体”存在，所以印度人内心并不愿接受印巴分治。独立后的印度一度在国际舞台上名噪一时，自视为发展中国家的领袖和南亚区域的中心国，并继承了英国的南亚霸权战略思想，坚持中印边界非法的“麦克马洪线”，将西藏作为中印间的军事“缓冲区”，甚至希望西藏成为独立国家。

---

① 张忠祥：《尼赫鲁外交研究》，北京：中国社会科学出版社，2002年版，第152、173页。

对邻国施行如此的地缘安全观念与行为，印度不但为自己制造了多线作战的安全困境并陷入孤立，而且逐渐将南亚变成一个“火药库”。印度在使自己愈加感到不安的同时，使得整个南亚都无安全可言，还使印度长期被“封闭”在南亚，难以从此抽身，拓展其在全球的影响力。随着时间的推移，其潜在威胁还有增加和复杂化的趋向。除去与巴基斯坦和中国的非短时间能够得以解决的领土矛盾外，与印度邻近的小国都将印度视为自己政治、经济、安全方面的毁灭性的威胁。虽然南亚的地缘现实以及印度的首强地位，使其他南亚弱小国家难以形成一个对付印度的联盟，但印度从来没有摆脱“弱邻联手”的威胁。而且，印度还时刻担忧伊斯兰军事联盟的出现。[①]

由于有着 200 年为西方大国殖民征服、统治的经历，并参加了两次帝国主义发动的世界大战，印度人对地区外大国在南亚次大陆与印度洋的“动向”极为关注和敏感。20 世纪 80 年代，因苏联侵略阿富汗而引发的美苏在印度周边的对抗，曾引起印度人极大的不安。并且，印度自己又欲做世界性的大国，称霸次大陆和印度洋，视整个次大陆和印度洋区域为其势力范围，因此印度人将任何进入印度洋和次大陆的大国都视为是对印度安全地位的威胁。印度一方面推行不结盟政策，试图在发展第三势力、争当发展中国家领袖的同时，尽可能避开大国政治，并对大国采取“不把鸡蛋放在一个篮子里”的两不得罪的“中立主义”立场。其目的是使自己免遭再次为某一大国控制的灾难，使印度既能发挥“力量平衡”作用，又能为自己谋取到经济、政治和安全上的好处。另一方面，加强对南亚国家的控制，极力防止、排斥地区外大国干涉南亚国家的内部事务。英·甘地在第二次出任印度总理时，对此做了明确表述，“印度不能容忍地区外大国干涉南亚国家的内部事务。如果南亚国家需要外国提供援助来解决国内危机的话，应该首先在本地区内寻求帮助”。[②] 实际上，印度是想自己成为南亚地区独一无二的角色。但南亚

---

① Kanti Bajpai and Stephen P. Cohen，*South Asia After the Cold War*：*International Perspectives*（Westview Press，1993），pp. 4，7.

② Sandy Gorden，*India's Rise to Power in the Twentieth*Century and Beyond（Great Britain：Ipswich Book Co. LTD. 1995），p. 269.

其他国家，特别是巴基斯坦，却因“惧怕”印度而积极发展与域外其他国家尤其是大国的关系，并有将与印度的矛盾国际化的倾向。印度独立以来的历程也表明，由于自身实力、能力有限，印度难以独自应付面临的安全压力，也不得不寻求域外大国的支持，再加之南亚与中东相邻以及大国地缘战略目标等诸多素影响，所以印度在推行有关地缘安全理念时有着不可消除的困难，充满了矛盾。

历史上，印度始终受到来自西北的威胁，孔雀、笈多和莫卧儿三大帝国都非常注重对西北部的控制和防御。尤其是莫卧儿帝国充分意识到来自西北部的危险，竭力保持对印度自然疆界以外的喀布尔和坎大哈的控制，把侵略者拒之于国门之外。[①] 印巴分治以来的印度，因与巴基斯坦为敌，印度也一直将西部作为其战略防御的重点，将主要陆上兵力布置在印巴边境一带。但近代以来，西方殖民者却是从海上侵入印度，世界大国都因拥有一支强大的海军而称霸世界的历史与现实，以及受地缘政治的影响，使三面环海的印度人越来越重视来自海路的威胁。进入现代以来，印度洋上的航线成为东西方之间的“生命线”，印度经济的发展、资源的获取也越来越依赖于印度洋。目前，印度贸易的约97%需要经由印度洋海路，所以印度人的海洋观日益加强。印度著名思想家潘尼迦很早就指出，“除非印度洋能自由通航，除非印度的海岸线得到了充分的保护，印度的工业发展、增长以及政治结构的稳定都是不可能的。因此，只有控制印度洋，才能使印度的安全得到真正保证，印度洋必须真正成为印度的洋”。[②] 当代印度著名的国际战略专家 V. P. 杜德指出，印度洋之所以被命名为印度洋，就已经证明其对印度的重要性。地理上，印度是通向东南亚和中东的门户，印度对两侧地区的事态发展不能置若罔闻。[③] 贾斯万特·辛格在《印度的防务》一书中写道，“我们只需思考一下 17 世纪和 18 世纪的一个重要失误，就可正确评价印度洋

---

① ［澳大利亚］A. L. 巴沙姆，闵光沛等译：《印度文化史》，北京：商务印书馆，1997 年版，第 80 页。

② David Brewster, *India's Ocean: The story of India's bid for regional leadership* (Routledge, Taylor & Francis Group, 2014), p. 20.

③ V. P. Dutt, *India's Foreign Policy* (New Delhi: Vikas Publishing House, 1986), p. 2.

和通向印度的海路的重要性。这个失误导致了外国势力到达印度洋沿岸，最初是为了贸易，发展到后来就是为了征服。印度历史的转折点并不是最终发生在陆地上的冲突，……在这里，陆地上的胜利是紧随着海上的征服接踵而来的”。“因此，有必要承认，出现了一个意义重大的战略转移，即陆路被海路所取代。在此之前的数个世纪里，侵入印度的势力总是通过陆上通道。现在，尽管还可能发生这种情况，但出现了一个新的因素。印度再次被征服，……完全依赖于海上的自由行动。”①因此，印度视地区外大国海军舰队进入印度洋或在印度洋设置海军基地为其安全的极大潜在威胁，并越来越重视海军建设，意欲有效地遏止其他域外大国的海军进入印度洋，进而控制印度洋。

总之，印度所要实现或达到的理想地缘安全目标是：打压巴基斯坦及其他南亚小国，最终使其完全服从于印度的地缘安全思想和利益，最终达到南亚地缘战略一体化目标或实现南亚次大陆的大一统；阻滞其他国家，尤其是大国与巴基斯坦或与中国结盟；将外部力量拒之于南亚次大陆的大门以外，并将印度洋置于印度的有效控制之下，② 重点是加强西北和海上防御，同时尽力摆脱两线作战之虞。

20世纪90年代，苏联解体一度给印度地缘安全造成很大威胁，在国际社会也极显孤立。为摆脱困境，使印度快速适应新的国际形势变化，拉奥政府对印度外交战略与政策进行了重大调整，确定了外交要以经济发展为主导方向，以为印度的经济社会发展创造一个稳定与和平的国际环境。其中的一个重要方面即是着重努力改善与周边邻国关系，促进南亚地区的共同发展及和平稳定。如与巴基斯坦，虽然紧张的敌对僵局没有改变，但两国关系还是有了“缓解”动向。1991年1月，印巴《互不攻击对方核设施协定》生效，一年后，双方又按协定互换了核装置和核设施清单。1992年4月，两国签订了关于军事演习、军队调动与转移事先通知对方和防止侵犯领空、允许军用飞机过境飞行与着陆两

---

① ［印］贾斯万特·辛格，胡仕胜等译：《印度的防务》，麦克米兰印度有限公司，1999年版，第311—312页。

② 雷启淮主编：《当代印度》，成都：四川人民出版社，2000年版，第359页。

项协定。[1] 对其他南亚邻国，印度也开始以务实的态度推动彼此关系的改善或保持平稳状态。1992 年 3 月 26 日，印孟达成协议，从该年 6 月 26 日起印度向孟国提供穿越“廷比加”走廊的权利，使孟加拉国人能够前往达哈格拉姆和安加波塔这两块孟加拉国的飞地。并且，两国在长期困扰双边关系的河水分享问题上也取得进展。1992 年 5 月，印度宣布禁止斯里兰卡泰米尔人的“猛虎组织”利用印南部领土作为反对斯政府的军事行动跳板，限制和打击逃亡到印度的泰米尔恐怖分子，并明确表示不干涉斯内政，从而逐步消除了斯政府的疑虑。1992 年印度总理拉奥访问尼泊尔，双方重签了贸易和过境协议，还签署了印度向尼提供援助和其他一些领域的合作事宜。[2] 此外，印度与不丹、马尔代夫的关系都有了进一步发展。

其后执政的高达政府与古吉拉尔政府继续推动与周边邻国关系的改善与稳定。印度提出了“不计回报”的“古吉拉尔主义”，其基本内容是：在处理（与南亚国家）双边关系问题上不谋求互惠，印度愿意单方面让步。相互尊重主权和领土完整，互不干涉内政。南亚各国都不允许其领土被用来反对本地区的其他国家，通过双边和平协议解决争端。[3] 这表明，印度开始对南亚邻国施行“睦邻”外交。1998 年 3 月上台的印度人民党的瓦杰帕伊政府为改善因核试爆造成的国际环境困难局面，重走“古吉拉尔主义”之路，进一步加强了与南亚周边小国的经济联系。

进入 21 世纪，已经摆脱外交困境及经济持续增长的印度，其周边外交思路更加清晰。印度意识到，要脱颖而出成为世界的一个主要行为者，扩展自己的地缘战略影响力，就必须首先取得所有邻国的信任、善

---

① 雷启淮主编：《当代印度》，成都：四川人民出版社，2000 年版，第 374 页。

② 赵磊：“冷战后印度南亚外交战略的转变与发展”，云南大学硕士学位论文，2010 年，第 19 页。

③ 吴永年、赵干成、马嫚：《21 世纪印度外交新论》，上海：上海译文出版社，2004 年版，第 113、260 页。

意、友谊和合作。①

针对印巴关系有所“缓解”的态势，为尽快摆脱“南亚安全困境”，印度在一定程度上改变了长期以来一直坚持的思维定式，开始以相对灵活的态度处理与巴基斯坦的关系。瓦杰帕伊政府于 2002 年 10 月 22 日提出了促进双边关系正常化的“和平路线图”计划。2004 年 9 月，辛格与巴基斯坦总统穆沙拉夫实现了“历史性的会晤”，巴方对解决克什米尔问题的立场出现松动；2005 年 4 月，双方又通过“板球外交”采取切实措施改善两国关系。与此同时，印度继续增进或深化与其他南亚邻国的合作关系，塑造彼此互信的基础。2014 年 5 月，莫迪总理领导的、印人党主导的全国民主联盟（NDA）政府执政后，将“邻国优先”作为外交政策基石，努力恢复与邻国的良性互动。莫迪政府不仅要扭转多年来印度自封大国、忽视邻国诉求的固有理念，还试图通过实际行动赢得邻国的支持，为实现经济复兴和地缘政治崛起提供较好的周边环境支持。② 不仅莫迪的就职仪式邀请包括巴基斯坦总理谢里夫在内的南亚国家领导人出席，而且莫迪就任总理后，还打破印度外交惯例，首先出访了不丹和尼泊尔。截至 2015 年 6 月对孟加拉国的历史性访问，莫迪已遍访除巴基斯坦外的南亚所有国家，凸显出莫迪重振印度在南亚影响力、夯实其南亚大国地位的雄心。2015 年 12 月 25 日，印度总理莫迪在结束访问阿富汗后的归国途中突访巴基斯坦，这也是印度总理近 12 年来对这一重要邻国的首次访问，表明了莫迪改善印巴关系、缓和紧张局势，意欲在印巴关系上取得突破的意愿。莫迪政府还扩大了对阿富汗的援助规模，并且积极经营与印度洋沿岸国家的关系，与毛里求斯、塞舌尔、斯里兰卡签署一系列经济、军事协议，积极向斯里兰卡、马尔代夫提供训练和装备供应，夯实印斯马三国海岸联防体系。印度力求扮演印度洋地区安全“净提供者”角色，打造印度主导的“印度洋

---

① 马嬲：“冷战后印度的亚洲政策及其启示”，《当代亚太》2055 年第 10 期，第 41—46 页。

② 沈诗伟：“‘邻国优先’策略下的莫迪式外交”，http：//news. xinhuanet. com/world/2015—06/10/c_ 127899923. htm。

海上防务链条”，体现印度在该地区的主导地位。[①]

总之，20 世纪 90 年代以来，印度为适应两极体制解体后国际环境新变化与新发展而对其外交战略与政策做出了相应调整，试图塑造其地区和平维护者、维护整个印度洋区域和平与稳定的“友好警察”及国际领导者的形象，[②] 努力改善与南亚周边邻国关系，为印度的经济社会建设与发展营造出一个稳定和平的外部环境。

但是，印度仍然没有放弃其传统的地缘安全理念及行为方式，也没有摆脱自己制造的南亚安全困境。21 世纪初，南亚的地缘安全环境仍缺乏稳定性，不时会出现紧张态势。如，印度和巴基斯坦之间事实上仍一直处于“冷战”的僵局。20 世纪 90 年代，印巴在克什米尔交界地带连续发生军事冲突，特别是 1999 年 5 月开始的卡吉尔冲突，持续时间达 2 个月之久，印军还动用了飞机、重炮等重型武器。1998 年 5 月，在印度人民党上台后 2 个月，印巴先后进行了核试验，双方又开始了核军备竞赛，致使南亚局势更趋紧张化。进入 21 世纪后，印巴之间的关系虽然一度缓和，但 2016 年印巴两国关系因克什米尔争端再度急转直下，双方在实际控制线周围不时擦枪走火，造成双方人员伤亡，印度还加快了封闭长达 3000 米的印巴边境的进程。印巴关系重蹈紧张、波动不定的状态。[③]

而印度国内的印度教与伊斯兰教之间的教派冲突，也引起印度周边其他国家穆斯林的反感和激动情绪，在加重印度对伊斯兰政治、军事联盟出现的焦虑和担心的同时，也推动巴基斯坦、孟加拉国与中亚的伊斯兰国家及伊朗、土耳其的宗教认同与联系。[④]

---

① “印度新总统莫迪震撼中国，印度莫迪和中国关系”，http：//www.08160.cn/hot/11418.html；蓝建学：“莫迪治下的印度外交与中印关系”，http：//www.ciis.org.cn/chinese/2015—05/18/content_ 7913182.htm。

② David Brewster，*India's Ocean*：*The story of India's bid for Regional leadership*（Routledge，Taylor & Francis Group，2014），p.37.

③ 任炳卿、张启帆：“近期印巴克什米尔冲突状况及影响”，《和田师范专科学校学报》2017 年第 1 期，第 39—43 页。

④ Kanti Bajpai and Stephen P. Cohen，*South Asia after the Cold War*：*International Perspectives*（Westview Press，1993），pp.5，51.

与此同时，冷战后的印度又成为恐怖主义活动的目标国，进入21世纪后，恐怖主义活动在印度越来越频繁，烈度越来越强。1993年，伊斯兰极端组织制造了孟买系列爆炸案，造成260人死亡；1999年12月，印度航空公司一架载有180多人的客机遭恐怖分子劫持；2001年12月，恐怖分子对印度议会的袭击，使印度举国震惊；2002年2月，古吉拉特邦满载印度教徒的列车遭恐怖袭击而导致伤亡人数近2000人；2003年1月5日，印控克什米尔阿南特纳格地区一个繁忙的公共汽车站发生爆炸，致使35人受伤；此外还有：2007年北方邦系列爆炸案，2008年新德里、斋普尔、班加罗尔、艾哈迈德巴德、海德拉巴系列恐怖事件，以及2011年孟买爆炸案、德里高等法院爆炸案等。从2012年到2013年，印度的恐怖主义活动上升了70%，死亡人数从238人上升至404人。攻击次数也上升了，2013年比2012年多55起。“‘伊斯兰国’（IS）也扬言要把战场扩大到印度”，甚至点名要干掉印度总理莫迪。据SATP网站统计，1994—2015年，印度因恐怖袭击致死人数高达64671人，其中安全人员9686人、平民24650人、恐怖分子30335人。在美国国务院2012年7月发布的反恐报告中，印度被列为遭受恐怖危害最严重的国家之一，也是最易遭到跨境恐怖集团攻击的国家之一。印度已成为各种恐怖主义的“试验田”，新形式的恐怖活动在被复制到西方之前基本上首次都是在印度实施的。在所谓的自由和民主国家中，印度发生的恐怖事件占到了75%。猖獗的恐怖活动已经严重威胁到印度的国家安全。①

21世纪初，西方虽然解除了对印度进行核试爆行为所予以的制裁，但对印度军事力量的膨胀，以及其发展核武器的行为，仍持谨慎态度。美国主导的海湾战争和2001年“9·11”事件发生后进行的反恐战争，以及“倒萨战争”，更使南亚和印度洋区域地缘政治形势发生重大变化。美国扩建、加强了迭戈加西亚军事基地，强大的海军舰队日夜游弋

---

① 甄博：“什么仇什么怨：IS为何要干掉印度总统莫迪”，http：//military. china. com/important/11132797/20151208/20893495_ all. html；“印度成恐怖活动温床：袭击增70%内乱不已伤亡严重”，http：//mil. cankaoxiaoxi. com/2014/1202/583558. shtml。

在印度洋上。同时，重新给予巴基斯坦以战略上的重视，继续向巴提供1亿美元的紧急援助，延长3.96亿美元债务的偿还期；美国还宣布了2009年至2012年间75亿美元的对巴5年发展援助。美国国会研究服务部数据显示，2001年以来，巴基斯坦共获得330亿美元的美国军事和民间援助。[①] 美国还利用自身在国际金融机构的影响，谋求扩大对巴的援助。而其他域外大国势力也纷纷进入了南亚和印度洋。南亚传统的战略隔绝已经完全消失，这使得对大国势力极为敏感的印度人非常不安。

此外，印度继续视日益强大的中国为其安全威胁，值此国际关系复杂多变时期，中印面临着诸多地缘政治压力与挑战，中印的大国战略面临前所未有的挑战；经过长期的金融危机冲击，两国国内的经济社会问题也日益加重、凸显。为了减轻彼此的安全压力，印度与中国一直比较注重进行沟通。特别是自2014年后，随着中印两国“权力换代”的完成，两国内外政策都进入了一个深入调整的时期。为增进中印安全互信，深化战略合作，具有时代性政治治理理念的两国领导人着眼两国关系大局和两国人民长远利益，理性地对待彼此分歧，以新的、更加坦诚务实的安全理念影响双方社会安全心理，力推两国安全关系领域有所突破、进展。

面临上述地缘安全形势，21世纪初的印度安全理念在延续传统的同时也在发生转变。一方面，印度仍认为安全的主要威胁是来自西部巴基斯坦的敌视政策，并对其继续采取攻击和压制政策，立足于与巴基斯坦打一场全面且尽可能速战速决的战争。此外，防范南亚的小国，如孟加拉国、尼泊尔、斯里兰卡等国可能发生受到某些域外势力鼓动、秘密援助乃至公开支持的动乱，或全面倒向域外大国，继续坚持把次大陆作为一个战略实体。1997年，印度外交部发言人奉米兹艾哈迈德所说的话即是对这一安全理念的清晰表白：“我们有两个圈，第一圈是由南亚区域合作联盟的七个成员国组成；第二圈则囊括了其他国家。”他还强

① 马加力：《关注印度—崛起中的大国》，天津：天津人民出版社2002年版，第202页；“与美国的这场巴基斯坦经济争夺战中国完胜!”，http：//gold. jrj. com. cn/2017/06/2009422 2629998. shtml；“美媒称美战略极失败”，http：//mil. huanqiu. com/observation/2015—04/6243259. html。

调指出，“这是我们的特殊利益区，不容任何区外大国插足南亚事务”。[①] 只不过，今日印度对南亚一些小国更注重从经济上进行“柔和”控制；更加重视来自海洋的危险。为此，要保持对印度洋沿岸国家的绝对军事优势，控制邻近国家的海域，防止其可能对印度进行的任何军事冒险，并确保有效地威慑和遏止域外大国的海军势力，向印度洋是“印度的洋”的海权目标推进。同时，继续加强防御北方的中国。另一方面，印度加强了对恐怖主义活动的防范和打击力度。而在应对诸如恐怖主义等跨国性威胁的过程中，印度已经认识到，自己面对的安全威胁具有多领域与类型复杂性的特点，开始强调综合安全。[②] 此外，域外大国纷纷进入印度洋的现实也使印度意识到，自己的实力尚不足以遏止这一现实及发展趋势。所以，印度在继续与域外大国保持适当距离的同时，又积极发展与他们的安全协作或合作，如印度与多国在印度洋进行联合军演，组织印度洋海军论坛等。再就是，印度已经不再囿于“南亚篱笆”所限，在加强自己安全政策基础的同时，开始将自己的军事触角伸出印度洋，努力扩展其安全活动区域，扩大自己的地缘战略影响力，在全球范围彰显印度的安全角色。

第三节 俄罗斯与印度在安全领域的合作

俄罗斯人和印度人都有着“本能”的不安全感，对周边地缘安全环境有着相似的判断，导致俄印两国间有许多共同的安全需求——制衡新的大国势力的崛起或大国势力的扩张、打击恐怖主义组织或势力，同时努力扩大各自的地缘安全活动空间及在全球安全议程上的发言权。这些成为俄印两国在安全领域进行密切合作的重要基础。

---

① 宋德星：“论90年代印度的‘区域性威慑’军事战略”，《南亚研究》1998年第3期，第10—15页。

② 马加力：“印度安全理念的转向”，《人民日报》2005年11月15日，第3版。

一、地缘政治与安全空间

俄罗斯自近代崛起以来就一直努力扩大自己的地缘空间。俄罗斯对外政策的基本出发点就是自身的不安全感，俄罗斯对外政策是出于寻求国家安全而产生的。[①] 冷战期间，当时的苏联控制了东欧并建立起华沙条约体系，加强在其西线的军事力量与西方阵营进行对抗，东部则有社会主义中国为盟友，即使是在中苏两国关系的冷淡时期，东部的地缘安全形势也较为稳定。因此，在苏联的全球地缘安全战略中，更需要关注的是其南线地缘安全形势的稳定与否，扩展其地缘安全空间的突破点也是在南线，因为南线的地缘政治比较复杂，这里汇聚了中东、中亚、南亚、北非、南欧等地缘政治板块。近代以来，这个方向一直是俄罗斯的薄弱部分，同时西方势力和影响在这一地区也较不稳定。所以苏联将这一地区视为西方的"软肋"，非常有利于苏联势力和影响的渗入。而其中的南亚是苏联与西方较量、争夺地缘安全空间的重要一环。冷战时期的中亚地区，除阿富汗外，是苏联所属领土，这为其向南亚扩展势力和影响提供了地缘上的便利条件。因那时南亚重要国家之一的巴基斯坦已经加入西方阵营，所以苏联就将印度作为其重点拉拢的对象。

苏联的南亚政策有两个稳定的主题：一是支持印度在印度洋事务中起主要作用；二是将阿富汗纳入其影响范围之内。[②] 而且在20世纪50年代中后期，苏联与中国的矛盾逐渐激化，苏联将中国视为重要威胁后，更加在战略上重视与印度的关系，目的是想利用印度牵制中国。而且，苏联并不是简单地将印度视为一个发展中国家，而是认为印度是发展中国家中的重要大国。此外，苏联还想利用印度"不结盟运动"的领袖国地位渗透"不结盟运动"，将印度作为苏联向非洲扩张的一个跳板。

---

① ［美］亨利·赫坦巴哈，吉林师范大学历史系翻译组译：《俄罗斯帝国主义》，北京：三联书店，1978年版，第29页。

② Haffez Malik, *Domestic Determinants of Soviet Foreign Policy towards South Asia and the Middle East* (New York: St. Martin's Press, 1999), p. 118.

冷战结束后，与其他大国纷纷强力扩展地缘政治、经济空间，增强对国际事务的影响力相反，俄罗斯因主动从东欧、巴尔干、近东、东亚、东南亚、南亚和加勒比海地区撤出，其地缘政治和经济空间急剧缩减。事实上，当代国际社会史无前例变化的主要原因之一，即是俄罗斯地缘政治和经济空间的收缩，及其由国际舞台的中心滑向边缘。俄罗斯似乎要重蹈历史上奥斯曼帝国和奥匈帝国的覆辙。①

由于俄罗斯地缘战略空间被压缩，没有了战略缓冲地带，昔日的势力范围也纷纷落入他人之手，俄罗斯失去了地缘空间和距离优势，周边地缘安全环境也处于一种破碎状态，加之俄罗斯的势力和影响一直呈减弱态势，所以俄罗斯人觉得自己处于前所未有的严重不安全环境之中，从而更刺激了俄罗斯人敏感的不安全心理。“俄罗斯被包围”或“被西方或外邻世界孤立”，这些旧的苏联观念作为整体又再现于规定的逻辑之中。②

虽然现代化远程精确打击武器已经改变了地缘防御观念，建立某种形式的缓冲体系作为纵深防御之用的概念也许过时，③ 但是它并没有被废弃。控制一定的地缘战略空间仍是国家安全的基础，尤其是在俄罗斯人的安全理念之中，其切身利益与地缘安全空间息息相关。首先，地缘安全空间的拓展，可为俄罗斯获取地缘经济利益提供有利条件。直至今日，俄罗斯仍然没有解决经济结构失衡问题，具有国际竞争力的产品有限，其经济发展与稳定性易受国际市场波动影响。受 2008 年金融危机及西方对其实行的市场排斥与经济制裁，俄罗斯经济发展更是举步维艰。因此，地缘安全空间的稳定、扩大，对于俄罗斯尽早走出经济衰弱的困境，恢复与提升经济实力，具有更加重要的意义。与此同时，俄罗斯还可整合破碎的周边安全环境，尽一切可能扩大俄罗斯的国际影响力。而这些也正是普京担任总统后俄罗斯大国战略的主要目标，即恢复

---

① Vladimir Baranovsky, *Russia and Europe: The Emerging Security Agenda* (Oxford University, 1997), p. 29.

② 陆齐华：《俄罗斯和欧洲安全》，北京：中央编译出版社，2001 年版，第 55 页。

③ ［美］罗伯特·A. 斯卡拉皮诺，辛耀文译：《亚洲及其前途》，北京：新华出版社，1983 年版，第 110 页。

1991 年苏联失去的经济、政治和地缘战略优势及由俄罗斯帝国和苏联部分遗留下来的在世界上的政治影响力。[①]

如今，在已经变化了的地缘政治环境下，俄罗斯若继续采取历史上那些“以军事手段占有和控制领土”“以扩张促安全”，或者再次恢复对俄罗斯周围已失去的领土的占有等措施，[②] 在现实以至未来相当长一段时期，都没有施行的可能。靠俄罗斯自身的力量又不足以应付存在于周边的、比以往广泛得多的现实与潜在的危险。俄罗斯似乎更应通过与其他国家的合作来重构俄罗斯的地缘政治和经济空间，借鉴苏联的方式和经验，建立与其领土不相连接的“间接”战略缓冲区，开辟新的角斗场，以分散敌手的注意力，缓解其在近邻地区的安全压力。从 21 世纪初俄罗斯的国际行为来看，国力衰弱的俄罗斯确实也更倾向于与其他国家合作的方式来重塑自己在历史上地缘政治较量场中相对强大的地位。

但是，在西部，俄罗斯虽然努力延续与新“近邻”国家的各领域“密切”关系，欲想增强他们的“向心”趋向，以及改善与东西欧国家的关系，在恢复其在传统势力范围影响力的同时，早日成为欧洲大家庭的一员，可是由于俄罗斯与这些国家之间有着长久的紧张关系，加之恐惧、互相猜疑心理作祟，俄罗斯回归“欧洲家园”理想仍然只是一个梦想。同时，西方通过欧盟、北约的东扩，加强与俄罗斯交界处的军事部署，加强与该地区新“近邻”国家的联系，使这些国家加速疏远俄罗斯，将俄罗斯在该方向的地缘政治、经济空间挤压干净，双方军事对抗的加剧使俄与西方间的安全鸿沟也进一步实化、固化。为抵御西部的压力，平衡已经严重失衡了的地缘战略天平，避免自我孤立及陷入“新冷战”状态，一方面，俄罗斯重点加强其西部的军事力量，针对北约在东欧部署快反部队，启用多个战略指挥中心，大搞针对西方的军演。[③]

---

① 庞大鹏：“‘普京主义’析论”，《俄罗斯东欧中亚研究》2016 年第 1 期，第 17—35 页。

② 陆齐华：《俄罗斯和欧洲安全》，北京：中央编译出版社，2001 年版，第 60 页。

③ 陈宇：“慕安会折射俄与西方关系新态势”，《世界知识》2016 年第 6 期，第 48—49 页。

另一方面，俄罗斯努力保持与西方的沟通，与其讨价还价，最大限度地维护自己的安全利益。

与此同时，俄罗斯积极实施“东进南下”战略，重新打造、密切与东方国家的关系，而历史上，俄罗斯也有“以东补西”的外交传统。[①] 因俄罗斯在东部与中国有着稳定的合作关系，所以其着力改善其南部的地缘战略环境。该区域各地缘政治板块的局势也一直处于不稳定、不确定状态，西方的整合努力并不顺利，难以遂行其地缘战略谋划，这就为俄罗斯重新展示其大国作用，恢复、巩固自己在南方的地位与传统地缘战略影响提供了机遇和空间。为此，俄罗斯积极参与巴尔干、中东事务，介入伊拉克、叙利亚及阿富汗问题的解决，扩展与南部国家、组织的关系与合作，促使其在南部的地缘战略地位得到改善，缓解南部地缘安全环境的紧张态势。

而具有重要地缘政治意义的南亚作为俄罗斯自近代崛起以来地缘扩张的重要目标，仍然是当代俄罗斯地缘安全空间扩展的优先取向。南亚的中心大国——印度也被列为俄罗斯东进南下战略的“优先方面”之一。冷战时期，苏联对印度的“友好帮助”赢得了印度人的好感，苏联与印度结下了难以“割舍”的“依赖”关系，致使冷战结束后，印度仍在政治、经济，尤其是军事领域有求于俄罗斯。并且，在某些领域，印度人仍在相当程度上认可与俄罗斯人的合作，这使俄罗斯人有种受尊重的感觉。[②] 曾长期遭受西方殖民压迫的印度有着极强的独立性，始终反对西方霸权主义，一直是西方难以“整合”的国家。今日印度已经发展成为拥有核武器、具有相当实力的东方主要大国并正在积极迈向世界大国。因此，与印度联手，会引起其他大国的“特别”关注，有利于扩大俄罗斯的国际影响力并推广自己的某种国际“游戏规则”理念，如尊重联合国、反对削弱联合国作用、主张多极化、反对以人道主义为借口干涉他国内政等。而且，俄罗斯继续选择印度作为自己在该

① 参见林军：《俄罗斯外交史稿》，北京：世界知识出版社，2002年版。

② Гкшироков Силунев Россия Китай Н Индия В Современных Глоьалъпх Процессах, Москва 1998. С. 157.

地区的重要地缘战略支撑点，这对其进入西方“柔软的下腹部”地带，恢复、保持全球地缘政治影响具有重要意义。与此同时，战略上，俄罗斯赞同印度在中亚的存在。“印俄关系不是对抗性的，没有野心。”印度在中亚的活动不会改变中亚的地缘政治现状。并且，印度进入中亚还可平衡中国在中亚的势力扩展，阻止巴基斯坦的中亚安排。一些中亚国家的军事人员到印度接受培训，与印度进行军事演习、军事技术合作，还间接加强了俄印伙伴关系。[①] 而且，一旦俄罗斯实力恢复，时机成熟，印度还会成为俄罗斯向东部和南部非洲扩展地缘政治、经济空间的有力跳板。

至20世纪结束，印度一直受限于自己设定的“安全困境”之中，难以向南亚以外区域扩展地缘安全空间，因此印度的域外国际影响力较弱，也未能体现出亚洲大国的地位与作用。印度认为，域外国家很少注意印度，其大国地位根本就没有得到次大陆及全球的承认，甚至亚欧会议也将印度撇在一边，这使得印度人感到非常失落，对国际社会没有足够重视印度感到既气愤又窘迫。[②] 进入21世纪以来，随着经济的快速发展，国家实力的增长，印度开始加紧向南亚以外区域渗透、扩展，扩大其在南亚区域以外的国际影响力，努力争取国际社会对其世界大国地位的承认。同时，印度还要继续阻止巴基斯坦地缘战略纵深的延展，巩固自己南亚超级大国地位，继续视南亚为自己的专属地缘安全区。为此，印度加紧推行“西进”与“东进”战略，不断扩展其地缘安全空间边界。早在2000年，当时的印度外长贾斯万特・辛格就公开表示：“尽管坐落于南亚，但印度的安全关切已明显超越南亚次大陆。鉴于他的规模、地缘位置、贸易联系和专属经济区，印度的利益范围一直从西部波斯湾延伸到东部马六甲海峡。”2003年，时任印度总理瓦杰帕伊宣称，印度的安全环境（空间）范围是从波斯湾到马六甲海峡的整个印度洋区域，包括西北部的中亚与阿富汗、东北部的中国及东南亚。印度的战

---

① Marlène Laruelle, Jean-FranÇois Huchet, *China and India in Central Asia: A New "Great Game"* (Palgrave Macmillan, 2010), p. 20.

② ［美］斯蒂芬・科亨，刘满贵译：《大象和孔雀：解读印度大战略》，北京：新华出版社，2002年版，第28—29、51页。

略思想也要扩展到此范围。[①] 2004年，印度外长辛格明确阐述了“扩展的周边”概念。[②] 同年，印度政府确认了印度“扩展的周边”地区范围是从苏伊士运河到南中国海，包括西亚、海湾地区、中亚、东南亚、东亚的亚太和印度洋地区。[③] 时任印度外长慕克吉表示，今天的印度的对外政策要注视其正在扩展范围的环境，……开始由近邻……移向……已扩展的周边地区。印度外交秘书梅农也指出，“我们越过南部亚洲走向印度扩展的周边地区……从更广阔的视角，我们认为，我们的安全将依靠一个正在扩展中的同心圆周边地区”。[④] 印度人认为，印度不仅必须“东向”，而且还要更加“东向”，甚至是更远的东方。即便是从“印太”（Indo-Pacific）概念角度，印度的“周边”也应超越“近邻”而至“扩展的周边”。并且，随着印度地区与全球利益的增长，会不可避免地加速进入这一广阔的地缘政治与地缘经济空间的中心。[⑤] 莫迪政府的目标更是要使“东进”与“西向”外交跃上新高度，意欲打造“两洋国家”及在非洲的地缘战略优势。

但上述地缘战略的实施势必会与其他大国的地缘政治利益区交叉，如印度“东进”入远东、太平洋区域会涉及美、俄、中及其他相关地区势力的地缘安全战略利益，“西扩”“向北政策”则会触动欧、美、俄及其地区强国的地缘安全战略利益。因此，当代印度要使自己的地缘安全战略能够顺利推进，需要在上述大国及地区力量之间找到某种平衡，或能够获取其他大国的支持。而以美国为首的西方国家继续加紧追求在南亚和印度洋地区的地缘安全战略利益，特别是涉及中东、中亚等

---

① Narender Kumar, *Challenges in the Indian Ocean Region Response Options* (KW Publishers Pvt Ltd, New Delhi, 2011), pp. 17－18.

② David Scott, "India's 'Extended Neighborhood' Concept: Power Projection for a Rising Power", http://www.tandfonline.com/doi/full/10.1080/14736480902901038.

③ Kanti P. Bajpai and Harsh V. Pant, *India's Foreign Policy* (Oxford University Press, 2013), p. 350.

④ Kanti P. Bajpai and Harsh V. Pant, *India's Foreign Policy* (Oxford University Press, 2013), pp. 349, 350.

⑤ Dennis Rumley and Timothy Doyle, *Indian Ocean Regionalism* (Routledge, Taylor & Francis Group, 2015), pp. 12, 13.

其传统地缘安全战略利益区时，对经济实力及军事能力都在快速增长中的印度保持了警惕，因而当代西方对印度一方面予以战略重视、拉拢，另一方面也采取了不时加以限制的政策。为维护自己的地缘经济利益，西方在国际经济与技术市场上对印度也进行排挤和限制。西方还认为，在相当长的时间内，印度的经济实力远不足以支撑其全球性的地缘安全战略目标，仍视印度为一个“亚洲国家”。实际上，西方是对印度能否在其预想的时期内发展成为真正的世界性大国持有怀疑的态度，不想让印度获得联合国安理会常任理事国的席位，延缓印度加入“世界大国俱乐部”的速度，“似乎要永远将印度限制在地区大国的位置上”。[①]

西方的态度与行为也让印度人感到愤懑，使得印度人固有的、敏感的殖民地民族心理不断泛起，认为西方仍在变相地对印度实行民族歧视和压迫的殖民政策，对印度不怀好意。所以，在地缘安全战略方面，印度仍然需要俄罗斯的支持，用以吸引西方注意力，发挥大国力量平衡作用，使自己能左右逢源，捞取实惠。中亚作为历史上印度的战略邻居，印度特别敏感于大国或集团在该地区的势力扩展，积极参与大国在中亚地区的博弈；[②] 印度自身能源的缺乏，也使其非常看好中亚地区。印度希望利用俄罗斯在中亚的影响力，来加强自己石化能源方面的安全，还曾筹划了两条石油天然气运输管道。印度认为，自己在中亚的力量还很虚弱，不能如中、俄、美那样可成为该地区单独的一极，自己在中亚地区的这些活动必须与俄罗斯合作，至少要得到其默认，才能获得成功。[③] 而俄罗斯在克什米尔问题上，也一再承诺支持印度的政策和立场。再有，印度人心目中的理想世界是几个大国组成的世界，而不是一

---

① ［美］斯蒂芬·科亨，刘满贵译：《大象和孔雀：解读印度大战略》，北京：新华出版社，2002 年版，第 21 页。

② Marlène Laruelle, Jean-FranÇois Huchet, *China and India in Central Asia: A New "Great Game"* (Palgrave Macmillan, 2010), p. 135.

③ Marlène Laruelle, Jean-FranÇois Huchet, *China and India in Central Asia: A New "Great Game"* (Palgrave Macmillan, 2010), p. 135.; David M. Malone, *Does the Elephant Dance? Contemporary Indian Foreign Policy* (Oxford University Press, 2011), pp. 236, 240 – 241.

个超级大国外加其他大国组成的世界,[①] 所以印度认为，与俄罗斯这个仍具强大军事能力的核大国的密切合作，会促进这一理想世界的实现。进入21世纪以来，由于西方的强势扩张，使得外高加索、中亚和波斯湾的地缘政治一直处于不安定状态，特别是“9·11”事件后，西方势力进入阿富汗和中亚可能对印度形成的制约态势，外部大国与势力纷纷进入印度洋区域，次大陆封闭性被完全打破；同时，这些区域的伊斯兰国家彼此寻求认同趋势的加强，印度难以在国际社会中彻底孤立巴基斯坦，这些都使印度对其周边地区地缘安全环境恶化的担心日甚一日。印度甚至担心西方也会插手克什米尔地区，如此，印度有可能成为下一个被侵略的目标，以至于印度舆论曾一度喊出了“今天是伊拉克，明天可能就是印度”的警语。[②] 而不借助外部力量，印度根本就没有独自平衡和阻滞这么多压力的能力。因此，坚信“我的敌人的朋友也是我的敌人”的安全观念，并且边界远离印度的当代俄罗斯已经不再被其视为地缘安全威胁，这些使得印度认为，俄罗斯仍是其寻求地区平衡、改善地缘环境的保证，也支持俄罗斯在前苏联地缘安全空间内的更多存在。

同时，虽然地缘距离加大，使得当代俄印的心理“稍感安慰”，但随着印度的崛起，对全球影响力及地缘政治、安全空间需求的增长，其势力会进一步在两国间的广大地理区域，特别是俄罗斯的“后院”扩展，式微中的俄罗斯会越来越感到“不安”。印度改善其地缘安全环境的选择会增多，这也将冲击两国间在地缘政治与安全领域的“合作”。

二、反恐与能源安全合作

21世纪初的俄罗斯和印度都受到伊斯兰原教旨主义和国际恐怖主义势力的威胁，两国在遏制伊斯兰原教旨主义的“南下北上”和打击

---

① ［美］斯蒂芬·科亨，刘满贵译：《大象和孔雀：解读印度大战略》，北京：新华出版社，2002年版，第166页。

② ［美］斯蒂芬·科亨，刘满贵译：《大象和孔雀：解读印度大战略》，北京：新华出版社，2002年版，第318页；《联合早报》：“NMD促使中国调整对印政策”，http://military.china.com/zh_cn/critical2/23/20010302/130458.html。

国际恐怖主义方面有着共同的利益和要求。同时，作为这一区域的两大非伊斯兰国家，俄印联手还可抗衡来自可能出现的伊斯兰国家联盟的压力。此外，俄印共同关心的还有北约撤出后的阿富汗问题，担心伊斯兰恐怖主义势力会增强。尤其是印度，忧虑塔利班势力的恢复，认为他们会与巴基斯坦联合威胁印度的安全，希望美国能给予帮助，减轻其安全压力。但许多印度人认为美国并不可靠，还是应该与俄罗斯和伊朗合作，支持阿富汗政府打击塔利班。西方人认为，有某种迹象显示，印度可能恢复与俄罗斯及伊朗支持的阿富汗北方联盟的关系。[①] 俄印还建立了打击国际恐怖主义的联合工作组，以及阿富汗问题政策协商与协调联合工作组。[②] 2009 年，俄罗斯倡议通过缔结集体安全条约组织，组建快速反应部队以提高应对恐怖主义及稳定中亚的能力。2011 年，印度与阿富汗签订了战略伙伴关系协定，印度为阿富汗提供 20 亿美元基础设施援助，包括修建连接阿富汗与伊朗的公路，培训阿富汗国家安全部队。2016 年 9 月 14—15 日，在阿富汗总统加尼访问印度期间，印总理莫迪宣布将向阿提供 10 亿美元发展援助，以加强两国战略合作伙伴关系和全方位合作。俄罗斯也准备向阿富汗提供援助。[③] 俄印两国还主张建立一个打击“伊斯兰国”的广泛反恐联盟，政治解决叙利亚危机。

在能源安全方面，印度将能源安全视为印度对外政策的关键。“我们对外政策与国内需求的一致性就体现在我们的能源安全方面。我们的政府将充分重视我们的外交活动，配合我们的能源发展的需要。”[④] 在这一领域，印度认为俄罗斯具有巨大的发展潜力，对其意义重大，希望

---

① David M. Malone, *Does the Elephant Dance? Contemporary Indian Foreign Policy* (Oxford University Press, 2011), p. 242. ; Iran Hall, *The Engagement of India: Strategies and Responses* (George Town University Press, 2014), p. 27.

② Nikolas K. Gvosdev, Christopher Marsh, *Russian Foreign Policy: Interests, Vectors, and Sectors* (SAGE, 2014), p. 348.

③ Iran Hall, *The Engagement of India: Strategies and Responses* (George Town University Press, 2014), p. 68; “印度宣布向阿富汗提供 10 亿美元发展援助”, http://world.huanqiu.com/hot/2016—09/9461861.html。

④ Raj Kumar Kothari, *India's Foreign Policy in the New Millennium* (Delhi, Academic Excellence, 2010), p. 293.

利用俄罗斯在中亚的影响力来加强其石化能源方面的安全。[①] 20世纪90年代中期以后，印度进入中亚的能源领域，迄今与哈萨克斯坦、土库曼斯坦和乌兹别克斯坦都有能源合作关系，印度还谋划建设到中亚的电力走廊计划。[②] 2001年，印度投资“萨哈林—1”石油与天然气项目，持有20%股份。印度从萨哈林岛或俄远东其他地区进口石油与天然气，可减轻对波斯湾地区能源的依赖，俄罗斯也多了一个可替代市场，减轻对中国和欧洲市场的依赖。俄罗斯政府还鼓励印度投资“萨哈林—3”石油与天然气项目，印度能源公司（ONGC）与俄罗斯天然气工业股份公司（Gazprom）联合调研在西伯利亚亚马尔半岛建设液化天然气（LNG）项目，直接船运能源到印度市场的可能性。[③]

三、军事安全领域关系

维护国家安全，推进国家地缘安全战略的重要保证是要拥有强大的军事实力与军事装备的自给能力。冷战期间，俄罗斯与印度建立、发展稳定与密切关系的重要缘由之一即是双方在军事安全领域的合作的不断扩展与加深。当时的苏联成为印度最大的武器供应者，印度军事装备的2/3以上来自苏联。苏联还在核技术领域给予印度支持。[④] 借此，苏联势力进入次大陆与印度洋区域，改变了其在亚洲的孤立地位。冷战结束至21世纪初，俄罗斯仍以其雄厚的军工能力能够满足印度对军事技术与武器装备的需求作为有效拉拢印度的手段，在占领印度军事技术与产品市场、促进俄罗斯军工企业生产、获取新武器研发的经费同时，恢复、巩固自己在南方暖洋地带的传统地位与战略影响，使其在南亚仍然

---

① David M. Malone, *Does the Elephant Dance? Contemporary Indian Foreign Policy* (Oxford University Press, 2011), pp. 238, 243.

② Marlène Laruelle, Jean-FranÇois Huchet, *China and India in Central Asia: A New "Great Game"* (Palgrave Macmillan, 2010), pp. 134, 135.

③ Nikolas K. Gvosdev, Christopher Marsh, *Russian Foreign Policy: Interests, Vectors, and Sectors* (SAGE, 2014), p. 349.

④ Peter J. S. Duncan, *The Soviet Union and India* (Routledge, London and New York, 1989), pp. 100, 29.

保有一个重要的地缘安全战略支撑点，并有助于扩大俄罗斯的国际影响。

而面对南亚和印度洋区域及全球急剧变化了的地缘安全形势，不安全感更趋加重了的印度人加强了以军事实力谋求自身安全的思想。印度加快、加强了军事力量建设的步伐，在将发展核武器作为其安全重要保证的同时，特别将“军事装备独立供应体系”建设作为国家安全的最终保证。[①] 这也是印度独立以来长期追求的目标和急迫需求，与苏联结盟就是为使印度这样一个经济发展缓慢的社会能够维持相当先进的军事装备和设施。[②] 如今，虽然全球地缘政治发生了剧变，核武器在多极化格局中预期重要性上升，并且印度也有了自己的核武器，但在相当长的时期内，战争的形式还是非核战争，制止安全威胁仍取决于常规武器装备。截至目前，印度还没有建立起一个完整、现代化的军工生产体系。出于防范心理，为延缓和限制印度军事自给生产能力，西方在与印度的武器交易中，不但价格昂贵，而且至今仍如冷战时期那样——经常随意中止、搁置供应条款，还有权决定零配件供应的比率和时间，[③] 要获取西方某项生产的授权就更难了。而印度的“老朋友”俄罗斯恰恰与西方相反，不但向印度大规模廉价出售其最新研制的先进武器装备，向印度出口常规军事技术和核技术，还授权印度自己进行生产，帮助其建立相应的生产线，以及与印度合作开发、研制高技术武器装备。2006 年，俄罗斯在印度设立了一个合资的托管仓库和服务中心，叫 Rosoboron 服务中心，以期迎合印度适时和不间断供应零部件及维修、维护苏联与俄罗斯的军事装备的重要需求。[④] 再有，借重俄罗斯还可使印度增加获取西方先进武器的概率。现今印度的先进武器装备和技术的绝大部分来自

① B. M. Jain, *South Asia in The New World Order*（RBSA Publishers, 1994）, p. 66.

② ［美］斯蒂芬·科亨，刘满贵译：《大象和孔雀：解读印度大战略》，北京：新华出版社，2002 年版，第 150 页。

③ 参见 K. Subrahmanyamm, *Indian Security Perspectives*（New Delhi: ABC Publishing House, 1982）。

④ Sumit Ganguly, *India's Foreign Policy: Retrospect and Prospect*（Oxford University Press, 2010）, p. 206.

俄罗斯，俄罗斯的军事贸易出口中（2011—2015 年统计数字），来自印度的采购份额达到了 39%。两国一直在高超声速导弹和五代战机项目上保持紧密合作研发。2017 年 6 月 23 日，俄罗斯国防部长绍伊古和印度国防部长阿伦·贾特里签订了军事合作发展路线图。绍伊古在俄印政府间委员会军事技术合作会议上指出："双方致力于进一步加强合作，其目的是提高我们国家的武装力量战备能力，并加强在军事领域的经验交流。"[①] 这使得今日的印度在安全上对俄罗斯仍有依赖性。正如现任印度总理莫迪所表示的，"即使在印度有更多选择的情况下，俄罗斯仍将是我们在防务领域最重要的合作伙伴"。自 2003 年起，俄印两国还定期举行联合军事训练、演习，大大加强了两国间的军事关系。[②]

总之，在 21 世纪初，俄罗斯发展与印度的关系更多地是出于地缘安全战略上的考虑，并已将其地缘安全利益和苏联过去的利益连在了一起，所以俄罗斯在努力恢复其全球地位期间，在力量平衡方面会更加适应印度的多极化观点，俄罗斯将继续在军事平台及技术方面加强与印度的合作，[③] "视印度为俄罗斯的地缘安全战略伙伴和盟友，以及有可能用来对付美国和中国的一张王牌"。印度则认为，因地缘关系，俄罗斯成为印度地缘安全战略中的永久因素，与俄罗斯关系的加强可改变印度的孤立态势，是用以平衡有损其根本利益的外来压力，以及吸引西方注意力的重要力量。俄印两国都对促进、加强彼此战略伙伴关系表现出极大的热情，两国间的战略伙伴关系和合作现已显示出与其他国家伙伴关系的不同倾向。2010 年 12 月，时任俄罗斯总统的梅德维杰夫访问印度时，两国签署了 29 个双边合作协议，将两国关系提升到特殊与优先战

---

① 俄新社："俄罗斯：印度才是最大战略伙伴，重要性远超中国三倍以上"，http：//baijiahao. baidu. com/s? id = 1571960956658832。

② 汪嘉波："俄印成为'互为首选战略伙伴'"，http：//world. people. com. cn/n/2014/1214/c157278 - 26203029. html；Nikolas K. Gvosdev，Christopher Marsh，*Russian Foreign Policy：Interests，Vectors，and Sectors*（SAGE，2014），p. 346。

③ David M. Malone，*Does the Elephant Dance? Contemporary Indian Foreign Policy*（Oxford University Press，2011），p. 245.

略伙伴高度及将两国安全委员会联系制度化。[①]

但进入21世纪以来，经济有了些许进步，改善了其自信、民族凝聚力及保有重要的军事与地缘战略分量的俄罗斯，仍处于一个不稳定的地缘与经济地位。并且，俄罗斯还存在着许多令人惊讶的不安定因素，如经济社会发展的不确定性、人口的剧减，使其难以重获超级大国地位，仍然仅是一个地区大国，难以对地跨欧洲与亚洲的众多邻国施加影响，特别是在中亚、高加索这些与欧盟及美国利益攸关的地区，并且通过如此的影响去追求他自己的利益。[②] 因此，在地缘安全上难于摆脱西方威胁的俄罗斯在相当长的时间内会趋于“自保”，而内部支持乏力、国际与地区角色或地位，对（有助于）国际体制中集体利益的适应会限制印度对自身战略利益的追求，[③] 况且印度还要平衡大国关系，其给予俄罗斯的支持也难以达到俄所企望的程度。而印度也认识到俄罗斯实力下降，俄对外强硬，内部软弱，完全复活需要相当长时期，国际地位很难确定，俄并不愿意介入印度与他国的纠纷或战争之中，对印度向中亚地区的扩展影响也有所警觉。当代南亚越来越吸引大国的注意力，印度洋的国际化，导致各种传统与非传统安全问题缠身，也给印度追求数十年的“印度主宰的大洋”抱负的实现、“门罗主义”的推行增添了诸多复杂的不确定性因素。而印度在相当长一段时间内并不具备独自应对的实力与能力，鉴于此，印度会更倾向于加强与西方的沟通与合作，平衡其周边的地缘安全环境，[④] 并且意欲借助西方实现自己的地缘安全战略抱负。与此同时，西方也一直在努力拉拢印度，欲使其服从自己的地缘安全战略需要，如近年出于“共同利益”需要，印美在战略上相互讨好、相互借力之势明显。美国加大了对印度在地区和全球的支持力

---

① Iran Hall, *The Engagement of India: Strategies and Responses* (George Town University Press, 2014), p. 66.

② David M. Malone, *Does the Elephant Dance? Contemporary Indian Foreign Policy* (Oxford University Press, 2011), p. 247.

③ Dr. Narendra Singh, *Economic Policies of The Indian Political Parties* (OMEGA Publications, New Delhi, 2009), p. 279.

④ Raja Menon and Rajiv Kumar, *The Long View from Delhi: To Define the Indian Grand Strategy for Foreign Policy* (Academic Foundation, New Delhi, 2010), p. 75.

度，双方防务、经济等合作水平不断提高，美国积极“吹捧”印度充当印度洋地区安全的“净提供者”。[①] 21世纪初，国际形势的变化，见证了俄罗斯与印度角色的反转，俄印在全球权力榜上的排序发生了变动，印度快速上升，获得了有限的地区基础，俄罗斯则陷于停滞或下降。俄罗斯能够给予印度的支持或影响有限，尤其是在涉及中国、中亚、西方等问题方面。而印度对外交流领域持续扩大，国际自信心增强，与西方关系也有所好转，虽然俄印在许多国际事务或问题领域仍有着共同的利益或看法，但随着国力的日益增强，印度更不会服从于俄罗斯的对外战略需要。而且，印度对来自大国的安全威胁非常敏感，虽然今日俄罗斯周边地缘政治形势的改变，已经不再让印度感到担忧，但俄罗斯外交转向对印度“并非友好”的国家或集团也引起印度人的警惕与不信任。[②] 因此，21世纪初及至未来，俄印间的关系即使不会过于受地缘战略优势结构转变的影响，两国很难达到“盟友”或伙伴关系方面的承诺或一致的要求，两国关系也不可能重获与冷战期间相同的地位，[③] 而且印度一旦真正强大起来，必然会成为制约俄罗斯地缘扩张的因素。

俄印的核能合作也受到印美核能源合作关系逐渐增强的冲击。经过三年的谈判，2008年10月，时任美国总统小布什终于签署了美印民用核能合作协定。在国际原子能机构的监督下，印度建立一个专门的核燃料回收设施并发表关于核不扩散的声明，制定相关法律责任。2010年3月，美印达成美国负责核材料回收的协定，在国际原子能机构的监督下，允许印度在自己的回收工厂回收已用过的核燃料。奥巴马政府还希望印度通过一项民用核能法律以促进美国企业在印度核工业领域的投资。[④]

---

① 李红梅：“印度洋地区安全结构演变的新态势及原因探析”，《国际论坛》2017年第1期，第20—26页。

② Внешняя Политика Современной России, Москва 2000, c. 188.

③ David M. Malone, *Does the Elephant Dance? Contemporary Indian Foreign Policy* (Oxford University Press, 2011), p. 243.

④ Harsh V. Pant, *The US-India Nuclear Pact: Policy, Process, and Great Power Politics* (Oxford University Press, 2011), pp. 5, 6, 11.

在军事装备与技术合作领域，因俄罗斯经济复苏乏力，削弱了军工复合体的能力，供应产品出现较多的质量及交货速度迟缓问题，也使得其在印度享有的声誉受损，印方的抱怨越来越多，彼此间不时产生一些矛盾。如，印度认为在武器采购方面付出了更多的溢价，而俄方希望两国关系更应确立在严格的商业基础之上。[①] 而且，自 2005 年 12 月，印度与俄罗斯签订了知识产权保护协定，俄罗斯加强了对军事技术的保护，对印高技术转让放缓，俄罗斯为此还中止了几项计划中的对印武器出口项目或削减了订单数量。时任俄罗斯国防部长的谢尔盖·伊万诺夫就讲道，“俄罗斯很难在没有知识产权保护的情况下转移高军事技术。俄罗斯不是苏联，我们不会毫无要求地转移技术”。[②] 所以，印度不断努力使俄罗斯成为其尖端武器及能源的可靠供应者，并且一直在这一领域寻求改变与突破，潜在地削减俄罗斯进口，增加来自美欧的竞争者。由此，印俄的军事装备与技术合作越来越受到来自西方的挑战或冲击，交易总额有所下降，走进波动、不确定的状态。[③]

总之，今日印度的地缘安全与对外战略其参照对象已经改变，伴随着以防务采购为重点的军事建设的持续推进，印度对于整体军事能力表现出越来越多的自信，更加注重自己战略影响力的扩展，[④] 印度将重新定位与俄罗斯的关系。印度历史学家潘尼迦在考察了印度的防御发展史后，曾告诫过自己的同胞：“18 世纪和 19 世纪上半叶，印度统治者由于要求一个强国保卫自己的独立，屈服于保护国的建议，从而限制了自己的独立。”苏联解体也使印度人感悟到，印度今后无论在战略还是武

---

① David M. Malone, *Does the Elephant Dance? Contemporary Indian Foreign Policy* (Oxford University Press, 2011), pp. 93, 238.

② Anilkumar B Halu, *Indo-Russian Relations in the Post-Cold War Period (1991—2003)* (Delhi: Authorspress, 2010), p. 91.

③ David M. Malone, *Does the Elephant Dance? Contemporary Indian Foreign Policy* (Oxford University Press, 2011), pp. 238, 245.

④ 刘红良、吴波：“印度作为净安全提供者的观念、现实及制约”，《南亚研究》2017 年第 2 期，第 73—94 页。

器和经济发展上都不能依靠单一国家。① 随着印度国力的发展、壮大，其在地缘安全与对外战略上的“独立个性”与“自尊心”都将在国际社会中得到鲜明体现。

① 赵蔚文：《印中关系风云录（1949—1999）》，北京：时事出版社，2000 年版，第 28 页。

第六章

俄印关系中的西方因素

自近代以来，工业经济发达的西方成为进步的代名词，所有落后的国家都出现了如何面对西方的问题。在 21 世纪国际制度调整或转型过程中，无论是步入工业化进程的国家，还是社会制度处于转型期的国家，都需要来自西方的支持或合作，或与之建立起“密切”关系，但同时又都面临着西方国家的排挤与打压。对于在当代一系列敏感的全球、地区地缘政治与安全问题上都有着重要影响的俄罗斯与印度两国来说，西方不但对其国家现代化有着举足轻重的作用，而且还制约着两国地缘安全战略目标的实现、地缘安全环境的稳定及其国际角色的确定。

第一节　俄罗斯人的“西方”情结

俄罗斯学界的主流观点认为，俄罗斯民族的先祖是来自于东欧的斯拉夫人，俄罗斯国家是欧洲国家。[①] 自古至今，俄罗斯的经济、政治和文化中心一直位于其领土的欧洲部分，所以在近现代民族国家分类中，地跨欧亚兼有东西两种文化特征的俄罗斯也是被划入欧洲的。但“先天”条件优越、兼容东西的中间地缘态势，却使俄罗斯在崛起至今的数个世纪发展历程中，始终没有摆脱既不为东方认同，又被西方拒之门外

---

① 刘祖熙：《改革和革命——俄国现代化研究》，北京：北京大学出版社，2001 年版，第 347 页。

的尴尬处境。“他在东方被视为西方的‘全权代表’，而在西方，则被视为东方‘本原的体现者’。”① 俄罗斯人也在既追求、向往西方，又排斥、蔑视西方的思想冲突中，经历了不同的社会历史发展过程。20世纪90年代，苏联解体后的俄罗斯人对西方也仍然是：一方面，崇敬向往西方文化，认为西方科学技术先进，是民主自由的，企盼借西方之力使国家顺利完成转型，经济繁荣，继续维持其世界大国地位；另一方面，又对西方怀有猜疑、恐惧、嫉妒、排斥，甚至是敌视心理，认为西方的军事、技术严重威胁着俄罗斯的安全，西方始终排斥俄罗斯。②

一、俄罗斯人的“西化”心理

诚如俄罗斯思想家尼·别尔嘉耶夫所说，“在俄罗斯精神中，东方与西方两种因素永远在相互角力”，③ 但从俄罗斯经济和社会历史文化发展历程与俄罗斯人的主观态度去考察却可以发现，俄罗斯人始终对“文明的西方”情有独钟，并“一直在追求与西方的融合”。④ 在追赶西方发达国家时，俄罗斯不止一次地出现过把本国的现代化理解为“西方化”的情形，⑤ “融入西方”也成为俄罗斯人主观上强烈向往的夙愿。研究人员在对俄罗斯社会化进程进行宏观考察后，认为俄罗斯自古至今经历了5次社会文化转型：接受拜占庭文化、鞑靼文化的楔入，彼得大帝向西方学习，马克思主义的传入和具有俄罗斯特色的马克思主义一列

---

① ［俄］A. 巴纳林：“东方——西方（大历史的周期）”，《新俄罗斯》1998年第1期，第65—72页，转引自［俄］Вл. 索洛维约夫等，贾泽林、李树柏译：《俄罗斯思想》，杭州：浙江人民出版社，2000年版，中译本前言，第19页。

② ［俄］Л. Я. 科萨尔斯、P. B. 雷芙金娜，石天等译：《俄罗斯：转型期的经济与社会》，北京：经济出版社，2000年版，第52页；Celeste Awallander, *The Source of Russian Foreign Policy after The Cold War* (New York: Westview Press, 1996), p. 126。

③ ［俄］尼·别尔嘉耶夫，雷永生、邱守娟译：《俄罗斯思想》，上海：上海三联书店，1995年版，第2页。

④ ［俄］恰达耶夫，刘文飞译：《哲学书简》，北京：作家出版社，1998年版，第197页。

⑤ ［俄］Вл. 索洛维约夫等，贾泽林、李树柏译：《俄罗斯思想》，杭州：浙江人民出版社，2000年版，中译本前言，第18页。

宁主义的发展，以及当代俄罗斯对社会文化的再定位，以上除鞑靼文化外的4次都是俄罗斯社会的“西化”进程。[①]

其中，17世纪俄罗斯社会历史发展进程中的首次“西化”风潮，不止是彼得一世“用野蛮制服了俄国的野蛮”，[②]改变了俄罗斯皇家的血统，并使西方文化的影响由俄罗斯社会上层逐渐渗透到下层，决心使俄罗斯成为一个欧洲国家，更重要的是俄罗斯开始真正靠近西方，作为欧洲政治中一个无可争辩的新因素跻身欧洲强国之列。并且，俄罗斯开始直接参与欧洲大家庭的纷争，并与其他列强一道争霸天下，对近代世界政治、经济、文化发展进程产生影响。其后的百余年，俄罗斯更是受到西欧启蒙运动的强烈冲击，加之叶卡捷琳娜二世所实行的“开明”专制，法国资产阶级大革命与拿破仑战争的影响，以及1861年农奴制改革，西方近代科学文化在俄罗斯得到较大推广，俄罗斯社会的文化状况，尤其是农村的文化状况得到很大改善。[③]西方文化影响形成的新的社会风尚猛烈冲击着俄罗斯人世代相传的迷信、偏见和陋习，许多西方的东西已溶入俄罗斯人的日常生活当中，俄罗斯社会经历了一次全面的“西方化”过程，俄罗斯人的风俗习惯也已然转向“西方化”。

总之，经过长期以西方为标准的不倦向往与追求，西方文化的影响已经深深渗入了俄罗斯人的内心：俄罗斯民族的文化也是在与西方不断联系的过程中，充分吸收西方文化成分而形成的。[④]“西化”倾向或思想已成为俄罗斯人心理的一部分。与此同时，经过不懈的努力，俄罗斯也终于使欧洲其他国家事实上接纳了自己，俄罗斯帝国逐渐被看做是欧洲体系的一个主要且合法的参与者。[⑤]同一时期，在俄罗斯向东方侵略

---

① 季志业、冯玉军：《一波三折俄罗斯人》，北京：时事出版社，1997年版，第98页。

② 《马克思恩格斯选集》第2卷，北京：北京人民出版社，1966年版，第147页。

③ 姚海：《俄罗斯文化之路》，杭州：浙江人民出版社，1992年版，第177页。

④ 参见［俄］M. P. 泽齐娜、Л. B. 科什罗、B. C. 舒利金，刘文飞、苏玲译：《俄罗斯文化史》，上海：上海译文出版社，1999年版。

⑤ ［美］塞缪尔·亨廷顿，周琪、刘绯、张立平、王圆译：《文明的冲突和世界秩序的重建》，北京：新华出版社，1999年版，第149页。

扩张，并与东方进行交往的过程中，俄罗斯人也感受到了自己与东方人的区别。东方人将俄罗斯人视为西方国家来的人，认为俄罗斯文化是实实在在的欧洲文化,[①] 这更使俄罗斯人在心理和思想上将自己视为欧洲的一员。

进入 20 世纪后，人类社会在交通、信息技术及产业领域所取得的飞速进步和发展，使国与国之间的相互依赖日益呈现加强态势。无论什么性质的政权、采用何种制度形式的国家要孤立地生存在这个世界上，几乎没有可能。正如列宁所说，我们不是生存在一个国家里，而是生存在一个国家体系之中。[②] 1917 年“十月革命”后，社会主义的苏联虽然在意识形态上与西方极端对立，并将消灭没落的西方资本主义作为自己的历史使命，但在那一时期，俄罗斯（苏联）要恢复饱受战争破坏的经济，还要力争在较短时间内改变自身落后的经济、科技状况并超越西方，所以俄罗斯（苏联）只能，并且必须寻求、赢得西方的承认，发展与西方的合作，以便引进西方先进的技术、设备乃至经济理论。况且，俄罗斯（苏联）共产党人即是以产生于西方的马克思主义为理论指导并将俄罗斯（苏联）的无产阶级视为欧洲无产阶级的一部分。为此，列宁曾明确说道：“有人……说，不向资产阶级学习也可以建成社会主义，我认为这是中非洲居民的心理。我们不能设想，除了以庞大的资本主义文化所获得的一切经验为基础的社会主义外，还有别的什么社会主义。”[③] 斯大林认为：“俄国是一个经济落后的国家，如果他不用自己的原料换取西方国家的机器和装备，那么很难靠自身的力量组织运输业，发展工业并使城乡工业电气化。”[④] 正因为有了思想的指导，“十月革命”胜利不久，苏俄就与英、意、德等主要西方大国签订了贸易协

---

① Vera A. Koltsova &Yun N. Oleinik, *Post-Soviet Perspective on Russian Psychology* (London: Greenwood Press, 1966), p. 144.

② Jerry Hough, *Russia and the West*: *Gorbachev the Politics of Reform* (New York, 1990), p. 54.

③ 《列宁全集》第 27 卷，北京：人民出版社，1959 年版，第 285 页，转引自王家福：《苏联国策论》，哈尔滨：黑龙江人民出版社，1990 年版，第 124 页。

④ 《斯大林全集》第 5 卷，北京：人民出版社，1954 年版，第 87 页。

定，还与外国资本家签订了 10 个租让合同。①

正是依靠从西方引进大量的技术与装备，苏联得以建立起一批骨干工业企业，并且苏联一直与西方在经济及科技方面保持着较强的联系，即使是在阿富汗战争期间，苏联与一些西方主要大国的贸易仍保持了强劲增长势头。② 与此同时，苏联与西方间也在进行着教育文化方面的交流。西方为了从思想、心理方面影响俄罗斯民众，以达到从思想文化上瓦解苏联社会主义国家政权的目的，也有意大量向苏联兜售西方文化产品，传播西方的生活方式与思想意识。例如，他们在与苏联进行贸易时，附加所谓文化条件，要求购买对方国家一定数量的书籍、唱片、电影拷贝。③ 由此，俄罗斯人可以接触到一些西方文化书籍与声像作品等，并且可以从文化、体育交流，如国际青年和大学生联欢节、奥林匹克运动会和相关媒体报道中，直接或间接地了解西方。特别是到了 20 世纪 80 年代中后期，当怀着“让俄罗斯逐渐回到大西洋集体”理想目标的戈尔巴乔夫实行“民主化”“公开化”时，不再强调东西欧之间的差别，语言上也更多地使用较“模糊”的“欧洲”一词，突出强调已经深深根植于历史之中的俄罗斯与欧洲其他民族和国家在贸易、文化和政治上的联系。“我们是欧洲人，古老的俄罗斯早已通过基督教与欧洲联合到一起。俄罗斯历史是伟大的欧洲历史的一个有机组成部分。”④ 当西方的物质和精神产品通过敞开的国门蜂拥而至时，富裕的西方与“贫困”的苏联所形成的鲜明对比，使得俄罗斯人数世纪形成的向往西方的历史冲动又一次被强烈激发出来。穿西式的服装、听爵士乐、跳摇滚舞成为苏联青年追求的时尚。人们在麦当劳外苦等数小时，并不只是为了食物，而是想要体验成为“自由、繁盛、最文明”世界一部分的

---

① 何春超等：《国际关系史》，北京：法律出版社，1987 年版，第 47—50 页。

② Caroline Kennedy-Pipe, *Russia and the World 1917—1991* (New York, 1998), pp. 3, 5, 6.; A. C. 萨顿，安冈译：《西方技术与苏联经济发展（1930—1945）》，北京：中国社会科学出版社，1980 年版，第 9—11 页，转引自王家福：《苏联国策论》，哈尔滨：黑龙江人民出版社，1990 年版，第 422 页。

③ 柳静：《西方对外战略策略资料（第一辑）》，北京：当代中国出版社，1992 年版，第 126 页。

④ Iver B. Neumann, *Russia and the Idea of Europe* (London & New York, 1996), p. 162.

感觉。苏联也随之消失在如此“幻影”之中。[①] 总之，在长达 70 余年的进攻与防御、遏制与反遏制的较量过程中，正如塞缪尔·亨廷顿所说，通过采用产生于西方的意识形态（马克思主义）和运用它来向西方挑战，俄国人在某种意义上比历史上的任何时期都更加接近西方。[②]

20 世纪 90 年代，尤其是在俄罗斯独立初期，俄罗斯社会的“西化”思潮尤为高涨。深受西方文化影响的俄罗斯人把西方看成是俄罗斯未来发展的模式，看成是俄罗斯应该达到的标准。[③] 当时，掌握政府主要权力的“西方派”，更是对西方充满幻想，极其推崇西方模式。他们欲借西方的经济实力渡过苏联剧变后的艰难，并重返国际舞台的主角位置。叶利钦起初的立场就是把俄罗斯政治思想中从未完全成功的“西方化”老观念推到登峰造极的程度：他主张俄国本来就属于西方，应该成为西方的一部分并应尽可能地在国内政治中与西方亲近。[④] 早在 1991 年 7 月，叶利钦就曾向西方表示，“俄罗斯做出了最终选择。他不走社会主义道路，不走共产主义道路，他要走美国和其他西方文明国家走过的文明的道路”。[⑤] 独立后，叶利钦又再次表示：“俄罗斯自古以来和欧洲就是一体，我们应该与欧洲委员会和欧洲经济共同体等欧洲机构联成一体，应该加入其政治经济同盟。”[⑥] 为使俄罗斯能够迅速加入西方体制，成为西方俱乐部的第八个成员，1993—1999 年，叶利钦与时任美国总统克林顿进行了 18 次会晤。1993 年，两人第一次会面时就宣布要打造和发展一个充满活力并有效的美俄伙伴关系。叶利钦曾说，他认为美国

---

① Jerry Hough, *Russia and the West: Gorbachev the Politics of Reform* (New York, 1990), p. 122, Iver B. Neumann, *Russia and the Idea of Europe* (London & New York, 1996), p. 187.

② ［美］塞缪尔·亨廷顿，周琪、刘绯、张立平、王圆译：《文明的冲突和世界秩序的重建》，北京：新华出版社，1999 年版，第 150—151 页。

③ ［俄］П. Я. 科萨尔斯、Р. В. 雷芙金娜，石天等译：《俄罗斯：转型期的经济与社会》，北京：经济科学出版社，2000 年版，第 53 页。

④ ［美］兹比格纽·布热津斯基，中国国际问题研究所译：《大棋局：美国的首要地位及其地缘战略》，上海：上海人民出版社，1998 年版，第 30 页。

⑤ ［俄］爱·巴塔洛夫：“‘文明世界’的幻影”，《自由思想》1999 年第 5 期，转引自刘桂玲：“俄罗斯的亚太外交战略”，《现代国际关系》1998 年第 1 期，第 28—32 页。

⑥ 叶利钦：“答俄罗斯《共青团真理报》记者问”，1992 年 5 月 27 日，转引自曹志平：“地缘政治与俄罗斯外交”，《东欧中亚研究》1998 年第 5 期，第 54—61 页。

不仅是俄罗斯的伙伴，而且是俄罗斯的盟友，他坦言俄罗斯不追求超级大国地位。当时的美国克林顿政府也视俄罗斯为转型期民主国家，认为俄罗斯会出于国内政治制度、经济社会的转型需要，在对外政策方面将美国放在优先位置，此时在国际社会，不再有俄罗斯对抗美国的“天然原因”。① 时任外长科济列夫则说道，“西方的民主制度是俄罗斯的天然伙伴和盟友。我永远不会改变这种看法，至死都不会”。盖达尔也在俄罗斯议会发表的讲话中宣称，“面向西方是唯一理智的选择”。② 在“西方派”看来，一旦俄罗斯与西方一致，西方就会从财政、政治和心理等方面给俄罗斯的民主化和市场化改革进程以有力支持。③ 俄罗斯只有成为西方世界的一员，俄罗斯才能成为一个“正常的国家”。在俄罗斯独立之初，就连否定西方、反对将西方的经验用于俄罗斯的人也认为，要想使俄罗斯精神生活得到繁荣发展，唯有依靠西方的思想成就。④ “西方派”还天真地认为，俄罗斯与西方国家已经“没有任何无法克服的分歧和利益冲突”，西方国家已经成为俄罗斯的“天然伙伴和最终盟友”。⑤ 俄罗斯“西方派”为了使俄罗斯“恢复同欧洲已经中断的在社会和文化上的统一，从‘东方’的道路转到‘西方’的道路上来”，⑥ 还不惜对苏联70年的建设发展历史予以全面否定，欲借西方自由民主的“灵丹妙药”来医治集权体制造成的“溃疡”，力图在抛弃计划经济之后，迅速建设起市场经济的大厦。

---

① Nikolas K. Gvosdev, Christopher Marsh, *Russian Foreign Policy: Interests, Vectors, and Sectors*, SAGE, 2014, pp. 79, 80.

② 王正泉：“俄罗斯围绕外交构想的三次争论”，《国际观察》1998年第2期，第27—30页。

③ Roger E. Kanet & Alexander Kozhemiakin, *The Foreign Policy of the Russian Federation* (Macmillan Press LTD & St. Martin's Press, INC, 1997), p. 79.

④ ［俄］安·德·兰尼克·米格拉尼扬，徐葵、张达楠等译：《俄罗斯之路——为何如此曲折》，北京：新华出版社，2002年版，第26页。

⑤ 学刚、姜毅主编：《叶利钦时代的俄罗斯——外交卷》，北京：人民出版社，2001年内部版，第7页。

⑥ ［俄］伊·盖达尔：《国家与演变》，莫斯科，1995年版，第53页，转引自李静杰、郑羽：《俄罗斯与当代世界》，北京：世界知识出版社，1998年版，第70页。

二、俄罗斯人与西方之间的反感与排斥

每个民族都有其赖以生存的文化土壤，都是怀着对本民族文化深深的敬仰与自豪的心态去与异族进行交往，并以自己特有的行为态度去对待与自己传统文化相异的外来文化的。这里既有一个民族传统文化对外来文化的本能反应，也有受外来文化刺激，尤其是在受到某种外来文化贬低的情势下做出的“被动”反应。正因如此，没有哪一个民族的传统、风俗、习惯会完全为一种外来文化所取代。在学习、仿效和接受西方的历史过程中，由于自己独特的历史和文化及内心深处的民族思想、信仰等一些民族“固有因素”，俄罗斯人也一直与西方文化发生着激烈的冲突。俄罗斯人在传统、心理情感、价值观念和思维习惯上都难以认同西方，甚至不信任西方，反对和憎恨西方。①

从其民族心理特征角度去看，俄罗斯人有着极强的不屈从品格，极其注重独立自主；② 重视自己的传统价值观体系，并且关切整个世界的发展。“俄罗斯人很早就具有一种感觉——比意识更敏锐的感觉，这就是：俄罗斯有着特殊的使命，俄罗斯民族是特殊的民族。如同欧洲的其他民族一样，弥赛亚说也是俄罗斯民族所固有的。”而末日论启示使俄罗斯人相信，“俄罗斯的命运是无与匹敌的”。③ 俄罗斯民族的固有理想和心愿是代表上帝去拯救世界上的其他民族，俄罗斯是整个世界的政治中心。从这个意义上讲，俄罗斯是西方的拯救者，他将解决西方已经无力解决，甚至从其深层来说都不能提出的问题，④ 所以俄罗斯的历史位

---

① 宋瑞芝：《俄罗斯精神》，武汉：长江文艺出版社，2000年版，第322页。

② Dean Peabody, *European Monographs in Social Psychology*: *National Characteristics* (Cambridge University Press, 1985), p. 151.

③ ［俄］尼·别尔嘉耶夫，雷永生、邱守娟译：《俄罗斯思想》，北京：生活·读书·新知三联书店，1995年版，第32页；［英］阿诺德·汤因比，曹未风译：《历史研究（下）》，上海：上海人民出版社，1997年版，第184页。

④ ［俄］尼·别尔嘉耶夫，雷永生、邱守娟译：《俄罗斯思想》，北京：生活·读书·新知三联书店，1995年版，第70页。

置不是欧洲一般的大国，而必须是各国之首的大国。[①] 并且，由于俄罗斯独特的地缘位置，俄罗斯有独特的文化和价值观，代表着比西方更高一层的文明，他又负有联接欧洲和亚洲的独一无二的使命。对于俄罗斯人来讲，俄罗斯文化与西方文化相去甚远，如叶利钦总统顾问谢尔盖·斯坦凯维奇（Sergei Stankevich）所认为的，“俄罗斯确实与西方不同，独立于西方之外”。因而，俄罗斯需要而且可以走一条不同于西方的现代化道路。[②] 纵观俄罗斯历史，从沙皇的对外扩张、布尔什维克的“世界革命”，到普京提出的把全人类的普遍价值观与俄罗斯经过时间考验的传统价值观有机地结合在一起的“俄罗斯新思想”，我们都能看到上述俄罗斯人的救世思想、理念的印迹。[③]

实际上，俄罗斯人对西方文化的抵制一开始就涉及到俄罗斯社会的各个层面，尤其是保守、没落的社会上层和处于传统文化支配之下、生活在较闭塞环境中的劳动群众。早在 17 世纪时，嫉妒西方商人从沙皇那里获得的优厚条件，且又无力与西方商人竞争的俄罗斯商人就十分憎恶西方人，甚至将这种憎恶感扩及到西方的风俗、传统及西方人的外表上。俄罗斯官员们更是对沙皇聘用的外国人充满敌意。而东正教会为了维护自己的独尊地位，也时刻提防西方思想的渗透。对西方文化的抵触情绪在普通劳动群众中表现得更为强烈，一方面是出于西方人对他们的极度鄙视，另一方面是出于预感外来的西方人将加重他们的负担和被压迫感。当时的俄罗斯思想家冯维津、诺维科夫等人也开始思考欧洲的东西是否一切都好？俄国固有的东西，比如笃信宗教和道德纯洁是否能抵

---

① 学刚、姜毅主编：《叶利钦时代的俄罗斯——外交卷》，北京：人民出版社，2001 内部版，第 266 页。

② Robert H. Donaldson & Joseph L. Nogee, *The Foreign Policy of Russia-Changing Systems, Enduring Interests*（M. E. Sharpe Inc. , 1998）, p. 114. ,［美］罗伯特·A. 帕斯特，杨韵琴、胡利平译：《世纪之旅：七大国百年外交风云》，上海：上海人民出版社，2001 年版，导读第 5 页。

③ 俞邃等：《普京：能使俄罗斯振兴吗?》，南京：江苏人民出版社，2001 年版，第 150 页。

御堕落的西方?[①] 而随着西方文化影响的扩大，沙皇对西方资产阶级的自由、民主思想越来越感到恐惧，导致1800年保罗一世下令禁止进口外国图书。[②] 西方文化与俄罗斯传统的冲突还导致了尼康的宗教改革，并引起俄罗斯东正教会的分裂。随着俄罗斯与西方交往的逐渐扩大，俄罗斯人对“拉丁人、路德教徒和加尔文教徒”的不信任感也进一步发展。[③]

事实上，彼得大帝在顽固守旧的俄罗斯社会里强制推行西方模式，以此将俄罗斯引向西方，并使俄罗斯跻身于欧洲强国行列，但改革并没有使俄罗斯人从心理上完全接受西方，[④] 反而引发了俄罗斯人对西方文化的抵制。彼得大帝剪下大贵族胡子，剪掉了俄国人的陈风陋习，同时也伤害了俄罗斯人的民族自尊心。[⑤] 因为东正教会把胡子视为“上帝的赐予和饰物”、俄罗斯人自豪的标志，不留胡子被认为是亵渎神明的行为。而改革带来的繁多赋税、沉重劳役，更使广大劳动群众成为西化的受害者，引发他们对西方文化的强烈反感。俄罗斯古老的村社也是西方文化传播的一道厚重的障碍。生活在封闭的村社环境中人数众多的俄罗斯农民是俄罗斯传统文化最大的、最顽固的承载群体。正因如此，19世纪初期，斯贝兰斯基倡导的自由主义改革，“不论是在宫廷还是在茅舍，到处都是怨声载道”。而斯贝兰斯基被贬黜的消息则引起了连暴君之死也不会出现的普遍欢迎。在1861年农奴制改革后，一些具有欧化思想的行政官员和知识分子扮演着可怜的角色：农民根本不理会他们那些办大众学校、传播科学知识、改进农业的计划。[⑥] 这正如俄罗斯人自

---

① 白晓红：“俄罗斯与西方：俄罗斯观念的历史考察”，《东欧中亚研究》1999年第4期，第46—52页。

② ［俄］M. P. 泽齐娜、Л. B. 科什罗、B. C. 舒利金，刘文飞、苏玲译：《俄罗斯文化史》，上海：上海译文出版社，1999年版，第136页。

③ 姚海：《俄罗斯文化之路》，杭州：浙江人民出版社，1992年版，第48、54页。

④ ［美］罗伯特·A. 帕斯特，杨韵琴、胡利平译：《世纪之旅：七大国百年外交风云》，上海：上海人民出版社，2001年版，第156页。

⑤ 刘祖熙：《改革和革命——俄国现代化研究》，北京：北京大学出版社，2001年版，第368页。

⑥ 姚海：《俄罗斯文化之路》，杭州：浙江人民出版社，1992年版，第60—61、111、192页。

己所说："任何西方化的改革在俄罗斯都不可避免地遭到挫败，因为实施这种改革的人没有考虑到俄罗斯社会对西方价值观念本能的抗拒心理。"[①]

在 20 世纪，使马克思列宁主义的意识形态和社会主义制度在俄罗斯大地上成为现实的布尔什维克，更是对西方表现出一种极端对立的态度：它宣称俄国不同于西方，而且根本反对西方，因为它比西方更先进。革命使俄国越过了西方，并使它自己与西方区分开来。[②] 布尔什维克还以俄罗斯人所特有的拯救其他民族的豪情表达了这样的愿望：它将领导全世界的无产阶级在全球建立起社会主义制度，并取代腐朽、没落的西方。为此，苏维埃政权付出极大的努力，以使俄罗斯民族文化和精神摆脱西方文化的影响，使俄罗斯（苏联）与西方对抗，在它们之间筑起一道难以逾越的壁垒。[③] "十月革命"发生后，西方对苏俄的干涉与遏制，更激起俄罗斯人对西方的愤恨。而苏联在较短时间内，其经济实力就超越了传统的西方大国英国、法国和德国，由一个农村国家转变为一个城市国家；国家走向强大，人民生活走向富裕，几乎每户都有电视；现代化的交通工具打破了地理上限制。这些现实成就使俄罗斯人感到他们过上了比 1915 年居住在"乌伯村"里的人更"西方"和"现代"式的生活。[④] 尤其是第二次世界大战后，苏联成为国际政治中心、现代史上新的国际秩序的主要缔造者之一，国际秩序因其首次在世界范围内一分为二，首次化为东西方之间的对立，俄罗斯也首次成为"屈居"一国之下的第二号超级大国，[⑤] 俄罗斯人在相当长的一段时间里是

---

① 学刚、姜毅主编：《叶利钦时代的俄罗斯——外交卷》，北京：人民出版社，2001 年内部版，第 267 页。

② ［美］塞缪尔·亨廷顿，周琪、刘绯、张立平、王圆译：《文明的冲突和世界秩序的重建》，北京：新华出版社，1999 年版，第 150 页。

③ ［俄］安·德·兰尼克·米格拉尼扬，徐葵、张达楠等译：《俄罗斯之路——为何如此曲折》，北京：新华出版社，2002 年版，第 32 页。

④ Jerry Hough, *Russia and the West*: *Gorbachev the Politics of Reform* (New York, 1990), p. 121.

⑤ ［美］罗伯特·A. 帕斯特，杨韵琴、胡利平译：《世纪之旅：七大国百年外交风云》，上海：上海人民出版社，2001 年版，第 169 页。

世界超级公民，这些都激发了俄罗斯人的民族自豪感，以及本民族文化的优越感。俄罗斯人因而也乐于接受布尔什维克的灌输，对西方文化持蔑视态度。

总之，苏联时代，“西方在老百姓的心目中是被歪曲的形象，他们对西方的态度是消极的”。[①] 在1990—1991年苏联“西化”风潮高涨之际，通过媒体，围绕“作为西方一员的俄罗斯”“作为东方一员的俄罗斯”“作为欧亚桥梁的俄罗斯”和“神秘的俄罗斯”四个问题所进行的大辩论，[②] 也反映出难脱历史轨迹的俄罗斯人“不认可”西方的心态。

当“落后”“贫乏”的俄罗斯与“先进”“富裕”的西方这一现实再次展现在刚刚走出封闭的俄罗斯人面前时，心理产生巨大落差的俄罗斯人曾一度狂热地倒向西方，以至于西方希望并认为，苏联崩溃的结果将会是西方自由民主在俄罗斯的全面胜利。但仅仅是短暂的“蜜月”之后，感受到心理上巨大失落的俄罗斯人对西方的热望心理就被极度失望心理所取代。他们不再表现得像马克思主义者的俄罗斯人，而是开始表现得更像俄罗斯人，俄罗斯与西方之间的鸿沟扩大了。在俄罗斯公众中，持反对和不接受西方倾向的人数迅速上升。俄罗斯各舆论机构做的民意测验也表明，俄罗斯老百姓有强烈的反美情绪，他们认为苏联解体、国家经济危机、俄罗斯失去大国地位，这些都是美国人干的。[③] 即便是历史上最亲西方的叶利钦、“铁心”奔向西方的科济列夫也表现出对西方的失望、怀疑与疑虑。俄罗斯高层领导人也经常发表反对西方化的言论。[④] 历史学家、地理学家和人种史学家列夫·古米勒还一再告诫

---

① ［俄］П. Я. 科萨尔斯、Р. В. 雷芙金娜，石天等译：《俄罗斯：转型期的经济与社会》，北京：经济科学出版社，2000年版，第40页。

② Iver B. Neumann, *Russia and the Idea of Europe* (London & New York, 1996), p. 168.

③ ［美］塞缪尔·亨廷顿，周琪、刘绯、张立平、王圆译：《文明的冲突和世界秩序的重建》，北京：新华出版社，1999年版，第151—153页；李永全：“美俄两国还要谈”，《光明日报》2001年11月16日。

④ ГКШИРОКОВ, СИЛУНЕВ: РОССИЯ, КИТАЙ ИИНДИЯ В СОВРЕМЕНН-ЫХ ГЛОБАЛЬНЫХ ПРОЦЕССАХ (Москва, 1998), с. 143；叶自成：《东扩：克林顿与叶利钦》，北京：东方出版社，1999年版，第13页；［俄］列昂尼德·姆列钦，唐修哲、孙润玉等译：《普里马科夫的仕宦生涯》，北京：新华出版社，2000年版，第217页。

俄罗斯人说，适应西方，对俄国人民来说只能意味着失掉自己的“人种和灵魂”。难怪人们说，苏联时期激进的民主派，在俄罗斯独立后却大多变成了新保守派。[①]

在历史上，与西方相比，俄罗斯发展缓慢而又落后，欧洲对俄罗斯的影响比俄罗斯对欧洲的影响大得多，而且这种影响一直是俄罗斯发展的一个主要因素。[②] 加之，向往西方的沙皇给予西方人某些特权，所以西方人在与俄罗斯人打交道时，总会流露出高人一等的优越感，对俄罗斯的文明采取的是歧视甚至蔑视的态度。而且，从古至今，西方人都认为，俄罗斯总是与西方相分离的，他们一直将向往、追赶西方，急欲融入西方大家庭的俄罗斯人视为“非我族类”，将其排斥在欧洲文明之外。西方对俄罗斯的怀疑和敌视，影响着俄罗斯人的“西方观”，西方在俄罗斯人眼中是不可信的。[③]

而在西方人的眼中，由于俄罗斯独特的地缘位置，俄罗斯人的历史经历完全不同于其他欧洲人，他们所发展起来的文化也相应地不同。[④] 虽然俄罗斯人与其他欧洲人一样信奉的是基督教，但俄罗斯人信奉的却是与其他欧洲人信奉的天主教和基督新教不一样的东正教；俄罗斯人所讲的语言虽然也属印欧语系，但使用的字母是与拉丁字母不一样的西里尔字母；俄罗斯经济一直落后，政治上具有与西欧民主不一样的绝对专制的传统。[⑤] 在西方人看来，自俄罗斯国家产生之时，就独自存在于西方之外，与西方社会几乎没有联系。虽然俄罗斯也间接地从拜占庭那里接触到了一些西方古代文化，但与从罗马直接传到西方的文化有相当大

---

① Iver B. Neumann, *Russia and the Idea of Europe* (London & New York, 1996), p. 179.; ［美］兹比格纽·布热津斯基，中国国际问题研究所译：《大棋局：美国的首要地位及其地缘战略》，上海：上海人民出版社，1998 年版，第 144 页。

② ［美］斯塔夫里阿诺斯，吴象婴、梁赤民译：《全球通史——1500 年以后的世界》，上海：上海社会科学院出版社，1992 年版，第 374 页。

③ Jerry Hough, *Russia and the West*: *Gorbachev the Politics of Reform* (New York, 1990), p. 44.; Caroline Kennedy-Pipe, *Russia and the World 1917—1991* (New York, 1998), p. 51.

④ Iver B Neumann, *Russia and the Idea of Europe* (London & New York, 1996), p. 179.

⑤ 参见 Michael Mandelbaum, The New Russia Foreign Policy, in “A Council on Relation Book”, 1998。

的不同，又由于200余年受来自东方蒙古人的征服和统治，“俄罗斯没有或很少经历过那些界定西方文明的历史现象：罗马天主教、封建主义、文艺复兴、宗教改革、海外扩张和殖民化、启蒙运动以及民族国家的出现。以前被认为是西方文明八个特征之中的七个：宗教、语言、政教分离、法治、社会多元化、代议机构、个人主义，这些几乎完全与俄罗斯的社会文化经历无缘。俄罗斯文明是基辅和莫斯科的本土根源、拜占庭的强大影响和蒙古长期统治的产物。这些影响造成了一种社会和一种文化，它们与在极为不同的力量影响下发展起来的西欧社会和文化几乎没有相似之处”。①

在西方人眼里：“俄罗斯有史以来一直是个特例，他从来不是欧洲人观念中的民族国家。”② 既然俄罗斯人的社会文化传统并不是与西方出自一辙，其后的发展历史又完全相异，因此俄罗斯就不能被纳入西方人所界定的欧洲文明范畴。而且，受俄罗斯因素的影响，西方人在界定欧洲文明时甚至将所有斯拉夫人都排斥在外：“欧洲的个性是在中世纪时以基督教的形式确定和出现的”，因为“东欧的宗教后来是由拜占庭而不是罗马传过去的”，所以“欧洲西方与欧洲东方的方向就不同了”。“基督教的欧洲在东边是不完全的，它的东界欧洲中部的易北河，把整个斯拉夫世界置于一旁。”③ 有的西方“智者”甚至提出了一条能将西方基督教各民族同穆斯林和东正教各民族分离开来的“伟大的历史界线”，这一界线“至少500年来它一直处于它现在的这个位置”，即“基督教的范围终止、伊斯兰教和东正教的范围开始的地方”。这条西方人意识中的文明界线，具体是“由北开始，沿着现在芬兰与俄罗斯的边界以及波罗的海各国（爱沙尼亚、拉脱维亚、立陶宛）与俄罗斯的边界，穿过白罗斯，再穿过乌克兰，把东方天主教的西部与东正教的东

---

① ［美］塞缪尔·亨廷顿，周琪、刘绯、张立平、王圆译：《文明的冲突和世界秩序的重建》，北京：新华出版社，1999年版，第147页。

② ［美］亨利·基辛格，顾淑馨、林添贵译：《大外交》，海口：海南出版社，1998年版，第8页。

③ ［法］皮埃尔·热尔贝，丁一凡等译：《欧洲统一的历史与现实》，北京：中国社会科学出版社，1989年版，第1—4页。

部分离开来，接着穿过罗马尼亚的特兰西瓦尼亚把他的天主教匈牙利人同该国的其他部分分离开来，再沿着把斯洛文尼亚和克罗地亚同其他共和国分离开来的边界穿过前南斯拉夫。当然，在巴尔干地区，这条界线与奥匈帝国和奥斯曼帝国的历史分界线重合"。他们还进一步强调，这条界线不仅是"欧洲文化的边界，在冷战后的世界中，它也是欧洲和西方政治经济的边界"。①

而俄罗斯的"落后"本性是如此顽固，以至于它与西方之间的文化差异"并没有因'俄国的西化'而加以改善"。② 西方人认为，从彼得一世、亚历山大二世，到列宁和斯大林，采用不同方法欲使俄罗斯西方化、现代化的尝试和努力，结果都极大地加强了体现俄罗斯专制和恐怖的自然本性的政治文化。"反西方"是俄罗斯人思想和政治文化的精髓。③ 这种理念，在西方人评价对俄罗斯社会历史发展进程有着里程碑意义和影响的彼得一世的"西化"改革中有着清晰的表述："在使他的国家现代化和西方化的同时，彼得大帝还通过完善专制体制、消除任何一种社会或政治多元化潜在根源，来强化俄罗斯的亚洲特性。"通过"西化"改革，彼得一世一方面开创了现代化与西方化之间的密切联系，另一方面他不仅没有削弱，反而是更加强化了俄国的专制体制和独裁权力。④ 所以，"决心借助于西方以进行活动的彼得大帝不得不使俄国文明化"，但他只是想"使俄罗斯人能适应西方民族的种种技术设备，却不受其思想的感染"。⑤ 而今天，新俄罗斯的"西化"所带来的是，俄罗斯人开始表现得更像俄罗斯人，这使得俄罗斯与西方之间的鸿沟进一步扩大。"一个西方的民主主义者可以与一个苏联的马克思主义

---

① ［美］塞缪尔·亨廷顿，周琪、刘绯、张立平、王圆译：《文明的冲突和世界秩序的重建》，北京：新华出版社，1999 年版，第 148 页。

② Hajo Holborm，张学明译：《欧洲的没落》，台湾问学出版社，1978 年版，第 15 页。

③ Jerry Hough，*Russia and the West*：*Gorbachev the Politics of Reform*（New York，1990），pp. 8 – 44.

④ ［美］塞缪尔·亨廷顿，周琪、刘绯、张立平、王圆译：《文明的冲突和世界秩序的重建》，北京：新华出版社，1999 年版，第 171 页。

⑤ ［德］卡尔·马克思：《十八世纪外交史内幕》，北京：人民出版社，1979 年版，第 82 页。

者进行思想上的争论，但却不可能与一个俄罗斯的东正教民族主义者这么做。”[①] 俄罗斯不是西方，可能永远也不会与西方一样。[②] 简言之，在苏联解体后，无论俄罗斯怎样从根本上否定自己传统的国家体制和价值观念，以及整个20世纪的历史进程，无论怎样全面强调“人类共同的价值观”和“文明国家标准”，俄罗斯都未被西方所接纳。

在西方人的脑海中，俄罗斯还始终是一个“丑陋”的形象：“傲慢无礼”“专横跋扈”，有着顽固的专制传统、扩张本性，并对西方怀有疑心。在第一次世界大战前的欧洲，没有一个帝国会招致像俄罗斯帝国那样多的诽谤：专制、愚昧、落后，充斥着恐怖。而作为第一次世界大战偶然的“错失”产物，“十月革命”和苏联也仍然是俄罗斯专制、恐怖的政治文化的继续，是一个“邪恶的帝国”。在20世纪20年代，西方媒体曾将布尔什维克人描写为身着红衫、腰扎黑带、足穿皮靴、戴高裘皮帽的“怪物”。而今天的新俄罗斯更是国力虚弱不堪，社会极其落后，“亚洲和拜占庭的方式、体制和信仰在俄国社会仍居主导地位”。西方人认为，在俄罗斯这个有着长期中央集权统治历史的国家里，西方派并不等于是民主派。正因如此，20世纪90年代，俄罗斯西方派所推行的西化政策并没有获得西方的信任和支持。西方一方面以口惠“骗诱”西方派裹挟俄罗斯投向西方怀抱，另一方面又对俄罗斯在“西化”的泥潭里挣扎而感到幸灾乐祸，并不时对俄罗斯人“不自量力”的“西化”举动予以嘲讽：“西方特别是美国对俄国新领导有意做出的友好姿态……诱使俄国新领导……很容易自欺欺人地把自己也看做是一个超级大国的领导人。当美国人提出在华盛顿与莫斯科之间建立‘成熟战略伙伴关系’时，在俄国人看来，似乎这就认可了由一种新的美俄民主共同统治来取代原来的美苏争夺。”俄罗斯新领导人宣称的，俄罗斯是西方在真正平等基础上全球和解的事实上的伙伴，并共同处理和解决任何全球性的问题，这只能是一种幻想。“美国既不愿意也不能够与俄国

---

① ［美］塞缪尔·亨廷顿，周琪、刘绯、张立平、王圆译：《文明的冲突和世界秩序的重建》，北京：新华出版社，1999年版，第151页。

② ［俄］安·德·兰尼克·米格拉尼扬，徐葵、张达楠等译：《俄罗斯之路——为何如此曲折》，北京：新华出版社，2002年版，第397页。

分享全球性力量，甚至即使他愿意也做不到。新俄国的国力虚弱不堪，社会极其落后，已不能充当美国真正的全球性伙伴。”[①] 他们认为，今天的俄罗斯除了核武器外，昔日的实力已丧失殆尽，行动起来捉襟见肘，可供使用的手段也极其有限，难以在世界上有所作为。因此，美国不必再与俄罗斯商议全球议题，俄罗斯不再如冷战时的苏联是与美国一起的国际会议联合发起人，没有什么特殊的理由给予俄罗斯以一个大国通常享有的特权和尊敬，[②] 也没有必要使俄罗斯作为国际关系的主体融入世界。为此，当时的小布什政府要俄罗斯不要老考虑自己在国际关系中的主体地位。所以，“俄罗斯因摧毁极权的苏维埃帝国而得到的嘉奖不是作为一个备受尊敬和权利平等的伙伴返回文明民族大家庭，而是俄罗斯的急剧削弱和孤立”。[③]

而俄罗斯却登上欧洲乃至世界政治舞台，并且以惊人的速度迅速取得显著的强国地位。先是在奠定拿破仑战争结束后欧洲复杂的均势体系时起了关键作用，后又成为第二次世界大战后国际体系的缔造者之一。这些历史事实给西方人的“俄罗斯观”增添了新的复杂因素：在蔑视俄罗斯文明的同时，他们又将俄罗斯视为一种外族威胁，因而对其势力的强大与影响的扩展怀有强烈的恐惧心理。这种复杂的情感促使西方总是在某些特定的历史时刻想把俄罗斯作为“小兄弟”纳入自己的体系，但更多地则是加强了对俄罗斯的排斥、遏制，乃至进行武力侵犯。[④] 在19世纪，俄罗斯西部不仅遭受了拿破仑的强兵入侵，而且始终是西方阻遏的主要对象。西方一方面承认拿破仑战争后，俄罗斯在欧洲均势体系中所扮演的重要角色，另一方面又在西、南、东三个方向上对俄罗斯

---

① ［美］兹比格纽·布热津斯基，中国国际问题研究所译：《大棋局：美国的首要地位及其地缘战略》，上海：上海人民出版社，1998年版，第131、132页。

② Nikolas K. Gvosdev, Christopher Marsh, *Russian Foreign Policy: Interests, Vectors, and Sectors*, SAGE, 2014, p. 81；［美］罗伯特·A. 帕斯特，杨韵琴、胡利平译：《世纪之旅：七大国百年外交风云》，上海：上海人民出版社，2001年版，第187页。

③ ［俄］安·德·兰尼克·米格拉尼扬，徐葵、张达楠等译：《俄罗斯之路——为何如此曲折》，北京：新华出版社，2002年版，第326、397页。

④ 冯玉军、霜木：“俄罗斯与西方：文明冲突的历史考察”，《现代国际关系》2000年第4期，第19—24页。

的地缘扩张予以遏制。西方不但使俄罗斯最终不能有效控制黑海海峡，而且英国和法国还联起手来，在 1854—1856 年的克里米亚战争中打败了俄罗斯，在迫使俄罗斯吐出已在黑海获得的既得利益的同时，还剥夺了俄罗斯自拿破仑战争胜利以来所获得的欧洲霸主地位。20 世纪伊始，西方又怂恿日本于 1904 年 2 月发动对俄战争，使俄罗斯丧失了东方许多既得的殖民利益。而在“十月革命”后，出于对布尔什维克革命的仇视，西方开始是直接出兵，武装入侵、干涉苏俄，继而在国际领域排斥苏俄和苏联，同时还鼓动、纵容“强盗”从东西两个方向侵略苏联。第二次世界大战后，西方又通过一系列军事同盟条约，构建对苏包围圈，并将最终瓦解、消灭苏联作为其对苏政策的总的根本目标。20 世纪 90 年代初，苏联的突然消失，无疑给西方带来了极大的心理上的满足。面对今日“虚弱不堪”的新俄罗斯，受历史惯性的影响，西方仍对其未来走向充满忧虑和担心。也正是基于这种不安心理，面对地缘战略空间已大幅压缩的俄罗斯，西方还要通过北约东扩、欧盟扩大，经济上的限制、政治上的贬低，进一步挤压、排斥俄罗斯，目的是完全束缚住俄罗斯的手脚，并使他处于弱而不强的境地。

自近代以来，西方人还一直从俄罗斯的地缘、政治经济体制、文化表现，以及俄罗斯经济社会发展落后等方面，追寻俄罗斯不认同西方，游离于欧洲文明圈外的根源。西方人却从未深刻反思他们对俄罗斯的人为的文明歧视、排斥，甚至是敌视，这些也是刺激俄罗斯人民族自尊心，引发他们对西方的反感和不信任感的重要原因。过去，俄罗斯人对屡屡直接武装入侵俄罗斯的西方抱有极强的戒备心理和不信任感，甚至怀疑成为欧洲一部分的俄罗斯会变得不安全。① 这种心理导致在 19 世纪 40 年代末至 50 年代国际关系中呈现的一个突出事件，即俄罗斯成为欧洲各斯拉夫民族的大本营，以抵制欧洲列强对弱小的各斯拉夫民族的兼并。② 苏联解体后，在国际舞台上，美国等西方国家以“胜利者自居”，俄罗斯的国际地位日渐式微，俄罗斯人的自尊心大受伤害。这更加深了

---

① Iver B Neumann, *Russia and the Idea of Europe* (London & New York, 1996), p. 20.

② 冯绍雷等：《国际关系新论》，上海：上海社会科学院出版社，1994 年版，第 132 页。

俄罗斯人对西方的失望和反感，由最初热切憧憬和膜拜变成了指责和唾弃，将苏联的解体和俄罗斯的衰败都归因于西方的反俄政策。[①] 20 世纪 90 年代，按国际货币基金组织要求行事的俄罗斯经济紧缩了 60%，约有 6000 万人生活在贫困状态。对西方大失所望的俄罗斯人认为，西方的举动具有欺骗性，是要把俄罗斯挤出市场，把俄罗斯变成“原料供应地”，限制俄罗斯与西方商品竞争，对俄罗斯实行商品倾销，强迫俄罗斯接受外债，并附加十分苛刻的条件。许多俄罗斯人认为西方的计划与援助是要摧毁俄罗斯的经济。[②] 而在车臣战争期间，“西方已经是在厚颜无耻地和毫不客气地命令俄罗斯在自己家里该做什么了”。1993 年 6 月，《俄罗斯新闻报》的一篇社论指出，“无论从经济还是政治上，美国都不是俄罗斯的伙伴，而是竞争者”。更糟糕的是如伊戈尔·伊万诺夫所言，美国是迫使俄罗斯退出历史上属于俄罗斯影响范围内的欧亚、东欧，特别是巴尔干地区的“领地”。1996 年出任俄罗斯外长的普里马科夫外长更是相信，“俄美关系本质上永远是零和博弈”。[③] 西方人也已深深感受到俄罗斯人的反西方情绪，并做出了俄罗斯人对西化的抵制一直持续到今天的结论。[④] 俄罗斯人自己也认为，俄罗斯民族与西方民族之间，“存在着一条整整一个历史时代的鸿沟，这条鸿沟大约有一千年”。[⑤]

总之，“在俄罗斯竭力‘融入’西方时，遇到的却往往是西方对自己的打压和轻蔑。每次遭‘白眼’之后，他便意识到：如果他真的变

---

① 张树华：《过渡时期的俄罗斯社会》，北京：新华出版社，2001 年版，第 275 页；学刚、姜毅主编：《叶利钦时代的俄罗斯——外交卷》，北京：人民出版社，2001 年内部版，第 267 页。

② ［俄］П. Я. 科萨尔斯、Р. В. 雷芙金娜，石天等译：《俄罗斯：转型期的经济与社会》，北京：经济科学出版社，2000 年版，第 50 页；Nikolas K. Gvosdev, Christopher Marsh, *Russian Foreign Policy: Interests, Vectors, and Sectors*, SAGE, 2014, pp. 81, 82。

③ Nikolas K. Gvosdev, Christopher Marsh, *Russian Foreign Policy: Interests, Vectors, and Sectors*, SAGE, 2014, pp. 82, 83.

④ ［美］罗伯特·A. 帕斯特，杨韵琴、胡利平译：《世纪之旅：七大国百年外交风云》，上海：上海人民出版社，2001 年版，第 156 页。

⑤ ［俄］安·德·兰尼克·米格拉尼扬，徐葵、张达楠等译：《俄罗斯之路——为何如此曲折》，北京：新华出版社，2002 年版，第 64 页。

得与西方一模一样，他便更丧失了自己存在的价值，他必然落得个‘二等公民’的下场”。[①] 为此，俄罗斯的斯拉夫学派就反对模仿西方，主张从俄罗斯本土文明的本质中去寻找国家发展的道路。他们强调俄罗斯具有特殊的人文条件，具有与西方文化截然不同的文化传统，俄罗斯和西方之间的差别是根本的、内在的。[②] 斯拉夫学派认为，俄罗斯的土壤不适合西方文明的生长。他们指责“西方派”试图使俄罗斯“西化”的改革和西方对俄罗斯采取的做法是在诋毁俄罗斯的民族意识，而这是“对俄罗斯民族的文化、传统、价值观和俄罗斯东正教信仰进行的规模空前的精神侵略”。[③]

第二节 印度人的西方心理

历史上，印度疆域因地理条件的差异而形成的各个不同的地方，实际上往往也是一个个的行政单元。它们具有不同的意向和经济利益，文化发展水平也不一，因而具有不同的政治意图和目标。它们彼此争战不休，互相吞并，各自为政，独霸一隅，因此在印度人的思想中，从没有过“印度”国家的大概念。因此，一遇外族入侵，印度人无法集中全部的人力和物力资源，齐心合力抗御侵略。而因其资源富饶、经济繁荣、优质的物产、金银珠宝等，印度为外族入侵者所垂涎，内部的动乱与纷争，又给外族入侵者以获胜的良机，[④] 致使印度长期被外来侵略者所征服并长期处在外来民族的统治之下，其历史成为一部“不断为异民族征服的历史”。而那些侵入印度的外族，一旦定居下来，就成为印度社会的重要组成部分。虽然他们也会保留自己原来的宗教、文化特征，

---

① ［俄］Вл. 索洛维约夫等，贾泽林、李树柏译：《俄罗斯思想》，杭州：浙江人民出版社，2000年版，中译本前言，第18页。

② 学刚、姜毅主编：《叶利钦时代的俄罗斯——外交卷》，北京：人民出版社，2001内部版，第261页。

③ 李静杰、郑羽：《俄罗斯与当代世界》，北京：世界知识出版社，1998年版，第72—73页。

④ 陈峰君：《印度社会述论》，北京：中国社会科学出版社，1991年版，第6—7页。

但已融入印度社会。印度的文化史成为一部不断受异质文化挑战、不断与异质文化交流的历史。[①]

但与历史上其他进入印度的征服者不同，近代西方殖民主义者在200余年对印度的残酷统治与“开发”中，使印度人形成了所谓“殖民地民族心理”，即有着极强的民族自尊心与独立感，对西方的态度和行为极为敏感。并且，印度人对西方怀有一种既爱又恨的心理，[②] 既对西方有着极强的物质心理需求，又对西方抱有不信任感。

一、印度人与西方的“缘”

自公元前1500年左右，操印欧语、自称为雅利安人的部落经中亚进入印度河中上游旁遮普一带，[③] 印度文明的存在和发展就与西方结下不解之缘。据研究人员推测，进入印度的雅利安人与进入欧洲成为欧罗巴人祖先的雅利安人共同来自一个种族群体。换言之，印度人与欧洲人有共同的祖先。进入印度的雅利安人被称为印度—雅利安人。他们所使用的语言—雅利安语，属印欧语系，是现代印度主要方言与本土宗教经典的语言基础，许多印度古代典籍就是用这种语言记录下来的。雅利安人给印度文化和社会带来的深远影响与重要贡献还在于：他们带来了马和优种小麦，喝牛奶、饮酒、裁剪衣服可能也源于他们。在社会制度方面，他们带来了父系制，并建立了婆罗门、刹帝利、吠舍和首陀罗4个等级的种姓制度。正是雅利安人将整个次大陆用一种共同的文化联合到了一起。在其后漫长的历史岁月中，来自欧洲的商人和征服者也在印度留下了他们的人种特征。[④]

---

① 马加力、尚会鹏：《一应俱全印度人》，北京：时事出版社，1998年版，第20页。

② 参见 Sandy Gordon，*India's Rise to Power in the Twentieth Century and Beyond*（Great Brain：Ipswich Book Co. LTD，1995），[美] 罗伯特·A. 斯卡拉皮诺，辛耀文译：《亚洲及其前途》，北京：新华出版社，1983年版。

③ 周一良、吴于廑：《世界上古史》，北京：人民出版社，1973年内部版，第119页。

④ 马加力、尚会鹏：《一应俱全印度人》，北京：时事出版社，1998年版，第7—8页；[澳大利亚] A. L. 巴沙姆，闵光沛、陶笑虹等译：《印度文化史》，北京：商务印书馆，1997年版，第10、39页。

公元前4世纪，马其顿国王亚历山大大帝侵入西北印度；公元前2世纪，巴克特里亚的希腊人定居于西北印度，由此印度开始与古希腊文明发生直接接触和联系。以后，随着海外贸易的扩展，加上便利的地理位置，印度商人成了东南亚和地中海之间贸易的中介。他们在给希腊—罗马世界提供必需品和奢侈品的贸易中充当承包者。随着已知世界各地之间商业联系的不断加强，不同地区间的交流也日渐增多。在这一过程中，印度的天文学家们发现了希腊罗马天文学的存在。而希腊罗马的艺术，尤其是亚历山大丰富多彩的艺术，不仅在西北印度和阿富汗找到了赞美者，而且成了艺术史家后来称为“键陀罗艺术”的一种混合的地方流派的典范。基督教于公元1世纪中期传入印度，16世纪，又有天主教传入印度，因基督教徒不分种姓，所以它很受低级种姓和“不可接触者”（指印度种姓制度中地位最低贱的“贱民”，他们的身体乃至影子都不准碰到上等人）的欢迎，并在印度这个大“熔炉”里逐渐发展成为印度本土的宗教。15世纪末，葡萄牙殖民者的到来及其后所从事的殖民活动，不但丰富了印度的植物品种，而且通过教会学校将欧洲的艺术介绍到印度。在印度，曾有一段时期，讲解和演奏西方音乐的人员多数由果阿人担任，就是这些学校教育的结果。今天，教堂及其欧式建筑、音乐、雕刻和绘画，在原葡属印度地区是非常常见的，葡萄牙人使印度与欧洲的联系紧密起来。①

进入近代以后，英国殖民者的入侵，以及他们以统治者的身份主宰印度近两个世纪，给印度的经济、政治、社会和文化等领域都打上了西方文化的烙印，英国人既是残酷的殖民统治者，又成为将近代西方思想和科学技术传入印度的代理人。

为使印度这颗最耀眼的宝石永久嵌在大英帝国的王冠之上，英国人在站稳脚跟后，就开始着手去完成他们在印度的“建设使命”，以使印度适合英国殖民利益的需要。英国人在印度农村建立起管理机构，建立近代土地制度，发展近代资本主义工商业。为显示西方的优越以征服印

---

① ［澳大利亚］A. L. 巴沙姆，闵光沛、陶笑虹等译：《印度文化史》，北京：商务印书馆，1997年版，第65、66、89、506—510页。

度民心，殖民当局禁止“萨蒂”、镇压“汰旗”（Hhay，意为盗贼是一处崇拜女神迦梨的教派，他们惯于绞死那些没有防备的过路旅客，抢劫其钱财）、阻止杀婴和解放“贱民”；抑制、打击印度某些社会陈规陋习、反社会力量和“犯罪部落”；努力在婚姻和家庭方面给予妇女平等的社会地位，规定在印度实行“一夫一妻”制，提高婚龄；兴建灌溉工程，修建公路、铁路和通讯设施，以及采取一些增进健康的措施，加强地区与地区之间的沟通，极大地推进了印度社会的现代化进程。

为了更好地利用印度人统治印度人，英国人将英国的文官制度移植到印度，并且在录用印度人时不分种姓。英国在 1833 年颁布的特许状法中规定，在印度出生的英国臣民和印度人，不能因宗教、出身、肤色等原因而被剥夺担任高级官员的可能性。1853 年的法案又进一步规定，实施文官公开考试制度，凡符合年龄的英国人和印度人都有资格参加。从理论上说，由出身而定的种姓身份已不是印度人入仕的标准，低级种姓和“贱民”也获得了参与社会公共工作的可能性。[①] 英印殖民当局以此训练、培养了一批“忠实”英国的印度“公职人员”。英国人还将西方资产阶级的议会制民主介绍到印度，在印度建立了一套完整的司法系统。并且，印度的法院也传承英国法院的独立性，既独立于国家行政部门，又不受宗教的干扰。这套司法系统在强化英国殖民统治的同时，也给印度带来了积极的成果，它使“与司法相关与崇高的宗教不相干的世俗法律思想一直植根在印度人心里。人们向法官而不是向梵学家或者毛拉寻求正义。法院作为正义概念的世俗化身而突出”。它与议会制对于将公民个人权利的思想植根到印度人的心里起了重要作用，甚至僻远乡村的小农也知道他们作为选民的权利。[②]

在文化教育领域，英印殖民当局采用英语取代波斯语作为官方语言，这为部落众多、语言多样的印度人彼此之间的交流提供了方便。为使殖民统治在更深的文化心理层面上为印度人所认可，并为英国殖民统

① 林承节：《印度现代化的发展道路》，北京：北京大学出版社，2001 年版，第 410 页。

② ［澳大利亚］A. L. 巴沙姆，闵光沛、陶笑虹等译：《印度文化史》，北京：商务印书馆，1997 年版，第 529—530、719 页。

治提供所需的人力资源，“努力造就一个英国人和他们所统治的……土著居民之间的媒介阶层，一个既有印度血统和肤色，又有英国趣味、观点和智能性质的阶层”,[①] 英国殖民者在印度实行、推广西式学校教育，向印度人传授西方文化知识，而且殖民当局的公立学校接收低种姓和“贱民”的子弟。1854 年，英国殖民当局提出了《伍德教育文件》，要求在印度建立从小学到大学，相互衔接、完整的教育体系。[②] 至 1893 年，学院的数量已发展到 156 所，至 1947 年印度独立之时，各类学院已达 626 所。[③] “贱民”领袖安姆贝德卡尔于 1923 年获得伦敦大学博士学位，并取得律师资格，成为印度“贱民”中第一个受过完整教育的人。在殖民时期，进入西式学校、接受西方教育成为印度人提高自己社会地位的铺路石。20 世纪 30 年代，殖民当局还在各地建立了公立女子学院，以提高印度妇女的科学文化素质。至 1941 年，印度女子识字率达到了 7.3%。[④] 西式教育对印度传统的社会、宗教和教育产生了巨大的冲击，它在贬斥印度传统文化、培养英国殖民统治代理人的同时，也使西方的思想、价值观念和科学精神得到较广泛的传播。特别是西方的“在法律面前人人平等”“妇女和男子一样有人格和公民权利”“民主原则”等思想在印度不同种姓人中，尤其是低级种姓人中影响比较大。由于接受了西式教育，印度当地的一部分知识分子能够逐渐参与本国政事，而且还运用学到的现代科学知识和民主思想对印度古老的陈规陋习，诸如种姓制度、偶像崇拜、早婚、殉夫等进行大胆的改革，为印度近代民族解放运动奠定了坚实的基础。印度新兴资产阶级的一些代表人物看到欧式教育的优势，希望用它来改造印度的传统教育，分享欧洲科学技术进步带来的巨大好处。殖民时期的教育对于促进印度社会、经

---

① 麦考莱：《印度教育情况纪实》，加尔各答，第 116 页，转引自陈峰君：《印度社会述论》，北京：中国社会科学出版社，1991 年版，第 102 页。

② 林承节：《印度现代化的发展道路》，北京：北京大学出版社，2001 年版，第 408 页。

③ ［澳大利亚］A. L. 巴沙姆，闵光沛、陶笑虹等译：《印度文化史》，北京：商务印书馆，1997 年版，第 533 页；马加力、尚会鹏：《一应俱全印度人》，北京：时事出版社，1998 年版，第 281 页。

④ 林承节：《印度现代化的发展道路》，北京：北京大学出版社，2001 年版，第 411 页。

济、文化的迅速发展，对于扩展广大人民群众的眼界，对于推动现代科学技术在印度的传播和普及，充当了“历史的不自觉的工具”。[①]

总之，通过行政、立法、教育、贸易、交通网络的建立、工业化和城市化等多种渠道，西方对整个印度社会都产生了巨大的影响，地理上的孤立闭塞之势被打破，也改变了印度人的生活，迫使他们调整自己的生活方式以适应新的社会变化。同时，在印度培植起一个吸收西方思想、深受西方文化影响的“西化”阶层，他们主张用西方模式改造印度的政治生活。近代民族国家概念、民族主义思想、甘地的许多社会改革观念，如平等思想、改进妇女和“不可接触者”的地位，以及尼赫鲁的“福利国家”理想等，都是西方思想熏陶和影响的结果。印度民族解放运动的先驱者就是由接受了西方现代科学技术知识和资产阶级政治思想的杰出知识分子组成的，也正是因为西方殖民主义的入侵，促进了印度本土资本主义因素的产生与发展。印度人也在反抗殖民主义统治的斗争中联合、团结起来，并产生了发展民族经济、建立统一的自由国家的强烈愿望。

独立后的印度，因其政治精英基本上是受过西方教育、接受西方民主意识和价值观的知识分子，同时鉴于已有政治制度的影响，所以基本上继承了西方的政治制度，建立了联邦制国家，确立政体为议会民主制，实行立法、行政和司法三权分立的政治制度。印度独立以来的历史表明，这种西式的民主政治制度还是比较稳定的。

独特的自然环境、村社传统和宗教的“超自然中心主义”“轮回”思想使印度人养成独守静处、顺从和忍耐的习性。只要外来事物不打扰他们的生活，或某种结果、结局已经确定，他们总是会顺其自然，这即是印度人“宽容”的心理特征。表现在思想意识方面，即是印度人的扩散、分离性的世界观。这种扩散、分离性的世界观使得印度人在对待异质和外来的文化因素方面，倾向于采取不是“同化”而是“并存”

---

① 马加力、尚会鹏：《一应俱全印度人》，北京：时事出版社，1998 年版，第 281、282 页。

的态度，[1] 即使异质和外来的"文化因素"给他们带来痛苦和悲伤也是如此。因此，虽然近 200 年的西方殖民主义统治历程使印度人遭受了前所未有的巨大侵害与痛苦，但是对他们已经亲身体验过的西方的民主自由思想和制度、科学技术和生产方式，还是"兼容"的。对领导他们取得了民族独立，在独立后又掌握了政府权力，由西方文化培养起来的，深受西方经济、社会思想影响的印度民族精英继续延用西方政治经济制度，也予以认可。印度传统的"选择正确方法获取正确的结果，保持与敌国的谈判和协商之门畅通"的思想、理念，也深深地影响着现代印度的政治家们。[2] 所以，独立后的印度，不但选择、采用了西方的民主体制，而且继续保留在英联邦内，将其作为印度扩展与西方国家关系的"窗口"。对此，印度独立后的首任总理尼赫鲁解释道，"留在联邦之内较之不留在那里，会更加便于我们开展同其他国家较为密切的关系"。[3]

在独立之初，印度政府机构中仍然留任了许多英国人，连三军总司令都是由英国人来担任。在之后的岁月中，印英关系发展也较平稳。同时，印度重视、积极发展与美国的关系。在印度刚刚独立不久，尼赫鲁即出访美国。20 世纪 60 年代初，印度还与英、美签订了《防空协定》。20 世纪 70 年代前，在印巴之间和印中之间发生冲突时，印度也总是寻求西方的帮助。如，20 世纪 60 年代中印边界冲突爆发后，当时许多印度人认为，西方是印度的朋友，希望并建议与西方结盟。只是因为后来西方大规模援助巴基斯坦而非印度，印度人的这一"情感"才有所淡化。在国际社会中，印度也总是尽量避免与西方国家发生正面冲突，批

---

① 尚会鹏：《种群与印度教社会》，北京：北京大学出版社，2001 年版，第 200 页。

② N. M. Khilnani, *Panorama of Indian Diplomacy* (New Delhi: S' Chand & Company LTD, 1981), p. 10.

③ K. N. Malik, *India and the United Kingdom: Change and Continuity in the 1980s* (New Delhi: Sage Publications, 1997), p. 30; India, Constituent Assembly Debates, Vol. viii, 16 May, 1949, p. 9.，转引自孙培钧、华碧云：《印度国情与综合国力》，北京：中国城市出版社，2001 年版，第 266 页。

评的言词也较温和。[①] 此外，印度与其他西方国家的关系发展也比较顺利、平稳。由此可见，与西方国家的关系始终在独立后的印度对外关系中占据重要地位。印度人自己也强调，“我们与美国和英国在政治、经济方面的联系比与其他国家要密切得多”。[②]

历经长期的西方殖民主义统治，作为西方资本主义市场的一个有机组成部分，印度在经济上对西方也有较强的“依赖性”。加之上述思想、心理的影响，使得独立后的印度政府难以采取断然措施割断这种因长期殖民统治造成的对西方资本主义市场的“依赖性”。因此，独立后的印度在进行经济建设时，始终将保持和发展与西方国家的经济联系、争取西方的经济援助作为其对外政策的重心，西方国家也一直是印度的主要贸易对象。基于这方面的原因，印度在独立后实行国有政策时，对外国资本采取了“软”的方式，对从英国人手中收归国有的企业都支付了赔偿金。用尼赫鲁的话来说，就是“让我们不要进行这种剥夺外国资本的谈论吧，那是不值得的。我们不是那样一个穷国，需要滥用策略而使我们失去世界的善意和信誉，并且也许会在我们心灵里留下一种做坏事的感觉”。[③]

20 世纪 90 年代，印度的拉奥政府开始实行经济改革和开放政策，在文化领域也放松了管制，外国电视新闻和文艺节目进入印度。西式食品、饮料、时装和化妆品、舞厅和广告都铺天盖地涌入印度，西方社会的文化思想还通过广播、电影、报刊、国际互联网等媒体广泛地进入到一般人的生活之中，即使在偏僻的乡村、落后的村社中也有西式咖啡馆。人们将其视为西方文化对印度的第二次冲击。[④] 与冷战期间不同，

① 雷启淮：《当代印度》，成都：四川人民出版社，2000 年版，第 383 页；B. N. Chakravarty, *India Speak to America* (New York: The John Day Company, 1966), p. 44.；张忠祥：《尼赫鲁外交研究》，北京：中国社会科学出版社，2002 年版，第 192 页。

② ［英］特雷弗·菲希洛克，袁传伟、任荣康译：《印度人》，上海：上海译文出版社，1990 年版，第 154 页。

③ 赵晓春：《尼赫鲁家族》，北京：社会科学文献出版社，1998 年版，第 22 页。

④ 孙士海：《印度的发展及其对外战略》，北京：中国社会科学出版社，2000 年版，第 22 页。

印度人更多地是选择到西方接受高质量的科学教育。[①] 如此，印度迎来了海外人才的回流潮，[②] 将更加现代的西方文化带进印度社会。20世纪90年代以来，印度与西方国家之间的政治合作与交往也在不断加深和扩展，逐渐抛弃反西方思维。并且印度认为，作为世界上最大的民主国家，自己是最契合西方价值的国家。[③] 至今，印度将发展与西方国家之间的关系视为改善其外交处境的关键，不仅与西方国家之间政治对话频繁，也一直保持着较密切的高层外交联系和接触。

二、印度人与西方的"怨"

西方殖民者与之前历史上进入印度的入侵者完全不同，他们始终没有成为印度社会的一员。因为他们并不是来到次大陆的新移民，他们无意在印度定居，也根本不想成为当地的居民。他们来次大陆的唯一目的是聚敛财富，以便有朝一日衣锦还乡，因而西方殖民者极力保持他们的"外国性"，显现其在印度高人一等的优越地位。[④] 英国殖民者在印度执行的"破坏性使命"和"建设性使命"，客观上对印度社会发展起了积极的促进作用；但更多的是，他们的入侵和殖民统治打断了印度社会的正常发展进程，给印度人民带来极大的灾难，给印度社会发展造成了新的障碍，导致印度陷入长期落后的状态并处于依附的地位。

英国殖民者在印度立足后，为扩展、巩固其殖民势力，在1757年普拉西战役后，又先后发动了尼泊尔战争（1814—1816年）、缅甸战争（1824—1852年）、阿富汗战争（1838—1842年）和锡克战争（1845—1849年），残酷镇压了1857年印度民族大起义，1919年制造了"阿姆利则惨案"，1922年制造了"曹里曹拉血案"。第二次世界大战期间，

---

① David M. Malone, *Does the Elephant Dance? Contemporary Indian Foreign Policy* (Oxford University Press, 2011), p. 239.

② 费明来："令人迷惑的双面印度"，《大科技：百科新说》2013第5期，第42—43页。

③ Dr. Narendra Singh, *Economic Policies of The Indian Political Parties* (OMEGA Publications, New Delhi, 2009), p. 279.

④ 陈峰君：《印度社会述论》，北京：中国社会科学出版社，1991年版，第11页。

1942 年，英军仍暴力镇压印度人民的反英运动，导致数千人伤亡，6 万余人被捕。为掠夺财富，殖民者把农民的妻子抓来，在她们的丈夫面前折磨她们，他们还从母亲怀里夺下婴儿，放在烈日下曝晒。[①]

英国殖民统治时期的印度农业极其落后，几近破产边缘，受到双重（英国殖民者和封建王公贵族）剥削的印度农民生活极端贫困。那个历史时期，印度饥荒频繁发生，饥荒程度严重，仅 1943 年的孟加拉饥荒，造成的死亡人数就达 350 万。[②] 由于资本主义商品的大量输入，城乡手工业者失业、破产，在死亡线上痛苦挣扎。1834 年，英国驻印度总督本丁克在向伦敦的报告中曾说道："悲惨的情况在商业史上是无与伦比的，棉纺织工人的白骨已使印度平原白成一片了。"由于手工业者大批破产、逃亡或死亡，过去人烟稠密的手工业城市衰落、荒芜了。号称印度的曼彻斯特，人口曾超过 15 万的达加城，到 1840 年仅剩下 3 万—4 万人。[③] 西方人自己也承认，西方赢得世界，不是通过其思想、价值或宗教的优越，而是通过其运用有组织的暴力方面的优势。只是西方人常常忘记这一事实，但非西方人却从未忘记。[④]

英国殖民者还蔑视印度的一切宗教，视印度的宗教为迷信，对宗教各庙宇实行行政管理，使宗教从属于世俗政权。[⑤] 他们以西方价值观念贬低印度教，取消与印度教有关的一些节日，歧视、冷淡印度人民的宗教情感，不尊重印度人的种姓禁忌和宗教习俗。1857 年的印度民族大起义就是因英国殖民当局发给士兵涂有猪油牛脂的子弹而引发的。

西方人因其根深蒂固的文明和种族优越感，对印度人怀有很深的歧视和偏见。在他们看来，印度人有着顽固的"源于宗教的惰性、办事不

---

① ［美］斯塔夫里阿诺斯，吴象婴、梁赤民译：《全球通史——1500 年以后的世界》，上海：上海社会科学院出版社，1992 年版，第 819 页；王荣堂、姜德昌：《世界近代史》上册，长春：吉林人民出版社，1984 年版，第 118 页。

② 雷启淮：《当代印度》，成都：四川人民出版社，2000 年版，第 178 页。

③ 王荣堂、姜德昌：《世界近代史》上册，长春：吉林人民出版社，1984 年版，第 118、536—537 页。

④ ［美］塞缪尔·亨廷顿，周琪、刘绯、张立平、王圆译：《文明的冲突和世界秩序的重建》，北京：新华出版社，1999 年版，第 149 页。

⑤ 林承节：《印度现代化的发展道路》，北京：北京大学出版社，2001 年版，第 408 页。

讲效率和无与沦比的懒惰”，“不可依赖、欺诈、言行不符”。[①] 在军队和英印政府机构中，印度人无论其条件如何，都不可能升迁到某些等级以上。在社会生活中，印度人还被拒绝在某些旅馆、俱乐部和公园之外。[②]

西方殖民主义者在印度的专横暴戾、残酷统治，以及他们在心理和行为上对印度人的歧视和偏见都深深地刻进了印度人的脑海深处。在圣雄甘地的思想中，西方文明是堕落、黑暗、魔鬼和反宗教的。[③] 而自西方殖民者侵入伊始，印度人民反抗殖民主义统治的斗争也从未停息过，并且最终赢得了民族独立。对殖民主义统治给印度人民带来的痛苦，他们所挑起的教派和种族仇杀给印度民族酿成的悲剧，以及印度人民的英勇反抗，争取民族自由独立的斗争，在印度现实主义文学艺术作品中有大量的描写和反映，有些作品早已译成中文。

处在英国殖民主义统治下的印度，完全丧失了民族自由、主权和独立。英国殖民者对处于奴隶地位的印度人不但拥有生杀予夺的权力，而且为巩固在印度的殖民统治和掠夺财富，英国殖民者普遍建立和强化了封建的土地制度。他们和印度的王公贵族结成联盟，致力于保持资本主义前期的一切剥削形式和落后制度，并使之永久化，从而压制印度新生力量的成长。例如，在英国殖民统治时期，作为封建制度的“活化石”，占印度领土2/5的500多个土邦依然完好无损。在实行租佃改革时，英国殖民者蓄意将占佃农总数近一半的分成制佃农排除在外，为地主保留下维持高额收入的空间。[④] 英国在印度发展的一些资本主义工商业也是为了适应英国本土在实现工业革命后，对商品市场和原料、产地的巨大需求。他们修铁路、办电讯，是为了英国商品的输入和印度原料

① ［瑞士］吉尔伯特·艾蒂安，许铁兵、刘军译：《世纪之争：中国和印度》，北京：新华出版社，2000年版，第25页；［美］威尔·杜兰：《世界文明史·东方的遗产》，台湾幼狮文化公司译，北京：东方出版社，1999年版，第604页。

② ［美］斯塔夫里阿诺斯，吴象婴、梁赤民译：《全球通史——1500年以后的世界》，上海：上海社会科学院出版社，1992年版，第454页。

③ 林承节：《印度现代化的发展道路》，北京：北京大学出版社，2001年版，第7页。

④ 林承节：《印度现代化的发展道路》，北京：北京大学出版社，2001年版，第7页。

的输出，更迅速地调动军队，以便及时镇压印度人民的反抗，加强英国对印度的政治控制，并不是为了推进印度的近代工业化，反而造成了印度工业的落后和畸形发展。对此，印度人有着清醒的认识，印度经济的落后，殖民主义统治是主要的祸根，殖民者是掠夺印度财富的凶恶的剥削者。[①] 尼赫鲁曾就此论述道，“印度虽然处在工业资本主义统治之下，但他的经济基本上仍处在前资本主义阶段，却又丧失了前资本主义时期经济中的许多能产生财富的要素。他变成现代工业资本主义的一个被动接受者，饱受它的一切邪恶之苦，但却很难尝到它的任何甜头”。[②]

出于有利于殖民统治、获取暴利的目的，英国殖民者在利用印度人时，还是以种姓背景为前提。因为他们发现，“种姓的精神与民族的联合一致是相矛盾的”，印度社会内部的这种差异和对立对维护其殖民统治是极其有利的。所以，英国殖民者在招募印度籍士兵时，大量招募被他们认为是“武士种姓”的锡克人。在授予土地使用权问题上，英国殖民者也不顾当地的现实，对某些种姓抱有偏见。[③] 而 1917 年的《柴姆斯福德法案》规定，印度选举和各级政府人员的录用采用分种姓、按比例、均匀分配名额的办法，以及此后，各省相继把城乡居民按种姓加以区分，更是大大强化了印度人的种姓意识，从而造成各种姓间的“积怨和仇视”。印度基督教徒也因种姓背景不同分成不同的集团。[④] 为分化印度民族力量，殖民当局还利用宗教矛盾，挑动宗教冲突。殖民当局在选举殖民管理机构职务人选时，有意增加伊斯兰教徒的人数，有意识地将国大党描绘成印度教团体，为加剧印度教徒和伊斯兰教徒之间的冲突制造祸根。1893 年就曾在孟买发生了两大教派之间的大规模冲突，伤亡惨重。而且，英国在两大教派之间制造的矛盾和冲突还最终促成印

---

① 林承节：《印度现代化的发展道路》，北京：北京大学出版社，2001 年版，第 4—9 页；［英］特雷弗·菲希洛克，袁传伟、任荣康译：《印度人》，上海：上海译文出版社，1990 年版，第 231 页。

② ［印度］贾瓦哈拉尔·尼赫鲁，齐文译：《印度的发现》，北京：世界知识出版社，1956 年版，第 299 页。

③ 吴永年、季平等：《印度商人》，南昌：江西人民出版社，1998 年版，第 55 页。

④ 孙士海：《印度的发展及其对外战略》，北京：中国社会科学出版社，2000 年版，第 58 页；雷启淮：《当代印度》，成都：四川人民出版社，2000 年版，第 437 页。

巴分治。至今，教派矛盾与冲突仍是印度社会进步的严重掣肘。[1]

印度闭塞、复杂的地理环境，以及居住在古老的村社里、占印度人口绝对多数的不开化的人们的利己性，使外来的入侵者很容易征服印度人，并在印度驻足。马克思曾转引一份英国官方报告对印度村社所做的描述："从很古的时候起，这个国家的居民就在这种简单的自治制的管理形式下生活着。村社的边界很少变动。虽然村社本身有时候受到战争、饥荒或疫病的严重损害，甚至变成一片荒凉，可是同一个村社的名字、同一条边界、同一种利益、甚至同一个家族，却一个世纪又一个世纪地保持下来。居民对各个王国的崩溃和分裂毫不关心，只要他们的村社完整无损，他们并不在乎受哪一个国家或君主统治，因为他们内部的经济生活是仍旧没有改变的。"[2] 印度社会的"包容性"特征也与此有关。对于印度人，你只要不干涉他们的生活方式，他们就会"无视"你的存在。但英国殖民者来到印度的目的，必然促使他们要"触动"印度的村社，使之适应英国殖民统治的需要，并要借此"改造"印度的自然农业经济，使它服从于英国资本主义市场的需要，消除英国工业商品输入的障碍。由于英国殖民统治者在印度实行"分而治之"的政策，印度变成一个支离破碎的国家。他们把印度人为地划分为英属印度和560个土邦，将不同语种的民族划在一个邦之中，又把同一语种的民族分割在几个邦之中，造成不同土邦之间、不同族人之间的尖锐矛盾。[3] 而他们与封建王公贵族勾结，结合采用前资本主义的一些手法，改变印度传统的村社土地占有制度，又将许多农民抛向更加贫贱的境地。

殖民者的行为自然难以为印度传统社会所认同，不但遭到宗教"业报"观念深重且不愿改变现状的农民的抵抗，而且印度社会其他阶层、各教派都不同程度地对英国的殖民政策感到不安和恐慌。传统的社会文化和思想观念在印度社会有着深厚的基础和生命力，几千年来，浸润着

---

① 陈峰君：《印度社会述论》，北京：中国社会科学出版社，1991年版，第352页；林承节：《印度现代化的发展道路》，北京：北京大学出版社，2001年版，第11页。

② 《马克思恩格斯全集》第九卷，北京：人民出版社，1956年版，第148页。

③ 陈峰君：《印度社会述论》，北京：中国社会科学出版社，1991年版，第46页。

宿命论和精神修炼的宗教文化在一定程度上造就了印度民族内向、自我封闭以及因循守旧的心理特征。而几千年遗留下来的传统、文化思想是不可能轻易就被完全改变的，印度人仍然遵循他们传统的社会习俗、生活习惯和信仰。农民抵制土地开垦或提供给他们先进的农业技术，即使是皈依了基督教的印度人也不愿采纳欧洲基督徒那种与他们的种姓印度教徒所不同的生活方式和习俗，因而他们保持了原有的生活习惯。[①]《摩奴法典》虽然在形式上早已不再是约束人们行为的准则，但是作为印度人民心目中尊奉的法律信条，仍在发挥着重要的作用，就是英国殖民政权在制定法律活动条文时也不得不时时翻阅它。深知印度人民广泛信仰《薄伽梵歌》中超脱尘世苦海思想的罗姆莫罕·罗易、提拉克和甘地等印度民族主义者，他们在发动民族革命的时候，都不遗余力地宣扬《薄伽梵歌》中的思想，以至“每个爱国者只要手持一册《薄伽梵歌》，就能步伐坚定地走上绞刑架”。罗·泰戈尔告诫印度人，不应该忘却自己的民族尊严和民族文化，不应该用借来的西方“羽毛”装饰自己，如果只是一味地抄袭、模仿，那就意味着印度民族的慢性自杀。[②]

正是因为在历经两个世纪的西方殖民主义统治期间，印度教文化始终保持了其传统的完整，所以有人认为，印度教文化留给人们的记忆是它给西方居统治地位的唯理论提供了必不可少的矫正剂，印度教文化具有普遍的意义。[③] 正如20世纪初，有印度哲学家指出的那样，“在新文化或新知识突飞猛进的时刻，尽可能把新东西纳入旧的轨道。这种保守的自由主义是印度文化和文明成功的秘诀”。[④] 当今印度出现的这种新现象也引起了西方人的疑虑。他们认为，“在印度，‘一种新的印度教

① 雷启淮：《当代印度》，成都：四川人民出版社，2000年版，第57、437页；孙士海：《印度的发展及其对外战略》，北京：中国社会科学出版社，2000年版，第22页。

② 陈峰君：《印度社会述论》，北京：中国社会科学出版社，1991年版，第.98—99、107页。

③ ［澳大利亚］A. L. 巴沙姆，闵光沛、陶笑虹等译：《印度文化史》，北京：商务印书馆，1997年版，第90页。

④ ［印度］S. 拉达克里希南：《印度哲学》，伦敦，1923年，第46页，转引自陈峰君：《印度社会述论》，北京：中国社会科学出版社，1991年版，第97页。

认同正在确立’，它是对现代化所造成的紧张状态和异化状态的反应”。所以，尽管西方的思想文化和价值观念已经渗入印度社会，并不时在印度的宗教、政治、思想和社会运动中表现出来，但是它们并不意味着产生了一种新型的印度—欧罗巴文化。①

当年有些英国殖民者认为，是英国的武力、政治制度和文化才把印度的各种姓、教派、部族和语言集团联合成一体。并且他们断言，一旦英国殖民势力退出，印度将会分裂为无数个种姓、教派、部族和语言集团，而且彼此间会争斗不已。② 但他们恰恰没有认识清楚，正是因为立于古老、悠久历史文化基础上的印度人对历史留下的文明特征、印度教、种姓制度，以及对于近代民族国家概念等所持有的强烈的自豪感和认同感，确保了在时间和空间上的某种连续性，即使连续不断的入侵者也没能割断这一点，才使得独立以来的印度依然是植根于印度自己文化的国家。③ 正如 11 世纪穆斯林旅行家阿尔伯鲁尼（Alberuni）所描述的：印度人认为只存有他们的国家，没有像他们一样的民族，没有像他们一样的国王，没有像他们一样的宗教，没有像他们一样的科学。这种观念深深根植于印度人自己的文明之中，印度精英坚信印度民族的伟大。④

时至今日，印度知识分子仍在努力发现印度伟大的过去。⑤ 在印度独立后，具有现代思想观念的印度政治精英们在具体实施旨在改造印度传统社会文化的法律、政策过程中，也不得不向印度强大的传统势力做

---

① ［美］塞缪尔·亨廷顿，周琪、刘绯、张立平、王圆译：《文明的冲突和世界秩序的重建》，北京：新华出版社，1999 年版，第 96 页；［澳大利亚］A. L. 巴沙姆，闵光沛、陶笑虹等译：《印度文化史》，北京：商务印书馆，1997 年版，第 535 页。

② A. S. Narrang, *Indian Government and Politics* (New Delhi: Gitanjali Publishing House, 1985), p. 139.

③ ［瑞士］吉尔伯特·艾蒂安，许铁兵、刘军译：《世纪之争：中国和印度》，北京：新华出版社，2000 年版，第 13 页；［澳大利亚］A·L. 巴沙姆，闵光沛、陶笑虹等译：《印度文化史》，北京：商务印书馆，1997 年版，第 535、537 页。

④ Kanti P. Bajpai and Harsh V. Pant, *India's Foreign Policy* (Oxford University Press, 2013), p. 64.

⑤ Hirmay Karlekar, *Independent India The First Fifty Years* (Oxford University Press, 1998), p. 176.

出让步、妥协。在尼赫鲁和英·甘地时期，印度政府还采取了一系列保护印度传统文化的政策和措施，控制西方文化的渗透。比如，印度电影和电视里不准出现接吻镜头，不准播放外国电视台新闻等等。20 世纪 90 年代以来，面对再次涌来的西方文化，印度人民党以及一些印度教组织提出了“文化的民族主义”的口号，主张捍卫印度传统文化。印度一些有识之士也担心西方文化涌入印度会打乱印度的传统生活方式，担心西方的价值观会威胁印度传统的价值观，使几千年的精神文明毁于一旦。因而，当代印度出现了一股民族主义思潮，发动人们起来抵御外来文化的侵略，保护本民族的传统文化。①

总而言之，长期西方殖民主义侵略和统治所带来的巨大屈辱，造成了印度人难以弥合的沉痛的心理创伤。西方人那种强烈的种族优越感和欧洲中心观、对落后民族的歧视和偏见，也一直在刺激着印度人的神经。而且，印度是一个深以自己民族历史上曾创造出的伟大、辉煌文明成就而自豪的有着极强民族性的民族。经过争取民族独立运动的洗礼和殖民时代的结束，又培育并极大增强了印度人的民族自尊心和自信心。所以，在摆脱西方殖民主义枷锁，赢得民族独立后，从内心思想到外在行为，印度人都表现出要尽快改变原殖民地地位，摆脱对原宗主国的依赖，进而割断与西方殖民主义的联系，迅速建设起一个独立富强、体现自己民族传统文化和特色的新国家，一洗过去所蒙受的民族耻辱。强烈的民族自豪感和自尊心，以及尽快摆脱西方殖民主义影响的心理，使得印度人一方面为自己所取得的伟大成就而骄傲，有着极强的独立心理；另一方面，他们又非常关心自己的形象，在对外交往中坚持自己应有的声望和应有的重要性，对西方人如何看待他们的观念、情感和如何对待他们十分敏感，在与西方国家打交道时，常表现出一种根深蒂固的警觉。

---

① 孙士海：《印度的发展及其对外战略》，北京：中国社会科学出版社，2000 年版，第 22、267、268 页。

第三节 西方因素作用下的俄印关系

俄罗斯人和印度人内心中共同的对西方的不信任感和排斥心理是俄印两国在面临来自西方压力、制裁和孤立时，相互接近、相互借重的重要心理基础，这也是当代俄罗斯和印度两国关系迅速恢复和发展的缘由之一。同时，俄罗斯人和印度人在现代化发展中对西方有着极强的物质需求心理，又在不断“牵扯”和“干扰”着俄印两国关系的发展。

一、冷战期间的俄印关系

由于印度独立时，保留了西方的民主制度，选择继续留在英联邦内，其民族政治精英基本上接受过西方教育，对西方的“先进”有倾向性的认识，并且独立后的印度政府对外国资本的处理采取了“软着陆”的方法，赢得了西方国家的“好感”，西方国家继续与印度保持了较密切的关系，在很大程度上保证了印度经济建设、发展对先进科学技术、装备、资金和市场的需求。许多世界著名的跨国企业都在印度投资设厂，如美国的可口可乐公司、国际商用机器公司（IBM）等。至20世纪70年代初，进入印度的跨国公司已达540家。1948年印度的外资总额为25.6亿卢比，1969年在印度的外国私人投资达161亿卢比，1982年外资总额上升到250亿卢比。自独立至1984年初，印度共接受外援3647.44亿卢比。[①] 主要投资和援助国是西方发达资本主义国家，这就大大缓解了印度国内经济建设所需资金短缺的局面。至20世纪70年代，西方发达资本主义国家给予印度的资金援助占印度全部外援资金总额的53%以上。[②] 印度所需的许多先进技术装备和工业原材料也主要是从西方国家进口的。

---

① 林承节：《印度现代化的发展道路》，北京：北京大学出版社，2001年版，第94页；陈峰君：《印度社会述论》，北京：中国社会科学出版社，1991年版，第68—69页。

② R. K. Jain, *Soviet-South Asian Relations 1947—1978*, Vol. 1. (India: Martin Robertson, 1979), p. 563.

在印度独立之初，英国继续垄断着印度的对外贸易，英国与印度之间的贸易额占印度对外贸易的1/5以上。随着印度与世界其他许多国家建立起贸易关系，印度对外贸易趋向多元化，但主要贸易去向都是西方国家。西欧是印度对外贸易的大市场，1950—1951年度占印度进口总值的30.5%；1960—1961年度占印度进口总值的37.1%，占印度出口总值的36.2%；1970—1971年度占印度进口总值的19.6%，占印度出口总值的18.4%；1990—1991年度占印度进口总值的29.4%，占印度出口总值的27.5%。印度与美国的贸易发展也比较快速，尤其是在印度粮食紧缺时期，如1965—1966年度占印度进口总值一度达到40%，之后开始下降，但所占比重依然较高，1990—1991年度仍占印度进口总值的12.1%，占印度出口总值的14.7%。[①]

西方国家与印度保持、发展关系，向其提供经济援助的本意并非是想看到一个新的、强大的民族国家的崛起，而受极强的独立意识与尽快摆脱西方殖民主义影响的心理作用，独立后的印度也不愿继续做西方的附庸，做其抵制"共产主义浪潮"的堡垒。[②] 因此，印度在建立独立的经济基础时，为避免完全照搬西方国家的模式，在允许私有经济存在和发展的同时，采用了苏联计划经济的方法，利用国家力量建立并不断扩大国营经济，实行公、私营混合经济体制。但在具体运行中，执政者更强调国营部门在国民经济发展中的统治地位。为加快实现经济自主，印度还学习苏联，优先发展重工业。1955年1月，在印度国大党第六十届年会上，尼赫鲁宣布要将印度建成一个"社会主义类型的社会"；1955年6月，尼赫鲁在访问苏联时发表的演说中，又明确指出，印度的"目标是通过和平方式建设一个社会主义类型的社会"。[③] 同一时期，印度还坚持自己独立与不结盟的政策立场，发展与苏联的关系；没有接受西方的"建议"，承认了中华人民共和国，并在外交场合为中国说

---

① 雷启淮：《当代印度》，成都：四川人民出版社，2000年版，第286—287页。

② Shri Ram Sharma, *India-USSR Relations 1947—71 from Ambivalence to Steadfastness*, Part1（New Delhi：Discovery Publishing House，1999），p. 68.

③ Jawaharal Nehru's Speeches, Vol. 3.（New Delhi，1958），p. 303，转引自张忠祥：《尼赫鲁外交研究》，北京：中国社会科学出版社，2002年版，第221页。

话；主张用和平谈判方式解决朝鲜战争问题；拒绝参加签订对日和约的旧金山会议，拒绝在所谓对日和约上签字；在苏伊士运河危机爆发后，印度又与英、法产生极大的对立情绪。印度还公开表示反对西方通过各种条约将中东、西亚和东南亚许多国家与北约联系起来，进而重新支配亚洲的企图。[①] 印度还呼吁西方削减发展中国家的债务，倡导建立世界经济新秩序。

印度的上述做法和思想倾向引起了西方国家的极大反感。他们认为印度在向社会主义国家示好，敌视西方国家。因此，西方对印度采取了一些经济贸易限制措施，一度开始从印度撤资，并拒绝向印度的公共事业领域，特别是具有“社会主义性质”、实行国有和计划政策的建设、发展项目提供经济援助，如印度与美、英等国有关建立一座大型国营钢铁厂的谈判就没有成功。而在第二次世界大战后，西方的每一次经济危机及其所实行的贸易保护主义政策都会对印度经济造成严重影响。在敏感的克什米尔问题上，西方的态度也与印度的立场相去甚远。在印度和巴基斯坦在克什米尔发生第一次武装冲突后，美英先是支持为印度所坚决反对的克什米尔问题公投，后来美国人又提出克什米尔独立计划，欲把克什米尔河谷变为一个独立国家，变为“亚洲的瑞士”。[②] 20世纪50年代，因对印度在朝鲜战争问题上所持立场不满，美国以印度不属于任何一方为由，公开反对让印度参加解决朝鲜战争问题的政治会议，视印度为美国的敌人，并搁置了印度小麦贷款的请求。[③] 西方还指责印度所奉行的不结盟政策是“过时的”、“不道德的”、“目光短浅的”、注定要破产的东西。[④] 并且在南亚选择巴基斯坦为美国的盟友。1954年5月，美国与巴基斯坦签订《共同防御援助协定》，后又使巴基斯坦成为东南亚集体防务条约组织和巴格达条约组织的成员国。在1957年联合国讨

① *Indo-Soviet Relations*（New Delhi：Patriot Publishers，1991），p. 110.

② *Indo-Soviet Relations*（New Delhi：Patriot Publishers，1991），pp. 105，106；张忠祥：《尼赫鲁外交研究》，北京：中国社会科学出版社，2002年版，第193、222页。

③ ［印度］纳塔拉詹，姚华译：《美国阴影笼罩印度》，北京：世界知识出版社，1954年版，第153页；*Indo-Soviet Relations*（New Delhi：Patriot Publishers，1991），p. 106。

④ Laurence W. Martin，*Neutralism and Non-Alignment*（London，1962），p. 18.

论克什米尔问题的会议上，西方支持巴基斯坦。西方还给予巴基斯坦大量的经济军事援助，提高其工业能力，巴基斯坦也成为一个最亲近西方的国家。20 世纪 60 年代，西方又在果阿问题上支持葡萄牙，承认果阿为葡萄牙在亚洲的行省，还试图通过联合国安理会进行干涉。① 在印巴冲突期间，西方对印度实行武器禁运。1969 年，印度欲进一步发展与美国关系的努力遭到失败。1971 年，《苏印和平友好合作条约》签订后，西方更将印度视为苏联的战略盟国，认为“孟加拉危机”是因“印度的侵略、苏联的冒险主义引发的”，② 西方还借此大力支持巴基斯坦。苏联入侵阿富汗后，西方又将巴基斯坦视为与苏联进行对抗的“前线国家”，向巴基斯坦提供大量经济和军事援助，同时将印度视为“苏联的帮衬”，③ 对印度的态度相当冷漠。1988 年 6 月 9 日，印度在联合国大会上提出的所有裁军主张、倡议都遭到美国的否决。20 世纪 80 年代，西方还对克什米尔地区的锡克族极端分子的活动有所支持。④

西方国家的这些做法无疑加剧了独立后经济实力虚弱、尚严重依赖外援的印度的困难。巴基斯坦加入西方阵营与西方在涉及领土问题上的立场，在给印度加强与西方技术关系带来困难的同时，⑤ 也极大地伤害了印度人的民族感情和自尊心，更引起他们的反感和愤怒。印度人认为西方在为巴基斯坦撑腰，有意为难印度。在 1949 年 10 月结束首次不愉快的访美之行后，印度首任总理尼赫鲁说道，“他们全力以赴地欢迎我，我对此非常感谢并确实表达了谢意。但他们想要的不是感谢和亲善，他们想要的是我不能给予的东西”。在西方接受巴基斯坦为其在南亚的战

---

① 张力：《印度总理尼赫鲁》，成都：四川人民出版社，1997 年版，第 245 页；*Indo-Soviet Relations*（New Delhi：Patriot Publishers，1991），p. 112。

② 参见 Robert C. Horn，*Soviet-Indian Relations*：*Issues and Influence*（Praeger Publishers，1982.），p. 33；P. M. Kamath，*Indo-US Relations*：*Dynamics of Change*（New Delhi：South Asian Publishers，1987）。

③ 中国现代国际关系研究所第三世界研究中心：《当代第三世界透视》，北京：时事出版社，2001 年版，第 507 页。

④ K. N. Malik，*India and the United Kingdom*：*Change and Continuity in the* 1980*s*（New Delhi：Sage Publishers，1997），pp. 53，6.

⑤ K. N. Malik，*India and the United Kingdom*：*Change and Continuity in the* 1980*s*（New Delhi：Sage Publishers，1997），p. 53.

略盟友后，他又说道，“看来他们是在精心扶植巴基斯坦，如果我可以这么说的话，是想搞印度”。[1] 这一时期，印度媒体还经常将诸如印度人受到英国海关人员的粗暴对待和印度议员在英国受到“非常”检查之类的事件登载在显著位置，这常会在印度引起轩然大波。印度媒体公布的西方国家“批评”印度的言论也总会激起印度民众的愤怒。在印度人看来，这样的事件和言论是西方殖民主义的表现，西方仍将印度人视为次等民族，不信任印度人并瞧不起印度人所取得的伟大成就，他们的国家受到西方国家和媒体有伤尊严的“指责”。[2]

上述西方的行为刺激了印度人，他们更加深了对西方的不信任，如尼赫鲁所言：“我们是敏感的人，对于咒骂我们会做出强烈的反应。”[3] 在当时东西方两大集团对峙的形势下，面对西方的种种压力，印度转向苏联寻求援助和支持。

实际上，独立后的印度在进行国家经济建设中，借鉴苏联的方式和经验也绝非偶然之举。早在印度独立前，许多民族精英内心就对苏俄、苏联抱有好感与期望，相信苏联人民会帮助他们摆脱英国殖民主义的枷锁，[4] 认为苏联的经济社会建设成就是印度独立后发展经济可资参照的榜样。圣雄甘地曾写道：“我们也能用俄国人的方法反对残暴，……如果俄国人民成功，俄国的这次革命将成为当代最伟大的胜利、最伟大的事件。”尼赫鲁在参加苏联纪念“十月革命”十周年活动后写道，“如果俄国反贫困和反文盲的斗争取得胜利，我们在印度的工作就容易了”。在 1936 年国大党勒克瑙会议上，尼赫鲁说，“如果未来充满希望，在很大程度上是有了苏俄及其所做的。这种新的文明将扩散到别的土地上，结束帝国主义培育起来的战争和冲突”。[5] 尼赫鲁非常钦佩苏联取得的

---

① 张力：《印度总理尼赫鲁》，成都：四川人民出版社，1997 年版，第 149、152 页。

② 参见 K. N. Malik, *India and the United Kingdom: Change and Continuity in the 1980s* (New Delhi: Sage Publishers, 1997)；［英］特雷弗 · 菲希洛克，袁传伟、任荣康译：《印度人》，上海：上海译文出版社，1990 年版。

③ S. Gopal, Jawaharal Nehru: *A Biograph*, Vol. 2. (London, 1979), p. 45.

④ *Indo-Soviet Relations* (New Delhi: Patriot Publishers, 1991), p. 78.

⑤ S. Gopal, Jawaharal Nehru: *A Biograph*, Vol. 2. (London, 1979), p. 78.

成就，他就此写道，“在充满战争和内战的短短20年期间，面临着仿佛是难以克服的许多困难却取得了惊人的进步。所有的人对于苏联在教育、文化、医疗、健康以及民族问题的解决——对于他从旧的糟粕中创造出一个新世界的那种非凡的努力，都心醉神驰”。[①]

正是出于上述情感和思想，在1947年4月正式宣布独立之前，印度就与苏联建立了大使级外交关系。对此，尼赫鲁对一位印度外交官谈道，“……我们得弥补上失去的时间，加强与苏联的联系”。他还派自己的胞妹潘迪特夫人出任印度驻苏联首任大使。潘迪特夫人公开表示，“印度与苏联有着特殊的联系，双方有能力协调种族和文化上的差异”。[②]

然而，印度人的热情却遭到苏联的冷遇。原因是，在绝对以意识形态划分国家的冷战初期阶段，印度接受“蒙巴顿方案”并决定继续留在英联邦之内，以及其所确定的政治经济制度，都使俄罗斯人反感。俄罗斯人认为，印度是西方阵营的一员，印度国大党领导人是受英美帝国主义分子影响的“反动分子”，尼赫鲁是“英帝国主义的工具”，也不赞成印度的不结盟立场。正是基于对印度的这种认识，斯大林拒绝接见到任的首任印度驻苏大使潘迪特夫人，相反，却邀请巴基斯坦的阿里·汗访问苏联，[③] 苏联还从物质和精神上支持印度共产党。苏联的做法当然也使刚获新生的印度人感到失望和反感，致使印度迟迟没有与苏联签订友好条约。尼赫鲁还曾表示，“即使发生第三次世界大战，印度也不会加入苏联一边”。[④]

不久，印度独立后，不受西方压力的独立的外交立场，以及印度与西方国家关系的变化，改变了俄罗斯人的看法。他们开始将印度视为

---

① ［印］贾瓦哈拉尔·尼赫鲁，齐文译：《印度的发现》，北京：世界知识出版社，1956年版，第492页。

② *Indo-Soviet Relations* (New Delhi: Patriot Publishers, 1991), p. 105.

③ A. Stein, *India and the Soviet Union, the Nehru Era* (Chicago, 1969), p. 26; Shanta Nedungadi Varma, *Foreign Policy Dynamics: Moscow and India* (New Delhi: Deep & Deep Publications, PVT LTD, 1999), p. 32.

④ S. Gopal, Jawaharal Nehru: *A Biograph*, Vol. 2. (London, 1979), p. 64.

“属于真正独立，并反对帝国主义政权”的国家。[①] 1952年3月5日，斯大林接见了印度第二任驻苏大使拉达克里希南；在1952年联合国安理会关于克什米尔问题的讨论会上，苏联支持印度的立场；1953年，苏联邀请尼赫鲁的女儿英迪拉·甘地访问苏联，同年12月，苏联与印度签订了两国间第一个贸易条约。随着苏联经济的恢复，苏联开始谋划在发展中国家的战略落脚点，以打破西方对苏联的敌视和包围态势，因而苏联加强了对印度的工作。自1954年起，苏联开始高度评价印度在国际社会中的影响、地位，呼吁发展并进一步加强苏印人民之间的友谊、合作。苏联态度的转变，使当时也处于困难中的印度人感到欣慰和鼓舞，为苏印关系的迅速发展打开了道路。为争取苏联的援助和支持，1955年6月，尼赫鲁在女儿英迪拉·甘地的陪伴下，对苏联进行了为期17天的访问。苏印发表了联合公报，强调不同社会结构的国家是可以共存的。[②] 1955年12月，苏联国家领导人赫鲁晓夫率庞大的苏联代表团回访了印度，受到印度人的热烈欢迎。[③] 在此次访问中，苏联声明支持印度在克什米尔问题上的立场，允诺让除日本等个别国家外的其他国家进入联合国；答应向印度提供长期贷款，并援助印度在比莱建设一座年产量达百万吨的钢铁厂。自此以后，苏印关系成为苏联对外政策的一个优先方面。[④] 而拥有雄厚重工业基础的苏联对印度态度的转变和实际举措，迎合了印度人的心理与实际需要，印度和苏联的各方面关系都迅速发展和密切起来。

其后，一直到苏联解体，两国都保持着频繁的高层互访，英迪拉·甘地曾数次访问苏联；勃列日涅夫两次访问印度；戈尔巴乔夫出访发展中国家的第一站也是印度，并在1985年三次会晤拉·甘地。苏印两国还在国际社会中互相支持：印度对国际社会抵制苏联的动议持低调态

---

① Richard. F. Staar, *USSR Foreign Politics after Détente* (Stanford University: Hoover Institution Press, 1985), p. 199.

② *Indo-Soviet Relations* (New Delhi: Patriot Publishers, 1991), p. 107.

③ Robert H. Donaldson & Joseph L. Nogee, *The Foreign Policy of Russia: Changing Systems, Enduring Interest* (M. E. Sharpe, Inc., 1998), p. 76.

④ Peter. J. S. Duncan, *The Soviet Union and India* (Routledge, 1989), p. 100.

度，对1956年苏联侵略匈牙利和1979年苏联侵略阿富汗的问题，在联合国大会上都投了弃权票，1988年印度还承认了柬埔寨的韩桑林政权。1957年2月，苏联否决了英美提出的从克什米尔和查谟削减联合国部队的决议案；1961年，当印度军队进入葡属果阿，苏联否决了英美试图通过联合国安理会进行干涉的动议，并给予印度全面的政治和外交上的支持。当时，苏联最高苏维埃主席团主席勃列日涅夫还对印度进行了正式访问，苏联外长给印度发去了贺电；1966年，苏联成功调解了第二次印巴战争；在1971年的第三次印巴战争中，苏联海军舰队开进了孟加拉湾，以示对印度的支持。

在经贸领域，自1953年12月2日，第一个贸易条约签订到1991年，苏印双方所签各类条约、协定148个，其中有关经济贸易技术条约、协定超过九成。① 两国间还形成较为完善的经贸关系互动机制，不但有五年期的长期规划，每年还就相关的经贸问题进行协商并在下年度贸易安排中及时予以调整。1971年，《苏印和平友好合作条约》签订后，双方贸易关系又被提升到“最惠国待遇”地位。1972年9月，印度计划部长D. P. 德哈访问苏联时，双方同意建立苏印经济技术科技文化合作委员会，以协调彼此的需求、生产和补充供双方交换的货物。为进一步促进双方大规模贸易和沟通，苏联方面与印度私人企业之间可能的合作，1986年6月又建立苏印商业工业机构。② 所有这些成为苏印经贸关系得以相对平稳、快速发展的有力条件，苏联成为印度最大的出口国及许多原材料、重化工业设备、产品的进口国。③ 因印度可用卢比或以易货贸易形式支付从苏联进口的石油，自20世纪70年代中期后，苏联成为印度重要的石油供应国，印度所需石油的25%来自苏联。冷战

---

① V. P. Dutt, *India's Foreign Policy in a Changing World* (Vicas Publishing House, PVT LTD., 1999), p. 76; R. K. Jain, *Soviet and South Asian Relations 1947—1978*, Vol. 1 (Martin Robertson, 1979), p. 563.

② Peter. J. S. Duncan, *The Soviet Union and India* (Routledge, 1989), p. 70; Robert C. Horn, *Soviet-Indian Relations: Issues and Influence* (Praecer Publishers, 1982), p. 209.

③ *Indo-Soviet Relations* (New Delhi: Patriot Publishers, 1991), p. 18; Robert C. Horn, *Soviet-Indian Relations: Issues and Influence* (Praecer Publishers, 1982), pp. 204 – 209.

时期，苏联还可让印度用“软货币”从伊拉克进口石油。[①] 正是依靠与苏联的经济贸易合作，印度在较短的时间内就建立起大型工业综合体，并在其国民经济中起到了决定性的作用。印度重工业基础的建立和发展主要得益于与苏贸易：钢铁、机械、冶金、石油勘测和提炼、煤炭开采及机械、外科手术设备、医药生产、热能及核能电站，以及海军舰船修造厂等等。

从1955年12月至1977年3月，印度总共从苏联获得贷款和赠款123.5亿卢比。20世纪80年代中期，在经济极其困难的情况下，苏联仍向印度提供了约400亿卢比的贷款。[②] 苏联对印度贷款的利率比较低，贷款期限也长。而且，印苏贸易与通常情况下的发展中国家和工业化国家之间的贸易不同，它是一个非竞争的政府安排过程。通过双方政府间的贸易协定和支付安排，不用现汇结算，可通过固定卢布—卢比兑换率，以记账方式用卢比结算。这对缺少外汇的印度有极大好处。一方面，苏联为印度那些可能在世界市场上没有竞争力的产品提供了新的、可靠市场；另一方面，通过卢布—卢比支付安排，印度不但获得了新资金来源，而且节省了大量外汇。印度与苏联在经济领域建立起非其他因素所能轻易替代的密切依赖关系。

冷战时期，苏印关系也成为印度对外政策的基础。[③] 随着两国合作的深化，印度在经济和生产技术方面越来越严重依赖苏联，特别是其规模庞大的国营重工业和其他基础工业，主要利用苏联经济和生产技术援助建成。据苏联估计，自1955年援建比莱钢铁厂至1987年，共完成此类项目70个，所建项目产量分别占印度——钢产量的36%，铝产量的32%；77%的冶金装备，43%的采矿设备和10%的电力；以及印度所

---

① V. P. Dutt, *India's Foreign Policy in a Changing World* (Vicas Publishing House, PVT LTD., 1999), p. 78.

② R. K. Jain, *Soviet South Asian Relations 1947—1978*, Vol. 1 (Martin Robertson, 1979.), p. 563；印度财政部网站：“印度经济调查（1998—1999）”，http://finmin.nic.in/。

③ V. P. Dutt, *India's Foreign Policy in a Changing World* (Vicas Publishing House, PVT LTD., 1999), p. 5; Col Ravi Nanda, *Preparing India for the Next Century* (Lancers Book, 1997) p. 248.

需石油总量的25%，相当数量的石油制品等等。[①] 并且，印度与苏联关系的发展和密切，使印度对西方国家的依赖有所减弱，印度成为苏联与非共产主义国家关系的样板。当初，苏联的"热情"就令印度人大为感动，随着两国关系的密切，印度人更从内心上亲近了苏联，绝大多数印度人将苏联视为最值得依赖的超级大国。[②] 正因如此，印度人不惜背离其不结盟政策和"中立主义"立场，于1971年8月与苏联签订了带有军事同盟性质条款以及意识形态色彩的《友好合作条约》，两国建立起了"特殊"的战略关系。

二、20世纪90年代的俄印关系

进入20世纪90年代，苏联解体，新独立的俄罗斯国内局势极不稳定，国内经济处于混乱状态，供需完全失衡，市场极度短缺，孤立于世界经济之外。俄罗斯由一个援助国变为一个依赖西方的受援国，经济能力极弱。独立后的俄罗斯，"西化"心理再次释放，为了尽快融入西方，以及取得西方的援助，俄罗斯在许多问题上对西方国家采取了迎合态度，并一度采取了向西方"一边倒"的政策，视落后的发展中国家为俄罗斯的包袱，轻视与这些国家的关系。因此，在对印关系方面，俄罗斯也不再继续苏联时期与印度结成的"特殊关系"，不再将印度放在其对外政策的优先方面，结束了卢布—卢比结算机制。这给严重依赖苏联的印度造成了极大困难，致使印度在20世纪90年代初期陷入严重经济危机之中。在国际社会，印度也因"失去了赖以平衡有损其根本利益的外来压力的力量"而处于比较"孤立"的境地，[③] 其国际地位边缘化。为尽快摆脱经济危机，走出困境，提高国际地位，自20世纪90年代开始，印度被迫大幅度调整对外政策，实行所谓全方位、多层面的外

---

① Peter. J. S. Duncan, *The Soviet Union and India* (Routledge, 1989), p. 69; V. P. Dutt, *India's Foreign Policy in a Changing World* (Vicas Publishing House, PVT LTD., 1999), p. 72.

② Peter. J. S. Duncan, *The Soviet Union and India* (Routledge, 1989), pp. 70, 215.

③ V. P. Dutt, *India's Foreign Policy in a Changing World* (Vicas Publishing House, PVT LTD., 1999), p. 72.

交。与此同时，印度推行以自由化、市场化、全球化、私有化为核心的经济改革政策，全面对外开放，尤其是为了大力吸引外国资本，引进先进技术，努力改善和加强与西方国家的关系，寻求西方的援助，印度再次与西方市场完全联系起来。

实际上，冷战时期，印度虽然恼怒西方对其的态度，与西方之间的矛盾、分歧不断，但也没有断绝与西方的“亲缘”，与西方的关系一直还在维系着。而面对冷战结束后国际形势的变化，独立后的俄罗斯经济的虚弱和战略收缩，以及印度对外政策的调整，西方也调整了其对南亚的政策，加强了与印度的接触，意欲将印度纳入其战略轨道，进而填补苏联解体后在南亚留下的“真空”，并借此机会彻底改变印度的发展模式。为此，西方开始亲近印度，不但投印度人心理所好，盛赞印度的经济成就，声称“南亚的命运将日益影响世界的命运”，[①] 而且“不计前嫌”，继续并积极促进与印度的经济关系，增加在印度的投资。因此，西方在印度的经济势力开始急剧扩张，印度对西方的进出口额上升至印度对外贸易总额的50%左右。在印度最主要的贸易伙伴中，排在前三位的都是西方大国——美国、英国和德国。其中，美国所占比重较大，1997—1998年度，美国占印度出口的比重为19.5%，占进口比重的8.9%，均占与印度贸易的国家首位。20世纪90年代，西方一直是印度的主要外援来源地，美国仍然是最大的直接投资国，1991—1995年，美国在印度的投资总额达49亿美元。冷战结束后，印度继续靠举债度日，外债负担沉重。在1995年，外债还本付息一度高达131.23美元，印度经济一直没有摆脱“借债—还债—再借债”的恶性循环。而占印度国内生产总值20%以上、近千亿美元外债的绝大部分是欠西方国家的。[②]

由于经济关系日渐靠近，20世纪90年代，印度与西方国家之间的政治合作与交往也在不断加深和扩展，并且印度将发展与西方国家之间

---

① 中国现代国际关系研究所第三世界研究中心：《当代第三世界透视》，北京：时事出版社，2001年版，第507页。

② “印度经济调查（1998—1999）”，http：//finmin. nic. in/；雷启淮：《当代印度》，成都：四川人民出版社，2000年版，第307—310页。

的关系视为改善其外交处境的关键。印度与西方国家之间一直保持着较密切的高层外交联系和接触，印度总理拉奥、瓦杰帕伊等频繁出访西欧和美国。海湾战争期间，印度还向北约提供了便利。

但是，历史形成的积怨、矛盾、分歧及心理认知，非短时期和某些“亲热”举动就能够消解的。随着苏联解体、强大战略敌手的消失，西方开始将战略重点转向防范其他可能崛起或现实的“对手”。所以，在与印度进行合作、加以利用的同时，西方又对其采取压制和防范的措施，因为他们不会“容忍”印度主宰南亚并向外扩张势力，特别是对印度在核问题上所持立场极其不满。受这种心态影响，西方曾施压俄罗斯迫其取消向印度出口低温火箭发动机合同。1998 年 5 月，印度进行核试验后，西方一方面予以严厉谴责，另一方面又在经济上对印度进行制裁。再有，西方对印度依旧抱有歧视心理和偏见，为此，他们经常“指责”印度的人权状况。而曾深受西方殖民主义之害，极其珍视民族独立与自尊的印度人对西方的“主权有限论”“人权大于主权”“人权至上”等论调也极为反感。冷战结束后，在印度人最为敏感的克什米尔问题上，西方的态度也还是倾向巴基斯坦方。

西方的行为刺激着印度人强烈的民族自尊及对西方的不信任心理。苏联解体的冲击，也使得印度人深刻反思其开国领袖尼赫鲁的“鸡蛋不要放在一个篮子里”的教诲，谨防自己过度依赖任何一方。虽然俄罗斯独立之初的行为与态度，使印度人感到很失落，但毕竟俄罗斯人在他们内心中留下了深刻的良好形象，而且对俄罗斯的依赖性也很难在短期内消除，印度需要俄罗斯的市场和技术，尤其是俄罗斯的军事与航天技术。再有，虽然俄罗斯实力与苏联迥异，但它仍是一个拥有巨大潜力、不可小视的“超级军事大国”，[①] 仍然在国际社会中有着相当大的影响力。因此，俄罗斯仍是“形单影只”的印度抗衡西方压力的可资倚重者。为此，20 世纪 90 年代，印度仍将修复发展与俄罗斯关系作为其对外政策的重要努力方向，并采取多方面的措施，扩展、深化双方的合作

---

① V. D. Chopra, *Indo-Russian Relations, Prospects, Problems and Russia Today* (Delhi: Kalpaz Publications, 2001), p. 17.

领域。

俄罗斯方面，西方派在西方国家的专家们的帮助下，在俄罗斯大地所播下的完全西化改革的种子并没有生长出美丽的民主繁荣花朵，取而代之的是俄罗斯国家实力的严重衰落、民众生活水平的急剧贫困化和国家国际形象的弱化。1997年以前，西方对俄罗斯没有提供什么实质性的援助，西方于1992年就允诺的240亿美元的经济援助实际上只兑现了150亿美元，1993年允诺的434亿美元（含150亿美元的减免债务）也只兑现了50亿美元。[①] 而且，西方在市场准入、技术转让等方面对俄罗斯实行的歧视性措施也未完全解除，还时常用债务问题向俄罗斯施压。西方在援助俄罗斯问题上的“口惠而实不至”，使俄罗斯依靠西方援助在短期内实现经济振兴的设想彻底落空。在国际社会中，俄罗斯也没有得到应有的尊重，一味追随西方的结果是俄罗斯战略利益的巨大损失。西方乘俄罗斯势力衰弱之机，极力削弱俄罗斯的国际影响力，贬低其国际地位。同时，西方着力构想、实施北约东扩，进一步挤压俄战略空间，欲迫使其成为西方的小伙伴，暴露出西方弱俄、排俄、孤俄和极不信任俄的真实面目。上述原因，导致俄罗斯民众在独立之初对西方的热望迅速被极度的失望所取代，反西方情绪急剧上升，并对俄罗斯政府推行的向西方“一边倒”的政策强烈不满，批评之声不绝于耳。迫于压力，俄罗斯政府不得不进行了重组，持激进“西化”立场的盖达尔等人黯然退出，当时持亲美立场的科济列夫外长其言论也发生了180度的大转弯。[②] 俄罗斯开始全面调整对外政策，强调俄罗斯外交的独立性、全面性、平衡性，努力恢复和扩展俄罗斯的战略活动空间。

出于回应公众呼声、稳定自己政治地位，以及抵制西方压力、恢复传统市场以缓解经济困难的目的，俄罗斯重新重视起发展中国家，平衡已经倾向西方的对外政策天平。俄罗斯总统叶利钦就此讲道，“开始我

---

① 佟家栋、冼国明主编：《1997—1998年度经济发展报告》，天津：南开大学出版社，1998年版，第206页；宫少朋等主编：《冷战后的国际关系》，北京：世界知识出版社，1999年版，第168页。

② 学刚、姜毅主编：《叶利钦时代的俄罗斯——外交卷》，北京：人民出版社，2001年内部版，第30页。

们是同西方搞好关系，现在我们将要逐步地向东方前进”。科济列夫表述的更为透彻，“无论是作为发展互利合作的潜在伙伴，还是从保证国际安全与地区稳定的广泛利益出发，发展中国家对俄罗斯都是重要的，他们也需要俄罗斯作为保持利益平衡的重要组成部分”。而且，20 世纪 80 年代以后，亚太地区的蓬勃发展景象，也促使俄罗斯特别重视亚洲国家在俄罗斯外交政策中所具有的越来越重要的意义。[①] 由于俄印有着良好的历史关系基础与好感，并且现实中又有共同需要和强烈的愿望，加强与印度的关系就再次成为俄罗斯外交的重点。

在双方共同努力下，俄印关系迅速得到恢复和发展。1992 年，俄罗斯刚刚独立不久，印度就派出高级代表团出访俄罗斯，双方商讨了两国新型关系的框架及如何继续保持传统联系的问题。[②] 1993 年 1 月，俄罗斯总统叶利钦访问印度，与印度签订了新的为期 20 年的《俄印友好合作条约》，确定了新形势下俄罗斯与印度关系的性质和发展基础。叶利钦表示要与印度建立高质量的新型关系，并保留过去苏印关系的积极方面，继续支持印度在克什米尔问题上的立场。两国还就债务问题达成共识，俄印关系开始全面恢复。之后，俄罗斯重新在核电、水电、冶金和重型机器制造等基础经济领域援助印度。1994 年 6 月，印度总理拉奥访问了俄罗斯，同俄罗斯领导人就双边政治、经济、军事和科技合作等问题进行了广泛的讨论，交换了意见，签署了《保护多民族国家利益莫斯科宣言》《进一步发展和加强印俄合作宣言》等内容涉及政治、经济贸易、科技和军事领域合作的一系列文件和协议，将双方关系恢复到苏联时期的水平。同年，对西方压力已十分厌恶的俄罗斯决定增加对印度出口的火箭发动机的数量。

在西方不顾俄罗斯强烈反对，正式决定北约东扩后，俄罗斯更加重视与印度的关系，与印度的合作范围进一步扩大，尤其是加强了双方在

---

① 李静杰、郑羽：《俄罗斯与当代世界》，北京：世界知识出版社，1998 年版，第 377 页；2000 年《俄罗斯联邦对外政策构想》；孙叔林：“俄罗斯亚太政策的调整”，张蕴岭主编：《2000 年亚太地区发展报告》，北京：社会科学文献出版社，2001 年版，第 274—276 页。

② 李静杰、郑羽：《俄罗斯与当代世界》，北京：世界知识出版社，1998 年版，第 377 页。

核技术和航天领域的合作。当美英对俄罗斯提出抗议时，俄方搪塞的理由是："俄罗斯不愿丢失一个好市场。印度市场不仅能赚钱，而且还能为我国经过良好培训的专家提供就业机会。"① 对印度1996年拒签《全面禁止核试验条约》和1998年5月印度连续进行核试验，俄罗斯都表示"理解"，并且投票赞成印度成为联合国安理会非常任理事国。1997年3月，印度总理高达访问俄罗斯，进一步推进俄印关系的发展。1998年12月，俄罗斯总理普里马科夫访问印度，就两国建立战略伙伴关系达成协议。1999年叶利钦总统再度访问印度，签署了俄印两国关于建立战略伙伴关系的协议。②

俄印两国政治关系的改善，为两国经贸关系的发展创造了有利条件，俄印贸易停止了下滑之势。如，1991年俄印贸易额为35亿美元，1992年急剧下降至仅7亿美元，而1993—1994年俄印贸易额就上升了43%，达8.98亿美元，其中，印度向俄罗斯出口6.3908亿美元，上升了22.7%，从俄罗斯进口2.58亿美元，增长了43.64%。1992—1993年度，俄罗斯向印度提供了1140万美元贷款。1996—1997年度俄印贸易额为16.6亿美元，1997—1998年度为18.8亿美元。受世界经济形势恶化、燃料原料类商品价格下降、印度经济增长速度放慢以及印度卢比贬值等因素影响，1998—1999年度，两国贸易额降至12.6亿美元，但1999—2000年度有所回升，达15.7亿美元，增长了4.5%。虽然俄印双方的贸易额中90%是印度偿还所欠俄罗斯债务，③ 并且存在卢布/卢比兑换率、贸易结算方式、如何重构两国经贸合作机制等问题，但是两国间有着稳固的合作基础与需求，避免了经贸关系的剧烈起伏，并逐渐趋稳、加强。

---

① 孙士海：《印度的发展及其对外战略》，北京：中国社会科学出版社，2000年版，第346页。

② 学刚、姜毅主编：《叶利钦时代的俄罗斯——外交卷》，北京：人民出版社，2001年内部版，第201页。

③ 上述数字源自 V. P. Dutt, *India's Foreign Policy in a Changing World* (Vicas Publishing House, PVT LTD., 1999), p. 87；印度政府"经济调查"，http://finmin.nic.in/；雷启淮：《当代印度》，成都：四川人民出版社，2000年版，第307页。

20 世纪 90 年代，俄印关系的恢复和迅速发展，不但减轻了印度在经济上的一些困难和忧虑（在苏联援助下建立的大型企业的技术改造和运行问题），扩展了印度的经贸活动空间，而且使印度在与西方打交道时有了回旋余地。俄罗斯也一再声称，俄罗斯发展与印度关系的目的，“决不会像冷战时期那样，把印度作为对付美国和其他国家的一张牌”。但俄罗斯对印度的全面支持，以及两国正式建立战略伙伴关系，已经清晰表明了其利用印度减轻来自西方压力的战略意图。其实早在 1993 年《俄罗斯联邦外交政策构想》的基本原则中，俄罗斯就明确表示，同印度建立紧密关系是出于“经济和地缘政治的考虑”。俄罗斯将与印度传统伙伴交往的恢复视为同美国等一些国家关系的一张“王牌”。[①]

三、21 世纪初的俄印关系

历史上，俄罗斯对欧洲具有双重的意义，既是均势的威胁，又是均势的关键国之一。现在，虽然俄罗斯处于衰弱状态，但仍是踞守地缘心脏，地跨欧亚大陆，继承丰富的帝国传统，具有再度崛起的深厚潜力和握有强大核武库的庞大国家，西方仍不敢轻视并对其有丝毫的懈怠。因此，西方在对俄罗斯进行打压、排斥，防止其东山再起的同时，也不敢逼之过甚、过急，不时缓和和安抚俄罗斯人紧张不安的心理。而且，在不同的历史时期，俄罗斯人都意识到西方经济、技术所具有的优势，也通过寻求与西方的合作和相互共存获取利益。俄罗斯人也普遍有“西化”“欧化”心理，俄罗斯重大战略利益的得失又都取决于西方，所以俄罗斯总是不失时机地改善与西方的关系。进入 21 世纪后，虽然屡遭西方的排挤与歧视，但俄罗斯仍无法彻底摆脱向往西方的历史惯性，俄罗斯人也不可能消除他们孜孜不倦追求西方、梦寐以求融入西方文明的“历久弥坚”的“西化”心理。况且，与西方的关系对俄罗斯国家安全与稳定、经济发展及实现现代化、大国地位的恢复有着更加重要的意

① 李静杰、郑羽：《俄罗斯与当代世界》，北京：世界知识出版社，1998 年版，第 382 页。

义。现实以至未来，协调和发展与西方的关系都是俄罗斯对外战略的首要重点。初掌俄罗斯政权的普京总统就非常强调与欧洲关系的重要性，并将其置于2000年版的《俄罗斯联邦外交政策构想》的优先方面。他讲道，“俄罗斯是一个比较特殊的国家，但我们是西欧文化的一部分。这实际上就是我们的价值。无论我们的人在哪里生活，无论是在远东，还是在南方，我们都是欧洲人”。[①] 在2002年1月15日对法国的访问中，普京又强调，“尽管俄罗斯东西部之间物质生活水平不尽相同，但俄罗斯人民是同一文化下的人民。从这种意义上讲，俄罗斯是一个欧洲国家，他具有欧洲文明，这是毫无疑问的”。[②] 2002年普京在国情咨文中再次强调：“我们的重点绝对是欧洲。”2002年底的一项民意调查结果显示，有52%的俄罗斯人认为俄罗斯最终应该加入欧盟。[③] 梅德韦杰夫也表示，“只有选择了欧洲道路，俄罗斯才能尽快进入正常生活国家和社会的圈”。[④]

因此，俄罗斯仍努力对西方采取积极合作态度。“9·11”事件发生后，俄罗斯主动向美国在阿富汗的反恐怖军事行动提供支援和帮助，推动俄罗斯与西方国家间的关系得到迅速改善。即便是在欧盟对俄罗斯实施经济制裁之初的2015年，欧盟也还是俄罗斯的第一大贸易伙伴。2002年5月，俄罗斯与美国、欧盟签署了《关于削减限制进攻性战略力量条约》《俄美关系战略框架宣言》与《俄欧关系联合声明》等，以期大力改善俄罗斯与西方的关系，加速俄罗斯融入欧洲的进程。俄罗斯还对西方奉行“战略收缩”政策，明显降低了在其传统势力范围如东欧等地的介入程度。[⑤] 即使面对北约进一步东扩，俄罗斯也表现出很高

---

① OT Первого Лица Разговоры с Владиииром Путиным Москва ВАГРИУС, 2000, CC. 155－156.

② “普京驳西方指责：我们和你们的血是一样的!”, http://news.enorth.com.cn/system/2002/01/25/000254305.shtml。

③ 汪宁：“‘回归欧洲’：俄罗斯有几道难过的关”，《国际观察》2004年第6期，第52—58页。

④ 黄登学：“梅德韦杰夫外交初探”，《外交评论》2009年第4期，第101—113页。

⑤ 相京：“试析普京的‘亲西方’外交政策”，《聊城大学学报（社会科学版）》2003年第6期，第55—59页。

的“容忍度”。2002 年 5 月 28 日，俄罗斯还与北约签署了《罗马宣言》，成立了北约—俄罗斯理事会。[①] 在普京于 2012 年开始其第三个任期后，他指出，“尽管最近两三年俄罗斯社会有关俄外交必须转向亚洲地区的讨论非常热烈，不过在俄外交政策的先后次序中，与西方国家的关系依然和以前一样排在了前面：排在第一序列的是独联体国家，其后是西方国家，然后才是亚洲方向的合作”。[②]

但西方需要的是一个“顺服”、弱而不强的俄罗斯，普京复兴俄罗斯的强国战略、独立自主及参与全球地缘争夺的外交政策让西方无法容忍，[③] 所以俄罗斯的努力并没有换来西方的平等相待与尊重，却换来欧盟继续将其排除在外的东扩，以及北约进一步向俄罗斯传统地缘政治区域的扩大，并在波兰与捷克部署导弹防御系统；在独联体国家搞“颜色革命”，将乌克兰与格鲁吉亚的亲俄政权搞垮，继续加紧挤压俄罗斯的地缘战略空间。西方还指责普京在高加索地区采取的政策与行动，又企图借道格鲁吉亚直接插手阿布哈兹及南奥塞梯事务，进而干涉俄罗斯内政，对俄罗斯国家安全造成直接威胁。自 2014 年乌克兰危机爆发后，西方媒体极力妖魔化普京，它们将普京描述成“现代沙皇”和“恶魔”，是“凶手和骗子”，借此也丑化俄罗斯的国际形象。[④] 而2014 年 3 月西方将俄罗斯从“八国集团”开除，2014 年 7 月后，以美国为首的西方国家又借口俄罗斯和乌克兰的冲突，对俄罗斯实行了多轮严厉制裁，还有马航 MH17 客机失事事件，这些都让俄罗斯与西方国家的关系跌入冰点，俄罗斯的内政外交也面临着严峻挑战。[⑤]

---

① 商务部欧亚司商务局外贸处：“2015 年俄罗斯外贸形势”，http：//swj. xjbt. gov. cn/c/2016—04—12/2265289. shtml；新华网：“北约—俄罗斯理事会”，http：//news. sohu. com/14/17/news201161714. shtml。

② ［俄］Кира Латухина，“Работа на авторитет”，Российская газета，18Февраля 2013г.（基拉·拉杜赫娜：“致力于主权”，《俄罗斯报》2013 年 2 月 18 日），转引自黄登学：“普京新任期俄罗斯外交探析”，《国际论坛》2013 年第 4 期，第 14—19 页。

③ 汪嘉波：“谁使普京与西方为敌？”，《光明日报》2016 年 2 月 4 日，第 12 版。

④ 孙微等：“西方媒体舆论战极尽妖魔化丑化普京试图孤立俄”，《环球时报》2014 年 8 月 4 日。

⑤ “专题——俄罗斯的大国智慧”，《军事文摘》2016 年第 2 期，第 6 页。

俄罗斯感受到了“恶劣的对待”甚至被西方所欺骗。早在“橙色革命”发生后的2005年2月，普京就表示，外部力量不能用同样的方式干涉、操纵俄罗斯重回混乱状态。① 2006年的《国情咨文》中，普京以俄罗斯寓言中的“狼同志”比喻美国，进一步揭露了美国以推进民主实现一己私利的政策本质。② 2007年慕尼黑安全政策会议上，受到民众反西方心理增长压力的普京总统指责美国谋求获得世界主导地位和优势，并谴责西方在欧洲建立反导系统及北约意欲吸纳格鲁吉亚，这些是“激怒”俄罗斯的行为。因此，俄罗斯与格鲁吉亚之间的冲突也被看成是俄罗斯对西方自20世纪90年代以来漠视自己利益的回应。③ 普京还把北约参与利比亚内战，轰炸卡扎菲的军事目标形容为“十字军东征”，把美国在金融危机中的表现形容为依附于美元下的“寄生虫经济”等。④ 梅德韦杰夫当总统期间也对西方持强硬态度，他指出，“俄罗斯对外政策不是由西方批评数量多少来决定的，而是由国家利益决定的”，并斥资4万亿卢布添置装备，在加里中格勒部署新型“伊斯坎德尔”导弹系统，在拉美高调进行军政外交，恢复古巴军事基地，与委内瑞拉联合军演等。⑤ 在2014年12月18日的全球记者招待会上，在谈及俄罗斯与西方国家关系时，已经开始第三任期的普京总统指出，“不管我们做什么，我们总会遇到问题、反对和争斗。你们认为，如果这只熊安静地坐下，不去针叶林中追赶小猪，他们就会放过它吗？不是这样。他们仍然会一直试图用锁链拴住它”并“拔掉它的牙齿和爪子”。普京表示，“熊的所作所为从来不需要别人批准”，俄罗斯决不“从威武的

---

① Roger E. Kanet and Rémi Piet, *Shifting Priorities in Russia's Foreign and Security Policy* (ASHGATE, 2014), p. 61.

② 郑羽：“普京外交思想的演变：由现实主义到新斯拉夫主义”，《外交评论》2008年第4期，第21—29页。

③ Roger E. Kanet and Rémi Piet, *Shifting Priorities in Russia's Foreign and Security Policy* (ASHGATE, 2014), p. 22.；［德］瑞加娜·海勒：“主观性很重要——重新思考俄罗斯与西方关系”，《俄罗斯研究》2010年第6期，第37—53页。

④ 赵传君：“浅析对普京的认识误区”，《俄罗斯学刊》2012年第1期，第16—21页。

⑤ 姜伟星：《梅德韦杰夫时期俄罗斯的外交政策及对中俄关系的影响》，河北师范大学硕士学位论文，2011年，第12页。

北极熊变成毛绒玩具”。在2015年与2016年的国情咨文中，普京也都表示俄罗斯决不会屈服西方，不会受人摆布。[①] 在2016年2月第25届慕尼黑安全会议上，梅德韦杰夫甚至称俄罗斯与西方“滑向了新冷战”。俄新版《军事学说》《国家安全战略》均明确将北约作为主要威胁；北约也把俄罗斯当做“敌人”。[②] 与此同时，俄罗斯在能源、军工、食品、国际融资等方面连连受到西方的制裁，致使其经济陷入危机。俄罗斯迫切需要寻找新的战略支撑点，以减轻对欧洲市场的过度依赖，而普京已意识到“亚太地区是世界经济发展最大动力源”。为了促进本国经济多元化发展，俄罗斯积极扩大与亚太地区的国际合作，在东方寻求战略的支撑。[③] 普京将俄罗斯定位为亚洲的重要行为体，在第三任期开始后，他也将亚太地区作为外交政策的优先方向。[④] 如此，有着良好合作基础的印度自然成为俄罗斯加快“向东看”的重要发展对象之一。

进入21世纪后，俄罗斯一直在努力加强与印度的关系，积极推动两国合作领域的全面扩展与深化。2000年10月，在正式就任俄罗斯总统后不久，普京即出访印度，双方签署了《战略伙伴宣言》，正式建立起战略伙伴关系；此外，还签署了十几项合作协议，双边协议贸易总金额达30亿美元。[⑤] 其后，俄罗斯总统数次访问印度，2016年还两度访问印度。每次俄罗斯总统的到访，两国都会签署涉及经贸、金融、空间、能源、军事、文化、科技等领域多项协议。其中，2007年1月的正式访问成为俄罗斯历史上规模最大的一次外交访问，当时陪同普京访

---

① “西方一直想拴住俄罗斯这只‘熊’”，http：//news. sina. com. cn/o/2014—12—19/081931303834. shtml；“俄媒：俄罗斯总统普京国情咨文精彩语录回顾”，http：//www. chinanews. com/gj/2015/12—02/7652873. shtml；“2016年俄罗斯总统普京国情咨文”，http：//www. chinanews. com/gj/2015/12—02/7652873. shtml。

② 陈宇：“慕安会折射俄与西方关系新态势”，《世界知识》2016年第6期，第48—49页。

③ 钟晓燕：“俄罗斯加快‘向东看’步伐”，《人民日报（海外版）》2015年9月3日，第6版。

④ Nikolas K. Gvosdev，Christopher Marsh，*Russian Foreign Policy*：*Interests*，*Vectors*，*and Sectors*（SAGE，2014），p. 151.

⑤ 白景山：“普京的印度之行与俄印关系”，http：//www. people. com. cn/GB/channel2/18/20001006/259710. html。

问的有300人，除了重量级的政府高官，还有一大批金融界的顶尖人物，阵容十分强大。[①] 2010年12月，时任俄罗斯总统梅德维杰夫访问印度时，两国签署了29个双边合作协议，将两国关系提升到特殊与优先战略伙伴高度，两国安全委员会联系制度化。[②] 至2016年10月，俄印在机械制造业、化工和矿山工业、航空制造业、制药、医疗，以及纳米和生物技术领域都有长期的大型合作项目，俄罗斯许多著名企业都已进入印度市场，如俄罗斯动力机械集团、俄罗斯天然气工业公司、俄罗斯天然气建筑与输送公司、俄罗斯新利佩茨克钢铁集团、乌拉尔重型机械制造厂股份公司、西布尔控股公司、俄罗斯矿业冶金公司（梅切尔）、卡玛斯公司等。俄罗斯在印度的资本投入累计已达40亿美元左右，而印度商业界对俄罗斯经济的投入是这个数字的两倍，约为80亿美元。[③] 俄印已经形成了“特殊的特惠战略伙伴关系”。

印度方面，随着经济发展，国家实力日益增强，国际活动空间不断拓展，印度的独立自主意识更加凸显，特别是成为事实上的拥核国之后，印度对大国地位的渴望更是有增无减，在希望得到西方大量的经济技术支持，快速壮大的同时，更渴望西方给印度以“平等伙伴”的身份或战略地位，在全球事务中给予印度更多的回旋余地。然而，西方为了自己的战略利益，并不愿意真正看到一个强大的印度，他们需要的是一个事事听从的附庸，也将印度的崛起视为西方全球战略的一大威胁。所以，西方仍时不时地在人权、知识产权和核不扩散等问题上“批评”印度，对印度所希望得到的技术，尤其是急需的军事技术支持态度较为谨慎。西方与南亚其他国家关系的加强及对南亚事务的干涉也令印度极为紧张、反感。而当代欧洲国家的普通民众，尤其是在西欧，对印度的认知也比较消极，这严重地削弱了印欧伙伴关系的心理基础。英国广播公司（BBC）2014年进行的民调显示，英国45%的人对印度持积极认

---

① 李勇：“不断趋向纵深的俄印军事合作”，《党政干部学刊》2007年第4期，第49页。

② Iran Hall, *The Engagement of India: Strategies and Responses* (George Town University Press, 2014), p. 66.

③ “普京总统谈俄罗斯与印度关系”，https://tieba.baidu.com/p/4821054187?red_tag=2718792732。

知，46%持消极认知。法国40%的人持积极认知，49%持消极认知。而在德国，情况更加严重，68%的人对印度是持消极认知的。在西班牙，20%的人持积极认知，50%持消极认知。[①] 而俄罗斯作为世界政治大国、军事大国以及潜在的经济大国，在世界格局中仍有相当的分量，因此从国际事务到军事技术合作，印度尚需俄罗斯的支持。而且印度在"平衡"与俄罗斯、西方的关系中，两边渔利，提升自己的影响力，因而印度仍十分重视发展印俄关系。进入21世纪以来，印度每任总理都要出访俄罗斯，每次访问都会给俄方带去数十亿美元以上的采购协议，积极推动双方在军事、经贸、反恐、核能等领域的合作，特别是在加快印度国防装备现代化与发展新型先进武器系统等防务领域的合作，"最大限度地巩固俄印战略伙伴关系"。[②] 莫迪在就任总理后出访俄罗斯时也向外界表示，"俄仍然是印度重要的战略伙伴"，"印度和俄罗斯间有信任关系"。[③]

但如今的印度作为世界上第二大人口大国，经济规模庞大，国内生产总值已达2.607409万亿美元，2017年按购买力平价计算，印度的经济总量已是世界第三，拥有一支实力较强的军队。他还是印度洋北部地区的强权国家，南亚次大陆上的中心大国，与西方有着共同的价值观并已跨过核门槛。西方人认为，印度与西方广泛的利益会越来越密切相关。尽管印度在大国中相比起来是较弱的一国，还做不了什么大事，但他可能会一鸣惊人，无论是在地缘政治还是经济贸易领域，都将发挥日益重要的作用。在俄罗斯推行恢复大国地位的战略后，印度作为西方争取的对象的意义也凸显出来了。在西方人内心，如果印度成为俄罗斯的盟友，犹如冷战时期的苏印关系一样，那对西方尤其是美国的全球战略显然是一种威胁。而且，拉拢印度，加强与印度的关系，显然可以起到

① 林民旺："印度—欧盟战略伙伴关系的动力与发展前景：基于印度视角的分析"，《欧洲研究》2015年第4期，第67—81页。

② 张光政、廖政军："辛格访俄收获不小"，《人民日报》2009年12月9日，第13版。

③ 周良臣等："莫迪带70亿大单访俄俄军方称S—400只特供中国"，http://news.qq.com/a/20151224/015333.htm；"莫迪访俄会晤普京：感谢您让印度加入上合组织"，http://news.ifeng.com/a/20170602/51192185_0.shtml。

疏远乃至离间俄罗斯与印度之间关系的作用，从而进一步压缩俄罗斯的地缘战略活动空间。再则，中国的崛起、极端伊斯兰恐怖主义的出现、全球金融危机也使得西方越来越寻求与印度发展关系，[①] 因此西方也在加强对印度的“拉拢”。西方政治家频频出访印度，并一再强调，西方的南亚政策也是将印度放在第一位，还加大对印度的投资。其中，尤以美国对印度的态度、政策转变最为迅速。2001 年 9 月 23 日，美国宣布取消因 1998 年印度的核试验而对其进行的制裁。2002 年 9 月，美国发表《国家安全报告》，称赞印度有潜力成为 21 世纪最伟大的民主国家。[②] 小布什就任美国总统后，美国一再表示支持印度成为联合国安理会常任理事国，印度在全球治理方面能够承担更多的责任。[③] 美国对南亚的政策不仅出现了“印度第一”的定位，甚至出现了“印度唯一”的倾向，[④] 美印关系也迎来了一个蜜月阶段。2005 年 3 月美国务卿赖斯访印，提出要建立美印“未来战略伙伴关系”，不但承诺对印度出售包括爱国者导弹在内的大批先进武器装备，而且还正式公布了一项涉及政治、经济、贸易、国家安全以及建立导弹防御系统等多个领域的美印合作计划，公开承诺美国要“帮助印度成为 21 世纪的世界主要大国”。[⑤] 2005 年 7 月，美国与印度签署的《民用核能合作协议》更是被称为美国外交政策上的一次“重大转向”，意味着“美国对印度的态度出现了根本性的飞跃”。印度在事实上获得了美国对其核武国家地位的承认，从而实现了这一印度长期追求的目标。[⑥] 奥巴马政府时期，印度地缘政治支轴的作用再次受到美国重视，美印关系继续提升。2010 年 11 月 6

---

① Iran Hall, *The Engagement of India: Strategies and Responses* (George Town University Press, 2014), p. 2.

② 中国现代国际关系研究所第三世界研究中心著：《当代第三世界透视》，北京：时事出版社，2001 年版，第 509、510 页；印度外交部网站。

③ Neil Padukone, *Beyond South Asia* (Bloomsbury Publishing Inc., 2014), p. 131.

④ 马加力：“浅析美、印、巴三角关系的变化”，《现代国际关系》2001 年第 11 期。

⑤ 任彦：“美国拉印度遏制中国”，《环球时报》2005 年 3 月 25 日。

⑥ 孙建波：“印美《民用核能合作协议》与印美关系的未来发展”，《南亚研究》2006 年第 1 期，第 37 页；陈之罡：“布什印度之行：大国力量新一轮整合?”，《第一财经日报》2006 年 3 月 3 日。

日，美国总统奥巴马率领250位高管抵达印度金融中心孟买，对印度进行为期3天的正式访问。美印两国签署了总价达100亿美元的贸易协议，双方还达成共同进行清洁能源研发和季风预测合作的两项协定及有关核能、能源、页岩气和疾病检测的四项备忘录。这次访问被誉为是印美关系史上的里程碑。① 2011年1月，美商业部正式宣布将“印防研”“印航研”所属9家实体机构从禁运对象清单中删除，表明美印双方围绕该重大问题的利益协调已取得突破性进展，为美印战略关系提供了新的活力。② 美国还于2012年11月应邀加入了环印度洋联盟组织，成为对话伙伴国。③ 奥巴马曾将美印关系称为“21世纪起决定性作用且不可或缺的伙伴关系”，“美国将亚洲特别是印度看做今后一个市场”。④ 奥巴马还是首位任期内两次访问印度的美国总统。现任美国总统特朗普则认定印度为美国将寻求保持特殊关系的国家之一。⑤ 2016年6月7日莫迪任内第四次访美期间，双方发表了题为《美印：经久不衰的21世纪全球伙伴》的联合声明，内容既涵盖双边关系又包含全球合作。⑥

自2000年印度与欧盟第一次首脑峰会在海牙召开，到2017年10月，印欧已经召开了14次峰会，并于2004年11月在海牙召开的印欧第5次首脑会议上，双方签订了《战略伙伴关系协议》，建立战略伙伴关系。至今，欧盟与印度的合作关系持续推进，欧盟已经成为印度最大的贸易伙伴和重要的投资者，对于印度的有核国家地位，欧盟已不再提

---

① 陈利君、许娟：“奥巴马访印对中印美三角关系的影响”，《南亚研究》2011年第1期，第15、20页。

② 张力：“战略高科技解禁与印美关系”，《南亚研究季刊》2011年第1期，第11、16页。

③ 李红梅：“印度洋地区安全结构演变的新态势及原因探析”，《国际论坛》2017年第1期，第20—26页。

④ “Remarks by President Obama and Prime Minister Singh in Joint Press Conference in New Delhi, India”, The White House, November 8 2010. http://www.whitehouse.gov.

⑤ “特朗普上任后致电印度先于中俄日印媒：他重视我们!”，http://world.huanqiu.com/exclusive/2017—01/10020967.html。

⑥ 李红梅：“印度洋地区安全结构演变的新态势及原因探析”，《国际论坛》2017年第1期，第20—26页。

出挑战，还越来越重视与印度在传统和非传统安全领域的合作。[1]

印度认为，印度的经济社会发展需要从西方获取更多的资金、技术，在打击国际恐怖主义领域也需密切与西方的关系；改善和发展与西方的关系可以提高自己的战略地位，大大增加自己的外交活动空间和回旋余地，并使西方提高对印度的重视程度，承认印度的大国地位。近年来，印度加大了与欧洲对话力度，已成功举行了三次印欧会议。同时，印度政治家还频繁出访美国：瓦杰帕伊访问美国，两国承诺推进双边关系质的转变，同意建立新战略框架对话机制，确定了加强美印新战略关系框架；辛格访问美国，双方签署了一项促进两国贸易和投资合作的框架协议，携手推动经济复苏，共同应对后金融危机时代，宣布要将两国经贸关系提高到一个新的高度，将两国关系提升为“新型全球合作伙伴关系”；莫迪访问美国时强调将把与美国的伙伴关系置于优先位置，以实现印度崛起，成为一个“负责任和有影响力的世界大国”。印度还与北约举行联合军事演习。还有人抛出 21 世纪“印美天然盟友”说等。[2]

2007 年 4 月，时任俄罗斯总理梅德韦杰夫对巴基斯坦进行了正式国事访问，这是俄罗斯总理首次出访巴基斯坦；2011 年俄罗斯表示支持巴基斯坦加入上合组织；2015 年 7 月 10 日，普京在乌法会见了作为观察员国参加上合组织峰会的巴基斯坦的总理谢里夫；2017 年又传出俄罗斯准备向巴基斯坦出售武器等等，[3] 加上俄罗斯与中国关系一直密切，这使得坚信“敌人的朋友也是我的敌人”的印度人对俄罗斯心存极大不满。俄罗斯与印度间比较单一的贸易内容，其有限的潜在能力和发展前景，也在影响着俄印关系的未来。此外，印度人对俄罗斯以及俄罗斯人对印度在实现自己的全球战略上能否真正起到重大的作用，彼此放心不下。此外，印度人的分离主义的文化传统，自我克制的性格，俄罗斯人独特的地缘文化和村社文化传统影响下的独立性，以及更喜控制

---

① Rajendra K. Jain, *The European Union and South Asia* (KW Publishers Pvt Ltd, 2015), p. 8. , 时宏远：“西方为何‘宠爱’印度”，《世界知识》2009 年第 24 期，第 29—31 页。

② Neil Padukone, *Beyond South Asia* (Bloomsbury Publishing Inc. , 2014), p. 123.

③ 那传林：“军售，撬动俄罗斯与巴基斯坦关系”，《世界知识》2017 年第 7 期，第 58—59 页。

他人的倾向，也使得俄罗斯与印度不可能真正地“亲密无间”。

总之，在当代世界，西方对于俄罗斯和印度这样的国家的现代化有着举足轻重的作用，俄罗斯和印度两国的大国目标和最终安全的实现还都受制于西方。俄罗斯人和印度人又都有搭西方便车的意图。“印度人和俄罗斯人在诸多日常事物中都追随西方的脚步，对彼此却往往视而不见。”① 而经济方面已经不是印俄关系的中心，双方贸易范围极其有限，贸易总额很小，俄罗斯独立后经济的动荡并难以满足迅速发展中的印度经济的需要，② 这些都在影响着当代俄罗斯与印度之间关系的发展、走向，因此在对待西方关系上，印度与俄罗斯很难能真正做到“总是站在一起”，更不可能结成反西方联盟。③ 未来，西方还会对俄印施加不同的影响，给两国关系增添难以预料的麻烦和变数，进而增加两国关系发展的不确定性，或如阿努拉达·切诺伊（Anuradha Chenoy）所言，俄印旧有的关系模式正在过时，而是将生成一种更具流动性的关系。④

---

① ［俄］科瑟列夫：“俄印合作‘面向现代化’合情合理”，http：//www. cetin. net. cn/cetin2/servlet/cetin/action/HtmlDocumentAction？ baseid = 1&docno = 297857。

② David M. Malone, *Does the Elephant Dance? Contemporary Indian Foreign Policy* (Oxford University Press, 2011), p. 235.

③ “莫迪访俄会晤普京：感谢您让印度加入上合组织”，http：//news. ifeng. com/a/20170602/51192185_ 0. shtml。

④ David M. Malone, *Does the Elephant Dance? Contemporary Indian Foreign Policy* (Oxford University Press, 2011), p. 245.

主要参考书目

1. 孙成木、刘祖熙：《俄国通史简编》，北京：人民出版社，1986年版。

2. 何春超：《国际关系史纲》，北京：法律出版社，1987 年版。

3. 刘竞：《苏联中东关系史》，北京：中国社会科学出版社，1987年版。

4. 张季良：《国际关系学概论》，北京：世界知识出版社，1989年版。

5. 孙玉兰、徐玉良：《民族心理学》，北京：知识出版社，1990年版。

6. 王家福：《苏联国策论》，哈尔滨：黑龙江人民出版社，1990年版。

7. 陈乐峰：《印度社会述论》，北京：中国社会科学出版社，1991年版。

8. 金应忠、倪世雄：《国际关系理论比较研究》，北京：中国社会科学出版社，1992 年版。

9. 姚海：《俄罗斯文化之路》，杭州：浙江人民出版社，1992 年版。

10. 冯绍雷等：《国际关系新论》，上海：上海社会科学院出版社，1994 年版。

11. 熊锡元：《民族心理与民族意识》，昆明：云南大学出版社，1994 年版。

12. 陈乐民：《西方外交思想史》，北京：中国社会科学出版社，1995 年版。

13. 季志业、冯玉军：《一波三折俄罗斯人》，北京：时事出版社，1997年版。

14. 王正毅：《边缘地带发展论——世界体系与东南亚的发展》，上海：上海人民出版社，1997年版。

15. 马加力、尚会鹏：《一应俱全印度人》，北京：时事出版社，1998年版。

16. 王恩涌：《政治地理学：时空中的政治格局》，北京：高等教育出版社，1998年版。

17. 王逸舟：《西方国际政治学：历史与理论》，上海：上海人民出版社，1998年版。

18. 李静杰、郑羽：《俄罗斯与当代世界》，北京：世界知识出版社，1998年版。

19. 刘从德：《地缘政治学：历史、方法与世界格局》，武汉：华中师范大学出版社，1998年版。

20. 徐迅：《民族主义》，北京：中国社会科学出版社，1998年版。

21. 夏保成：《国家安全论》，长春：长春出版社，1999年版。

22. 雷启淮：《当代印度》，成都：四川人民出版社，2000年版。

23. 宋瑞芝：《俄罗斯精神》，武汉：长江文艺出版社，2000年版。

24. 孙士海：《印度的发展及其对外战略》，北京：中国社会科学出版社，2000年版。

25. 王晓德：《美国文化与外交》，北京：世界知识出版社，2000年版。

26. 赵蔚文：《印中关系风云录（1949—1999）》，北京：时事出版社，2000年版。

27. 程毅、夏安凌等主编：《国际关系中的经济因素》，武汉：华中师范大学出版社，2001年版。

28. 方柏华：《国际关系格局——理论与现实》，北京：中国社会科学出版社，2001年版。

29. 林承节：《印度现代化的发展道路》，北京：北京大学出版社，2001年版。

30. 林良光：《中国与南亚国家的关系》，北京：社会科学文献出版社，2001 年版。

31. 刘祖熙：《改革和革命——俄国现代化研究》，北京：北京大学出版社，2001 年版。

32. 孙培钧、华碧云：《印度国情与综合国力》，北京：中国城市出版社，2001 年版。

33. 陆齐华：《俄罗斯和欧洲安全》，北京：中央编译出版社，2001 年版。

34. 倪世雄：《当代西方国际关系理论》，上海：复旦大学出版社，2001 年版。

35. 沈伟烈、陆俊元：《中国国家安全地理》，北京：时事出版社，2001 年内部版。

36. 尚会鹏：《种姓与印度教社会》，北京：北京大学出版社，2001 年版。

37. 学刚、姜毅主编：《叶利钦时代的俄罗斯——外交卷》，北京：人民出版社，2001 年内部版。

38. 张树华：《过渡时期的俄罗斯社会》，北京：新华出版社，2001 年版。

39. 曹维安：《俄国史新论——影响俄国历史发展的基本问题》，北京：中国社会科学出版社，2002 年版。

40. 冯玉军：《俄罗斯外交决策机制》，北京：时事出版社，2002 年版。

41. 蒋云根：《政治人的心理世界》，上海：学林出版社，2002 年版。

42. 李少军：《国际政治学概论》，上海：上海人民出版社，2002 年版。

43. 林军：《俄罗斯外交史稿》，北京：世界知识出版社，2002 年版。

44. 张忠祥：《尼赫鲁外交研究》，北京：中国社会科学出版社，2002 年版。

45. 朱听昌：《中国周边安全环境与安全战略》，北京：时事出版社，2002 年版。

46. 鞠海龙：《中国海权战略》，北京：时事出版社，2010 年版。

47. 马珂：《后民族主义的认同建构及其启示》，上海：上海人民出版社，2010 年版。

48. 杨剑主编：《亚洲国家与北极的未来》，北京：时事出版社，2015 年版。

49. ［印］纳塔拉詹，姚华译：《美国阴影笼罩印度》，北京：世界知识出版社，1954 年版。

50. ［印］贾瓦哈拉尔·尼赫鲁，齐文译：《印度的发现》，北京：世界知识出版社，1956 年版。

51. ［美］A. J. 科特雷尔、R. M. 伯勒尔编，集体译：《印度洋：在政治、经济、军事上的重要性》，上海：上海人民出版社，1976 年版。

52. ［美］Hajo Holborn，张学明译：《欧洲的没落》，台北：问学出版社，1978 年版。

53. ［美］亨利·赫坦巴哈，吉林师范大学历史系翻译组译：《俄罗斯帝国主义：从伊凡大帝到革命前》，上海：生活·读书·新知三联书店，1978 年版。

54. ［澳大利亚］J. R. V. 普雷斯科特，王铁崖、邵津译：《海洋政治地理》，北京：商务印书馆，1978 年版。

55. ［美］罗伯特·A. 斯卡拉皮诺，辛耀文译：《亚洲及其前途》，北京：新华出版社，1983 年版。

56. ［英］哈·麦金德，林尔蔚等译：《历史的地理枢纽》，北京：商务印书馆，1985 年版。

57. ［美］A. W. 德波特，唐雪葆等译：《欧洲与超级大国》，北京：中国社会科学出版社，1986 年版。

58. ［法］皮埃尔·热尔贝，丁一凡等译：《欧洲统一的历史与现实》，北京：中国社会科学出版社，1989 年版。

59. ［美］斯塔夫里阿诺斯，吴象婴、梁赤民译：《全球通史——

1500 年以后的世界》，上海：上海社会科学院出版社，1992 年版。

60. ［美］罗伯特·康奎斯特，刘靖北、刘振前译：《最后的帝国——民族问题与苏联的前途》，上海：华东师范大学出版社，1993 年版。

61. ［俄］尼·别尔嘉耶夫，雷永生等译：《俄罗斯思想》，北京：三联书店，1995 年版。

62. ［澳大利亚］A. L. 巴沙姆，闵光沛译：《印度文化史》，北京：商务印书馆，1997 年版。

63. ［俄］恰达耶夫，刘文飞译：《哲学书简》，北京：作家出版社，1998 年版。

64. ［美］亨利·基辛格，顾淑馨、林添贵译：《大外交》，海口：海南出版社，1998 年版。

65. ［美］乔治·洛奇，胡延泓译：《全球化的管理——相互依存时代的全球化趋势》，上海：上海译文出版社，1998 年版。

66. ［印］贾斯万特·辛格，胡仕胜等译：《印度的防务》，麦克米兰印度有限公司，1999 年版。

67. ［美］塞缪尔·亨廷顿，周琪、刘绯、张立平、王圆译：《文明的冲突和世界秩序的重建》，北京：新华出版社，1999 年版。

68. ［美］威尔·杜兰，台湾幼狮文化公司译：《世界文明史·东方的遗产》，北京：东方出版社，1999 年版。

69. ［俄］Вл. 索洛维约夫等，贾泽林、李树柏译：《俄罗斯思想》，杭州：浙江人民出版社，2000 年版。

70. ［俄］Л. Я. 科萨尔斯、Р. В. 雷芙金娜，石天等译：《俄罗斯：转型期的经济与社会》，北京：经济出版社，2000 年版。

71. ［瑞士］吉尔伯特·艾蒂安，许铁兵、刘军译：《世纪之争：中国和印度》，北京：新华出版社，2000 年版。

72. ［美］扎米尔·卡利扎德、伊安·O. 莱斯，张淑文译：《21 世纪的政治冲突》，南京：江苏人民出版社，2000 年版。

73. ［美］罗伯特·A. 帕斯特，杨韵琴、胡利平译：《世纪之旅：七大国百年外交风云》，上海：上海人民出版社，2001 年版。

74. ［俄］安·德·兰尼克·米格拉尼扬，徐葵、张达楠等译：《俄罗斯之路——为何如此曲折》，北京：新华出版社，2002 年版。

75. ［美］詹姆斯·多尔蒂小罗伯特·普法尔茨格拉夫，阎学通等译：《争论中的国际关系理论》，北京：世界知识出版社，2002 年版。

76. ［美］斯蒂芬·科亨，刘满贵译：《大象和孔雀：解读印度大战略》，北京：新华出版社，2002 年版。

77. ［美］菲利克斯·格罗斯，王建娥、魏强译：《公民与国家》，北京：新华出版社，2003 年版。

78. ［英］杰弗里·帕克，刘从德译：《地缘政治学：过去、现在和将来》，北京：新华出版社，2003 年版。

79. ［美］阿尔弗雷德·塞尔·马汉，范祥涛译：《亚洲问题及其对国际政治的影响》，上海：上海三联书店，2007 年版。

80. ［法］罗朗·柯恩—达努奇，吴波龙译：《世界是不确定的：全球化时代的地缘政治》，北京：社会科学文献出版社，2009 年版。

81. ［英］安东尼·史密斯，叶江译：《民族主义：理论、意识形态、历史》，上海：上海世纪出版集团，2011 年版。

82. ［美］索尔·科恩，严春松译，上海：《地缘政治学：国际关系地理学》（第二版）：上海人民出版社，2011 年版。

83. ［美］迈克尔·赫克特，韩召颖等译：《遏制民族主义》，北京：中国人民大学出版社，2012 年版。

84. ［美］罗伯特·卡普兰，吴兆礼、毛悦译：《季风：印度洋与美国权力的未来》，北京：社会科学文献出版社，2013 年版。

85. ［美］亨利·基辛格，胡利平等译：《世界秩序》，北京：中信出版社，2015 年版。

86. ［印］苏米特·甘古利，高尚涛译：《印度外交政策分析：回顾与展望》，北京：世界知识出版社，2015 年版。

87. ［美］詹姆斯·R. 福尔摩斯、安珠·C. 温特、吉原恒淑，鞠海龙译：《印度二十一世纪海军战略》，北京：人民出版社，2016 年版。

88. ［澳大利亚］大卫·布鲁斯特，杜幼康、毛悦译：《印度之洋：印度谋求地区领导权的真相》，北京：社会科学文献出版社，2016

年版。

89. N. M. Khilnani, *Panorama of Indian Diplomacy*, New Delhi: S' Chand & Company LTD, 1981.

90. Saleem Kidwai, *Indo-Soviet Relations*, Rima Publishing House, New Delhi, 1985.

91. V. P. Dutt, *India's Foreign Policy*, New Delhi: Vikas Publishing House, 1986.

92. P. S. Jayaram, *India's National Security and Foreign Policy*, New Delhi: ABC Publishing House, 1987.

93. Peter J. S. Duncan, *The Soviet Union and India*, Routledge, London and New York, 1989.

94. Jerry Hough, *Russia and the West: Gorbachev the Politics of Reform*, New York, 1990.

95. V. M. Hewitt, *The International Politics of South Asia*, Manchester University Press, 1991.

96. Milan Haunter, *What is Asia to us*? Routledge, 1992.

97. Alexei G. Arbatov, *The Security Watershed: Russians Debating Defense and Foreign Policy after the Cold War*, Gorden and Breach Science Publisher, 1993.

98. Hugh Ragsdale, *Imperial Russian Foreign Policy*, Woodrow Wilson Centre Press and Cambridge University, 1993.

99. Kanti Bajpai and Stephen P. Cohen, *South Asia after the Cold War: International Perspectives*, Westview Press, 1993.

100. M. S. Rajain, *Studies on India's Foreign Policy*, New Delhi: ABC Publishing House, 1993.

101. Iver B Neumann, *Russia and the Idea of Europe*, London & New York, 1996.

102. K. N. Malik, *India and the United Kingdom Change and Continuity in the* 1980*s*, New Delhi: Sage Publications, 1997.

103. Vladimir Baranovsky, *Russia and Europe: The Emerging Security*

Agenda, Oxford University Press, 1997.

104. Haffez Malik, *Domestic Determinants of Soviet Foreign Policy towards South Asia and the Middle East*, New York: St. Martin's Press, 1999.

105. Shri Ram Sharma, *India-USSR Relations* 1947—71 *from Ambivalence to Steadfastness*, Part1, New Delhi: Discovery Publishing House, 1999.

106. Roger E. Kanet and Alexander V. Kozhemiakin, *The Foreign Policy of The Russian Federation*, Macmillan Press Ltd, 2000.

107. V. D. Chopra, *Indo-Russian Relations, Prospects, Problems and Russia Today*, Delhi: Kalpaz Publications, 2001.

108. Bobo Lo, *Vladimir Putin and the Evolution of Russian Foreign Policy*, Blackwell Publishing Ltd, 2006.

109. Lena Jonson, *Vladimir Putin and Central Asia: The Shaping of Russian Foreign Policy*, I. B. Tauris & Co Ltd, 2006.

110. Dr. Narendra Singh, *Economic Policies of The Indian Political Parties, OMEGA Publications*, New Delhi, 2009.

111. Elana Wilson Rowe and Stina Torjesen, *The Multilateral Dimension in Russian Foreign Policy*, Routledge, Taylor & Francis Group, 2009.

112. AnilkumarB Halu, *Indo-Russian Relations in the Post-Cold War Period (1991—2003)*, Delhi: Authorspress, 2010.

113. B. M. Jain, *India in the New South Asia*, I. B. Tauris Publishers, 2010.

114. Marlène Laruelle, *Jean-FranÇois Huchet, China and India in Central Asia: A New "Great Game"*, Palgrave Macmillan, 2010.

115. Raj Kumar Kothari, *India's Foreign Policy in the New Millennium*, Delhi, Academic Excellence, 2010.

116. Raja Menon and Rajiv Kumar, *The Long View from Delhi: To Define the Indian Grand Strategy for Foreign Policy*, Academic Foundation, New Delhi, 2010.

117. Sumit Ganguly, *India's Foreign Policy: Retrospect and Prospect*, Oxford University Press, 2010.

118. David M. Malone, *Does the Elephant Dance? Contemporary Indian Foreign Policy*, Oxford University Press, 2011.

119. Harsh V. Pant, *The US-India Nuclear Pact: Policy, Process, and Great Power Politics*, Oxford University Press, 2011.

120. Narender Kumar, *Challenges in the Indian Ocean Region Response Options*, KW publishers Pvt Ltd, New Delhi, 2011.

121. Boris Porfiriev and Greg Simons, *Crisis in Russia: Contemporary Management Policy and Practice From A Historical Perspective*, Ashgate Publishing Limited, England, 2012.

122. Gurudas Das, *Security and Development in India's Northeast*, Oxford University Press, 2012.

123. Jeffrey Haynes, *Religious Transnational Actors and Soft Power*, ASHGATE, 2012.

124. K. Raja Reddy, *Foreign Policy if India and Asia-pacific*, *New Century Publications*, New Delhi, India, 2012.

125. Marlène Laruelle, *Russian Nationalism, Foreign Policy, and Identity Debates in Putin's Russia: New Ideological Patterns after the Orange Revolution*, Ibidem-Verlag Stuttgart, 2012.

126. Stefan Fröhlich, *The New Geopolitics of Transatlantic Relations: Coordinated Responses to Common Dangers*, The Johns Hopkins University Press, Baltimore, 2012.

127. Arndt Michael, *India's Foreign Policy and Regional Multilateralism*, Palgrave Macmillan, 2013.

128. Kanti P. Bajpai and Harsh V. Pant, *India's Foreign Policy*, Oxford University Press, 2013.

129. Shrikant Paranjpe, *India's Strategic Culture: The Making of National Security Policy*, Routledge, Taylor & Francis Group, 2013.

130. Stephen K. Wegren, ed., *Return to Putin's Russia: Past*

Imperfect, *Future Uncertain*, Rowman & Littlefield Publishers, INC., 2013.

131. David Brewster, India's Ocean: *The Story of India's bid for regional leadership*, Routledge, Taylor & Francis Group, 2014.

132. Dr. Suresh R., *Maritime Security of India*: *The Coastal Security Challenges and Policy Options*, Vij Books India Pvt Ltd, 2014.

133. Ian Hall, *The Engagement of India*: *Strategies and Responses*, Georgetown University Press, 2014.

134. Magda Leichtova, *Misunderstanding Russia*: *Russian Foreign Policy and the West*, Ashgate, 2014.

135. Neil Padukone, *Beyond South Asia*: *India's Strategic Evolution and the Reintegration of the Subcontinent*, Bloomsbury Publishing Inc, 2014.

136. Nikolas K. Gvosdev, *Christopher Marsh*, *Russian Foreign Policy*: *Interests*, *Vectors*, *and Sectors*, SAGE, 2014.

137. Prof. Nirmala Joshi, *Enhancing India Central Asia Engagement*: *Prospects and Issues*, Vij Books India Pvt Ltd, 2014.

138. Roger E. Kanet and Rémi Piet, *Shifting Priorities in Russia's Foreign and Security Policy*, Ashgate, 2014.

139. Satish Kumar, *India's National Security-Annual Review*2013, Routledge, 2014.

140. Alexander Dugin, *Last War if The World-Isand*: *The Geopolitics if Contemporary Russia*, Arktos Media ltd, 2015.

141. Awet T. Weldemichael, Patricia Schneider and Andrew C. Winner, *Maritime Terrorism and Piracy in the Indian Ocean Region*, Routledge, Taylor & Francis Group, 2015.

142. Dennis Rumley and Timothy Doyle, *Indian Ocean Regionalism*, *Routledge*, Taylor & Francis Group, 2015.

143. Jivanta Schöttli, Power, *Politics and Maritime Governance in the Indian Ocean*, Routledge, Taylor & Francis Group, 2015.

144. Namrata Goswami, *Indian National Security and Counter-*

Insurgency: *The use of Force vs Non-violent Response*, Routledge, Taylor & Francis Group, 2015.

145. Rajendra K. Jain, *The Europran Union and South Asia*, KW Publishers Pvt Ltd, 2015.

146. Rakhee Bhattacharya, *Northeastern India and its Neighbours*: *Negotiating Security and Development*, Routledge, Taylor & Francis Group, 2015.

147. Shrikant Paranjpe, *India's Strategic Culture*: *The Making of National Security Policy*, Routledge, Taylor & Francis Group, 2015.

148. Anit Mukherjee and C. Raja Mohan, *India's Naval Strategy and Asian Security*, Routledge, Taylor & Francis Group, 2016.

149. Julten Abdelhalim, *Indian Muslims and Citizenship*: *Spaces for Jihād in Everyday Life*, Routledge, Taylor & Francis Group, 2016.

150. Lu Yang, *China-India Relations in the Contemporary World*, Routledge, Taylor & Francis Group, 2017.

151. Timothy Doyle and GrahamSeal, *Indian Ocean Futures*: *New Parterships*, *New Alliances and Academic Diplomacy*, Routledge, Taylor & Francis Group, 2017.